追求卓越

PURSUE EXCELLENCE

东莞图书馆 2001~2020

东莞图书馆 编

海洋出版社

2022年·北京

图书在版编目（CIP）数据

追求卓越：东莞图书馆2001—2020 / 东莞图书馆编. — 北京：海洋出版社, 2021.12
ISBN 978-7-5210-0903-3

Ⅰ.①追… Ⅱ.①东… Ⅲ.①市级图书馆－文化史－东莞－2001-2020 Ⅳ.
①G259.276.53

中国版本图书馆CIP数据核字（2022）第010201号

ZHUIQIUZHUOYUE：DONGGUAN TUSHUGUAN 2001—2020

策划编辑：张　欣
责任编辑：沈婷婷
责任印制：安　淼
封面设计：蜻蜓文化·梁明晖

海洋出版社出版发行
http://www.oceanpress.com.cn
北京市海淀区大慧寺路8号　邮编：100081
鸿博昊天科技有限公司印制
2021年12月第1版　2022年6月北京第1次印刷
开本：787mm×1092mm　1/16　印张：18
字数：283千字　定价：89.00元
发行部：010-62100090　邮购部：010-62100072　总编室：010-62100034
海洋版图书印、装错误可随时退换

《追求卓越：东莞图书馆 2001—2020》编委会

主　　编：李东来
副 主 编：冯　玲　李映嫦　蔡　冰　莫启仪　杜燕翔
执行主编：李正祥
撰　　稿（按章节先后顺序）：
　　　　　李东来　李晓辉　陈本峰　冯　玲　莫启仪
　　　　　钟敬忠　黄文镝　杜燕翔　奚惠娟　李映嫦
　　　　　蔡　冰　李正祥　罗婉娜　赵爱杰　余爱嫦
　　　　　熊剑锐　麦志杰　张利娜

序 / 做好自己

1929年，东莞博物图书馆建成，东莞博物图书馆对公众开放，提供图书借阅服务，是东莞历史上第一个具有近代意义的公共图书馆，成为东莞图书馆的历史源头，距今90余年。

沧海桑田，物换星移。从人民公园宴林园的东莞博物图书馆，到民众教育馆内的通俗图书馆，到莞城西正街罗氏宗祠的文化馆图书室，到莞城高第街的东莞县图书馆，再到莞城新芬路的东莞市图书馆，再到南城鸿福路的东莞图书馆，历经一次次时空变迁，与时代共命运，同沉浮，历史的轨迹清晰可辨。一路走来，有初创时期的困窘与艰辛，有战争年代的动荡与破坏，还有新中国成立后各种政治运动的冲击与影响，虽一直向前，但步履维艰，曲折回环，甚至出现过暂时的停滞不前。伴随改革开放和经济起飞，东莞文化事业建设蓬勃兴盛，从此让东莞图书馆走在了健康、稳定和坚实的路上，并实现跨越式发展。

东莞图书馆的腾飞之路，起于2002年动工兴建、2005年9月28日正式向市民开放的东莞图书馆新馆。新馆总建筑面积近4.5万平方米，建筑规模在当时全国省市级公共图书馆中位居第七位，地级市图书馆中居首位。新馆的建筑面积和设计藏书量分别是新芬路旧馆的5倍和9倍，体量和规模上有了很大的飞跃。但是，新馆建设，绝不仅仅是馆舍的变迁和规模的变化，更是一次机遇和平台，让我们能够跳出东莞对标先进城市图书馆，拓宽视野，从整个公共图书馆行业的视角来对自身进行定位，并规划新的发展战略，开展业务建设，谋划创新，寻求突破，如目标定位的规划和推进、馆藏资源的充实和调整、服务模式的创新和建立、服务理念的植入和培养、人员素质的全面提高等。

自2005年新馆开馆以来，东莞图书馆把握行业趋势，紧跟时代要求，与城市发展同步，以清晰的发展目标、体系化的建设模式、细分的用户服务、领先的技术创新、良好的研究平台、专业的人员队伍，推动着管理和业务工作持续、全面发展，创造了业界的多项第一，产生了广泛影响，迈入国内一流图书馆行列。截至2020年年底，馆藏纸本图书达311万册，电子书90余万种。以文献资源为依托，组织开展了借阅、咨询、视听等多样性服务，举办讲座、培训、展览、学术交流、读者沙龙等丰富多彩的活动，推出了"24小时自助服务""市民学堂""图书流动车""东莞学习中心"等一系列创新、便民、利民服务项目，年接待读者350余万人次，成为市民文化休闲的重要场所。特别是自2004年以来，以新馆建设为契机，以总分馆制为依托，着力构建公益、开放、丰富、便捷的城市图书馆公共服务体系，促进市民基本文化权益的保障和基本文化需求的满足。到2020年年底，通过总馆、分馆、服务站、图书流动车、24小时自助图书馆、城市阅读驿站、绘本馆等三级网络、多种形态的合理布局，在全市范围内建立起1个总馆、52个分馆、102个图书流动车服务站，445个村（社区）基层服务点，28个城市阅读驿站，18家绘本馆，实现全市33个镇（街、园区）24小时自助借阅服务全覆盖的服务体系，并实现了"一馆办证，多馆借书；一馆借书，多馆还书"的服务模式，形成了新时期公共图书馆全面创新服务的新形态。以总分馆为平台，积极推进全民阅读，从2005年起连续举办了16届东莞读书节，举办读书活动7000余项（其中含全市性重点活动397项），参与群众6040余万人次。

　　回望东莞图书馆新馆的建设与发展，首先，我们看到它是一条守正与创新之路。进入21世纪以来,我国图书馆事业获得长足发展,现在上升势头依然强劲,其背后的推动力就是创新。东莞图书馆是我国21世纪图书馆创新发展的一个缩影,正是对技术创新、管理创新、服务创新的追求,推动着图书馆不断迈向新的高度,先后获得文化部创新奖和美国图书馆协会的国际创新奖。但在创新发展中我们始终坚守专业信念,关注学科理论建设,立足文献建设。近年来,我们加强文献保障和开发职能的回归,整理出版了系列大型书目文献和地方文献,如《漫画文献总览》《绘本文献总览》《粤剧文献总览》《伦明全集》《伦明研究》《东莞文库概览》等,并大力开展灰色文献建设,举办首届全国灰色文献年会。2019年9月23日,值建馆90周年之际,举办了"城市图书馆:守正与创新"专家研讨会,来自国内外知名专家和青年学者十余人齐聚东莞,面向未来,思考当下,共同讨论在日益社会化、行政化背景下图书馆如何坚守理性与专业,并审视当前图书馆事业发展的核心、长处与不足。专家学者还以东莞图书馆的实践为个案,分析探讨图书馆的创新机制和专业坚守,认为东莞图书馆在专题服务、24小时自助服务、体系化服务模式、卓越绩效管理、战略规划、阅读推广、中美图书馆交流等领域的探索与发展,某种程度上也为我国图书馆事业的发展贡献了东莞智慧,其背后的深刻基础是东莞图书馆领导和员工的创新意识、专业信念和职业坚守,为图书馆行业提供了一个守正与创新的样例。

其次,它是一条用主题年战略铺就的发展之路。一个组织在发展过程中,"做对的事情"往往比"做对事"更重要,而战略规划就是寻找和确定"对的事情",并将之和"做对事"有机结合起来。2001—2020年,东莞图书馆先后制定和实施过3个战略规划,分别是《东莞市图书馆新馆建设与发展规划纲要（2002—2010）》《东莞图书馆"十二五"发展规划》《东莞图书馆"十三五"战略规划（2016—2020）》。在这3个长期型战略规划期间，还创造性地设计和制定了主题年战略，每年设定一个主题，并围绕主题部署全馆工作，通过化整为零，确定年度工作重点，逐步实施，作为图书馆长期规划的有效补充。主题年战略始于2003年"培训年"，工作重点是通过引进来和走出去的方式加强员工业务学习与培训，为新馆开馆储备专业人才和服务技能。从此，主题年贯穿东莞图书馆新馆建设和发展的全过程，成为国内图书馆战略发展与实施的创新之举。十几年来，东莞图书馆围绕培训年（2003）、基础建设年（2004）、服务年（2005）、活动年（2006）、管理年（2007）、规范年（2008）、研究年（2009）、微笑年（2010）、故事年（2011）、交流年（2012）、效益年（2013）、推广年（2014）、读者年（2015）、体系提升年（2016）、阅读促进年（2017）、城市服务年（2018）、资源整合年（2019）、规范治理年（2020）等主题，一步一个脚印，有重点地开展服务，构建与东莞城市建设相适应的地区图书馆网络整体形态，培育城市阅读氛围，推动东莞地区图书馆事业不断走向辉煌。

再次，它是一条不断突破自我、从优秀走向卓越之路。基于对专业的坚守和对创新的追求，东莞图书馆建立了内外均衡的发展机制，跻身于行业优秀之林。但是，如何保持优秀并不断走向卓越？在探寻科学管理的道路上，卓越绩效模式引起了我们的关注，并以此为抓手，全面推行卓越绩效管理，将对卓越的追求化为现实的努力方向。2011年，在行业内率先导入卓越绩效模式，以《卓越绩效评价准则》为指导，从"领导，战略，顾客与市场，资源，过程管理，测量、分析与改进，结果"七个方面梳理、整合原有管理体系，构建具有图书馆特色的卓越绩效模式。卓越绩效模式以顾客为中心的导向与现代图书馆服务理念不谋而合，其重视流程管理、关注绩效结果的评价标准和方法，也让我们找到了管理短板，获得了新的提升空间。2012年，东莞图书馆以公共组织的身份申报东莞市第三届政府质量奖，并以优异的成绩获奖，成为我国第一个获得政府质量奖的公共图书馆，开创图书馆卓越绩效管理先河。卓越绩效模式作为日常管理的不可或缺的手段和方法，绩效理念深入图书馆人的思想，推动我们稳步前行。

时间的脚步永不停息，未来的路崎岖漫长。东莞图书馆走过了90余年，正向未来走去。因为有记录，东莞图书馆的足迹终将不会淹没于历史的尘埃；因为有目标，东莞图书馆的脚步不会迷失于未知的前路。

追求卓越，东莞图书馆一直在路上，永不停歇！

PURSUE
EXCELLENCE

目录

2002：新篇 · 001
2003：筑基 · 012
2004：建设 · 023
2005：开馆 · 038

2006：引领 · 055
2007：聚焦 · 066
2008：辐射 · 078
2009：积淀 · 096
2010：跨越 · 108

2011：转型 · 119
2012：品质 · 130
2013：效益 · 140
2014：推广 · 150
2015：共生 · 165

2016：提升 · 176
2017：求变 · 187
2018：赋能 · 199
2019：新程 · 211
2020：希望 · 223

东莞图书馆创新与亮点 · 237
2001—2020东莞图书馆主要社会荣誉 · · · · · · · · · · · · · 240
东莞图书馆年历 · 255

后记 · 274

新篇

2002　李东来

新馆站在了历史与现实的交汇处，在 21 世纪的曙光微明中开跑，奔向承载理想和充满希望的明天！

公元 2000 年，人类社会演进到了 20 世纪和 21 世纪的交汇点。此前虽有千年虫、诺查丹玛斯大预言的困扰，但在摩尔定律麾下的信息技术高歌声中，人类一跃而过，跨入新的世纪，脚步铿锵，疾速前行。公正的时间老人没有忘记给头脑发热的人类以警示，2000 年互联网泡沫的破裂，让人们重新思考技术和社会的关系。2001 年 9 月 11 日美国世贸双子塔的坍塌，又让人们重新思考文明文化与社会的关系。

蓝色地球的东方，经过了 20 多年改革开放的中国，更加坚定地融入世界，在经过 15 年的艰辛谈判后，终于在 2001 年加入了世界贸易组织 WTO。中国人在改革开放、强壮自己的同时，也更加热情地拥抱世界，实现着伟人毛泽东曾提出的"中国应当对于人类有较大的贡献"宏愿。对照 1900 年（庚子年）的救亡图存，更可以感到 21 世纪中国人的开放、自信和充满着朝气的进取精神。

21 世纪的曙光，照耀在中国大地上。处在改革前沿的东莞豪迈地吹响了向新城市进军的号角，具有文明传承和文化标识的图书馆，也应其时，翻开新的篇章。

新城市，新东莞

21 世纪之初，经过改革开放 20 多年的拼搏发展，东莞已经由四季飘香的农业县发展成为国际制造业基地，东莞市地区生产总值（GDP）由 1978 年的 6.11 亿元上升到 2002 年的 672.89 亿元，年平均增长近 25%，成为中国改革开放的缩影和代表。

在经济的快速发展中，东莞在 1985 年结束了县级建制的历史，1988 年升为地级市。但由于缺乏统一的城市规划和布局，城市面貌仍是县城的格局，没有城市中心，32个镇街普遍处于厂房、城镇、农村交织的状态，已经取得工业化不俗成就的东莞，亟待在城市化上扭转滞后局面。

进入21世纪，东莞城市发展开始酝酿脱胎之变。2001年5月，东莞市委工作会议确定"一网两区三张牌"的战略思路，树立起以国际制造业名城为特色的现代化中心城市的目标，将城市建设作为重中之重的任务。"一年一大步，五年见新城"的口号鼓舞人心，首次提出的"新城"概念迅速落地，东莞以史无前例的发展规模和速度开始了城市化急行军。新城建设遵循"建城、修路、整山、治水"的八字方针，突出抓好以9.9公里长的东莞大道为纵向中轴的城市新区建设，逐步形成新城傍山、旧城依水、环城大道连接山水的市区整体布局。2002年1月，市行政文化中心区动工，松山湖科技产业园奠基。2月，东莞市城市总体规划（2000—2015）获省人民政府原则通过。7月，东莞大道建设指挥部升级为"东莞市城建工程总指挥部"。这一年，松山湖被评为"中国最具发展潜力高新技术开发区"。这一年，行政办事中心、会议大厦、展览馆、大剧院、图书馆、群众艺术馆、科学技术博物馆、青少年活动中心、海关大厦等工程先后动工，一大批标志性建筑散布在行政中心广场，汇聚成一幅幅绚丽多姿的城市建设画卷，大手笔的集中建设奠定了东莞现代城市基础格局。从2002年开始直到2006年，"建城"始终是市政府工作报告的关键词之一，"五年见新城"的气魄和苦干，引领东莞由县域城市阔步迈入21世纪的现代都市。

21世纪城市的新发展，提升了东莞的发展格局，体现了东莞的锐气、自信与活力。而将文化新城纳入东莞城市发展战略目标，新城市中心区的行政和文化功能兼具并重，更是表达了东莞的文化追求。

同时，强劲的经济实力带来了百姓富裕，2002年东莞城

2002年的东莞

2002年东莞市GDP 672.89亿元，总量排名广东省第4位，全国第47位，比上年增长18.4%（数据来源：东莞年鉴）。第五次全国人口普查以2000年11月1日零时为标准时间，东莞市普查总人口为644.57万人，其中本市户籍人口154.51万人。改革开放30年来，东莞市综合经济实力跃上新台阶，更需要有以人为本的精神文明建设来引导和推动。

一网两区三张牌

"一网"指把东莞作为一个城市整体来规划建设，构筑全市高标准基础设施网；"两区"指建设城市新区和松山湖科技产业园；"三张牌"指城市牌、外资牌、民营牌。

镇居民人均可支配收入达到16949元，比广东省平均水平高5812元，比全国平均水平高9246元。随着物质生活水平的不断提高，这片土地的人们对精神生活的渴望和追求也越来越迫切。2002年元旦，开业不到两个月的东莞书城火爆，三天假期客流量达10万余人次，每天营业额超过10万元，市民购书读书忙成为新年新景象。2月8日，长安镇图书馆开馆，建筑面积29500平方米，计划藏书40万册，被省文化厅称为全国乡镇级规模最大、设施最好的图书馆。8月18日，全国最大的民营购书中心（营业面积12000平方米）——永正购书中心在市经贸大厦二楼开业，为市民丰富文化生活提供了新的选择。9月12日，投资1.73亿元、建筑规模达44654平方米的东莞图书馆试桩正式动工。

这一年，代表知识宝库和文明传承的书店和图书馆以非一般的规模和气势在东莞落地生长，为这座青春而懵懂的城市注入了新的基因。东莞图书馆新馆更是被寄予厚望，市委、市政府筑巢引凤，以"一流的文化设施必须要有一流的文化人才来管理"的长远眼光，面向全国招聘馆长。2002年9月，毕业于北京大学图书馆学系的辽宁省图书馆副馆长李东来研究馆员，作为高级人才引进到广东，就任东莞市图书馆馆长。这片创业热土上搭建的文化平台，吸引了一批像李东来一样有事业理想和追求的专业人才来到东莞，等待着广大市民和东莞图书馆人共同书写答卷，在这里展现城市的书香气质、城市的发展能力和城市的美好未来。

新追求，新目标

东莞公共图书馆历史可溯源至1929年成立的东莞博物图书馆。从人民公园宴林园起步，到民众教育馆内的通俗图书馆，到莞城西正街罗氏宗祠的文化馆图书室，到莞城高第街的东莞县图书馆，再到莞城新芬路的东莞市图书馆……一路走来，经历了初建的艰辛、战争的破坏、各种政治运动的冲击、获得正式建制后的重建、改革开放和经济发展带来的事业蓬勃兴盛，折射出不同发展时期的时代之变。2002年，新馆动工，东莞图书馆有了新的发展制高点和目标追求。

从全国来看，在这一年，中共十六大作为进入21世纪第一次党的全国代表大会，提出了全面建成小康社会的奋斗目标。建设一个惠及十几亿人口、更高水平的小康社会，发挥文化的重要支撑作用、不断满足人民日益增长的文化需求是题中应有之义。

从广东全省来看，为全面贯彻落实党的十六大精神和省委九届二次会议关于全面建成小康社会、率先基本实现社会主义现代化的部署，不断增强广东经济发展活力、创造力和综合竞争力，同年12月，省委、省政府做出了加快建设文化大省的决定。

从图书馆事业发展来看，图书馆根植于经济社会发展的土壤之中，是"一个生长着的有机体"。当历史行进到新的世纪，信息技术的普及和人们对知识信息的多元需求，给图书馆的生存发展带来了严峻挑战，在现代服务理念觉醒复苏、技术进步和我国综合国力不断提升的大环境中，诸多深刻的变化也在孕育发生之中。

图书馆事业站在新的起点。 2001—2005年是我国进入21世纪的第一个五年计划时期，也是开始实施现代化建设第三步战略部署的第一个五年计划时期。"十五"规划纲要提出要"繁荣社会主义文化，提高文化生活质量……加强图书馆、博物馆、文化馆、科技馆、档案馆和青少年活动场所等文化设施建设"。一方面，国家积极加大经费投入和政策宏观指导，为实现县县有图书馆而努力；另一方面，"入世"推动我国对外开放进入新的发展阶段，图书馆人睁眼看世界，学习吸收先进的服务理念和办馆经验，与国际接轨。2002年10月，埃及亚历山大图书馆新馆举行了具有历史意义的开馆仪式。亚历山大图书馆的"复活"，意味着新时期图书馆的"再生"，意味着图书馆脱胎换骨，从传统的图书馆迈入全新的知识世界。[1] 中国图书馆事业积极汇入国际图书馆发展大潮，克服诸多困难，开拓创新，开始走出一条具有中国特色的发展道路。

图书馆体系化建设崭露头角。 城乡一体化的不断加速，人民群众不断攀升的阅读需求和信息需求，对图书馆提出了共同发展的要求。2000年12月，上海市中心图书馆建设启动，在不改变原有行政隶属关系的情况下，以上海图书馆为总馆，在其他区（县）图书馆、大学图书馆或研究图书馆设立分馆，

---

[1] 吴建中.21世纪图书馆新论[M].上海：上海科学技术文献出版社，2016.

全面建成小康社会

十六大报告把全面小康社会概括为六个"更加"，即"经济更加发展、民主更加健全、科教更加进步、文化更加繁荣、社会更加和谐、人民生活更加殷实"。这六个"更加"，就是对全面建成小康社会的要求。

2002年9月东莞图书馆新馆动工兴建

一流的文化设施必须有一流的文化人才来管理。
——东莞市委书记佟星

通过总馆和分馆间统一的网络平台,实现各级各类图书馆的优势互补,资源共享。[2]这种探索,不同于以往的图书馆文献协作协调方式,可见到对一些发达国家和地区图书馆总馆/分馆体制管理的借鉴,利用网络技术又具有图书馆事业组织模式的变化,可以视作图书馆体系化建设的发轫,为此后各地不同形态的图书馆体系化建设打开了思路。

图书馆信息技术培土夯基。数字图书馆经历了试水、升温之后,在21世纪初进入初步实用阶段,研究和建设初具规模。2002年5月23—25日,以"数字图书馆与中国"为主题的首届数字图书馆国际论坛暨工程项目洽谈会在北京举办,全国人大常委会副委员长、本次论坛组委会主席周光召致开幕辞。随即7月8—12日,国家文化部主办、国家图书馆承办的"数字图书馆——新世纪信息技术的机遇与挑战"国际研讨会也在北京召开,图书馆行业紧紧抓住机遇,占据未来数字图书馆领域的重要位置。这一年,一项国家文化创新工程正在着手出台中。2002年4月22日,在北京召开的全国基层文化工作会议上,文化部和财政部联合下发了关于实施全国文化信息资源共享工程的通知,共享工程正式启动。5月,国家图书馆组建共享工程国家中心。6月,《全国文化信息资源共享工程管理暂行办法》发布。[3] 7月,在山西太原召开共享工程试点工作会议部署工作。8月,召集共享工程专家咨询委员会,进行方案专家论证。12月27日,文化部和财政部共同组织召开了共享工程2002年试点工作总结电视电话会议。[4]共享工程的起步和紧锣密鼓部署推进,体现了在实现全面建成小康社会的战略目标下,图书馆利用现代先进技术整合文化信息资源,与时俱进服务惠民的决心和使命。

图书馆法治建设起步前行。"十五"期间(2001—2005),国家文化部2001年向全国人民代表大会上报"图书馆法"立法项目,社会文化图书馆司随即启动《图书馆法(草案)》起草工作。地方立法也在进行。2002年7月18日,北京市人大常务委员会颁布了《北京市图书馆条例》,这是全国第一部涵盖所有类型图书馆的地方性图书馆专门立法。[5] 7月23日,《河南省公共图书馆管理办法》作为地方政府规章颁布。[6] 11月15日,中国图书馆学会六届四次理事会通过《中

---

[2] 马远良,孙继林.上海地区图书馆的馆际协作与资源共享[J].图书馆杂志,2002(1):31-33.
[3] 束漫,余艳.法律法规与政策文件全文[M].载李国新主编.中国图书馆年鉴.2003.北京:科学技术文献出版社,2004:343.
[4] 富平.全国文化信息资源共享工程概述[M].载李国新主编.中国图书馆年鉴.2003.北京:科学技术文献出版社,2004:43-46.

国图书馆员职业道德准则（试行）》，为履行图书馆承担的社会职责，制定了行业的自律规范。[7]

城市图书馆芳容初现。 2002年，中国城市化率为39.09%，城市型社会为主体的新城市时代已然开始。城市是图书馆发展的摇篮。图书馆的文献收藏功能、信息传递功能、知识交流功能、社会教育功能，以及建筑物的文化符号功能等是一个城市不可缺少的文化要素，契合了城市发展的需要。城市化程度越高，人们对知识和信息的需求越强烈、越迫切，对图书馆的需要就越多。城市在召唤新时期的图书馆，一批热火朝天建设中的新馆，标志着代表开放、服务新型理念的现代城市图书馆正在扎根生长，成为推动行业体系转变、服务模式拓展、技术资源重组的试验场和先行地。

伴随改革开放30年，东莞勇立经济潮头；21世纪东莞重视以人为基础的文化发展，调整转型，力争再立文化潮头。在新环境下，面临未来的不确定性，图书馆行业也在积极应对。东莞图书馆新馆正当其时，逐浪弄潮。

新平台，新规划

东莞图书馆新馆，东至石竹路、西临中心广场、南临群众艺术馆大楼、北面会议大厦，建筑面积44654平方米，设计总藏书量450万册，阅览座位3000个，网络节点3000个，由图书馆功能区和购书中心构成，投资人民币1.73亿元，目标是建成国内一流智能化图书馆。

新馆建筑规模在当时稳居地级市图书馆之首。全新的扭面幕墙形式、主建筑俯面构成"I"（Information）"E"（Electron）、

---

[5] 周心慧.《北京市图书馆条例》颁布 [M]. 载李国新主编. 中国图书馆年鉴.2003. 北京：科学技术文献出版社，2004: 109.
[6] 束漫，余艳. 法律法规与政策文件全文 [M]. 载李国新主编. 中国图书馆年鉴.2003. 北京：科学技术文献出版社，2004: 346.
[7] 束漫，余艳. 法律法规与政策文件全文 [M]. 载李国新主编. 中国图书馆年鉴.2003. 北京：科学技术文献出版社，2004: 1.

全国文化信息资源共享工程

根据《国民经济和社会发展第十个五年计划纲要》设立，2002年启动，充分利用现代高新技术手段，实现优秀文化信息在全国范围内的共建共享。

东莞图书馆新馆模型图

现代主义风格造型，整体建筑外形简洁而有力。光是看图纸，这一个由同济大学建筑设计院与德国的建筑师合作完成的设计作品已经足够让人期待。

新馆的建设规模具有超前性，它的建筑面积和设计藏书量分别是新芬路馆的5倍和9倍，体量和规模上有了很大的飞跃。从旧馆到新馆，绝不仅仅是馆舍发生的变迁。从某种程度上说，新馆建设，更多地在于规划新的发展战略和做好充足的业务准备，是一个业务建设提升的过程——目标定位的规划和推进、馆藏资源的充实和调整、服务模式的创新和建立、服务理念的植入和培养、人员素质的全面提高等。这个新的平台，需要跳出东莞对标先进城市图书馆，需要在公共图书馆行业来定位，需要新的目标规划。

新馆的办馆思路，一是考虑社会环境的变化，二是图书馆发展本身的要求。2002年9月，李东来馆长到东莞，在头两个月里紧锣密鼓地开展调查研究，掌握东莞经济社会实际发展情况和图书馆发展现状，对应图书馆发展的趋势和需要，理清工作思路，把对图书馆变革的思考和认识转化到具体的操作层面。11月，经充分研讨形成《东莞市图书馆新馆建设与发展规划纲要（2002—2010）》，这是东莞图书馆历史上第一个前瞻性规划和指导未来发展的纲领文件，为各项工作推进提供了行动指南。《纲要》从东莞地区的图书馆事业发展整体着眼，强调新馆的龙头作用，明确了新馆建设的指导思想、目标定位、实施步骤和保障措施，其客观性、科学性和合理性在上报后也得到了上级领导部门的支持和充分肯定。

《纲要》确立新馆的定位是：未来的东莞图书馆将是以数字图书馆为基础、体现知识交互理念、融合传统图书馆功能的现代城市中心图书馆。这里包含有四个元素：一是以现代信息技术为基础，充分利用数字、网络技术；二是新的图书馆要加强与读者的交流互动功能；三是在开发利用数字资源和技术的同时，不丢掉图书馆的传统功能，建设复合式图书馆；四是按照中心图书馆的思路来建设东莞图书馆。

《纲要》提出了点面结合的目标：在中心图书馆建设上，与东莞城市发展目标相适应，建设一个集传统文献资源和现代网络资源为一体、信息资源和人才资源交融的城市中心图书馆，成为东莞市的文献信息服务中心、区域图书网络中心、大众教育活动中心和专题文献研究中心，在馆舍、设备、队伍、管理、服务等方面达到国内城市一流图书馆水平。在地区图书馆事业建设上，大力推行总分馆事业管理体制，构建与东莞城市建设相适应的地区图书馆网络整体形态：一个中心

（新馆）、两个方面（镇区图书馆和院校图书馆）、三级结构（中心馆、镇区院校馆、用户与读者），形成以数字图书馆技术为依托的整体图书馆网群并以此作为东莞特色，覆盖和服务全地区。

《纲要》的具体工作目标贯穿着对图书馆行业变化趋势和应对策略的思考。根据读者需要的变化，从传统的"求知"到构建"休闲、交互、求知"的新格局；根据工作内容的变化，建设纸质文献和数字文献并重的复合式图书馆；根据业务管理变化，以内容为主建设主题图书馆和专题区；根据服务效能的变化，发挥中心图书馆的作用；以目标和思考为指导，功能布局、服务模式、业务重点的构架和开展都在行动中。

新馆俯视 IE 效果图

新馆的功能布局本是新馆建筑设计的重要依据，应在建筑设计前就基本确定。由于东莞的特殊情况，图书馆作为使用方在新馆建设的前期，尤其是立项、编制项目建议书等阶段参与很少。新馆最初的功能布局设计由于缺乏系统、科学的论证，并不完全适应现代图书馆发展的趋势。新领导班子在查阅了新馆建设有关文件、图纸资料，并咨询有关专家后提出了"关于东莞图书馆新馆功能布局的修改意见"。意见得到了上级领导机关的充分重视和大力支持，市城建工程管理局及新馆项目组积极协调项目设计和实施的诸单位，按照图书馆提出的功能布局修改意见，引进"模数式""大连通""通透性"等图书馆建筑新理念，由主设计方同济大学建筑设计研究院对原建筑设计方案作了必要与可能的修改。并基于此，图书馆确定了新的楼层功能布局方案。充分体现服务至上的原则，按楼层从下到上、人流从多到少的金字塔式走向进行了服务分区，一至五层分别为大众活动区、电子服务区、书刊借阅区、研究参考区和业务办公区，使图书馆各业务流程及服务功能得到合理区分，书流、人流、物流、信息流形成有序流动，读者到馆学习、研究、活动、休闲各得其所。

东莞图书馆新馆平面 IE

新馆计划建立藏、借、阅、查、售、展一体的新型服务

21 世纪图书馆发展变化

模式；采用开放式服务，实行免证阅览；通过展览、讲座、聚会、沙龙等形式，增加交流活动空间；在建筑、布局、装饰上，体现通透、明亮、简洁、舒适的风格；打破书库与阅览分区的传统，按照"人在书中，书在人旁"的理念进行室内布局：配置高矮相宜的书架、休闲桌椅，安装便捷的电子阅读机，在各楼层配备电子自动存包柜和直饮水机。在此基础上，吸引市民到图书馆"看一看，坐一坐，读一读"逐步把社会大众由普通市民变成图书馆读者。

新馆的业务建设重点思路清晰：围绕按照满足读者"休闲、交互、求知"需求的服务理念，通过整体布局、环境装饰、配套设施传递现代图书馆的多样功能。围绕建设复合式图书馆，强调纸质文献和数字文献均衡的新馆馆藏结构，形成多级信息获取机制；着手建设东莞数字图书馆，服务市域读者，为市民提供居家阅读；积极推行文化信息共享工程建设、丰富市民文化生活；筹划东莞市学习网，方便市民系统学习和提高。围绕建设主题图书馆和专题区，筹备漫画图书馆、粤剧图书馆、衣食住行图书馆等专题图书馆，依托专题图书馆开展各类读者活动；突破载体分隔，按内容集中书、报、刊和电子文献，方便读者借阅；在阅览室内，规划设置专题区，根据需要和人力与信息资源，开发专题文献，编印专题资料。围绕实行总分馆制，开始进行方案准备和系统调研。

定位标明方向，目标催人奋进。此后，新馆建设紧紧围绕定位目标有计划、有重点地展开，主动高效，有章有法。在没有现成路径依照的当时，智慧的选择和激情的开创多么难能可贵！

新组织，新准备

原来的东莞市图书馆，已有了良好的事业基础。经过新芬路馆九年的运行和上一届领导班子的努力，业务建设逐步健全和规范，实现了基本的自动化管理，人员队伍的专业化有所提升，2001年被文化部评为全国文化工作先进集体。

但对于东莞城市新的发展定位，对应城市中心图书馆的发展要求，组织和业务的重建、嬗变势在必行。新馆如同孵化器，新的队伍亟待培育，新的工作在加紧准备。

新馆破土动工时，东莞市图书馆共有正式编制61人，还没有高级职称人员，中级职称6人，初级职称27人。大学本科学历10人，大专学历19人（其中8

人为全日制）。不但数量无法满足新馆的发展需求，人才队伍素质和学历架构也难以达到完成日常业务工作的需要。早在这一年的3月，东莞市委、市政府就成立了由市委副秘书长任主任牵头的东莞市引进智力办公室，专门负责为新的文化设施面向全国引进人才。在上门求贤、努力争取引进李东来的同时，还引进了一批学历高、专业技术能力强的图书馆中高级管理人员，包括副高职称3人，中级职称1人。还在北京师范大学、武汉大学图书馆学专业应届毕业生中择优选择6人，并给予公务员待遇以示重视。11月和12月，继续在东莞、广州两地的大型人才市场设点招聘，招聘职位包括翻译、参考咨询、美工、文献编目、网络管理、软件开发等。经过初审、面试和全面考核，确定了14位应届毕业生。

队伍边工作边培养。从12月起，陆续举办计算机业务管理、现代化图书馆的管理内容及管理模式、图书馆人力资源开发及素质要求、组织文化及组织塑造、现代化图书馆建筑及元素等专题培训。对引进的应届大学生，注重以项目锻炼和培养。2002年年底，以新到馆大学生为主，成立了东莞市图书馆第一个学习型组织专题小组。该小组成立之后，开始了一系列的研讨活动，讨论的内容有：学习型组织概念研讨、团队学习方法探究、学习型组织与知识管理关系研讨、学习型图书馆创建典型案例分析、知识共享在本单位的障碍分析等，并利用业余时间收集了大量学习型组织的理论和实践案例，汇编成专题资料，为全馆创建学习型单位提供了有益的指导。对新员工实行部门轮岗，严格考核测评，摸索建立切实可行的考评制度。

创业激励着每个东莞图书馆人，新的团队需要共同的纽带。2002年12月，"和谐、高效、认真、愉快"的组织文化理念在李东来的提议下落地。"和谐"表达了对组织状态的美好追求，是对图书馆未来富有先见、具有长远意义的认知。"高效"反映了现代组织的特征，意味着图书馆在新世

金字塔式读者流量设置

看一看，坐一坐，读一读，逐步把社会大众由普通市民变成图书馆读者。

和谐、高效、认真、愉快——东莞图书馆组织文化八字方针

纪要在提升服务效能、体现服务价值下功夫，激励全馆员工为新馆建设和东莞的文化建设做出更多成绩。"认真"是组织品格，"天下大事必作于细"，以认真而专注的图书馆精神完成每一项工作。"愉快"是组织氛围和工作追求，在平凡的工作中保持乐观、积极、自信、快乐的心理状态。组织文化"八字"方针，在新馆建设过程中不断地深入到各项服务中，成为每个员工共同的工作理念。

12月，临近岁末，新的工作仍不停在起步。搜集关于图书馆装修与功能布局的最新书籍资料，学习其他馆的建馆经验，对新馆二装的详细规划在进行中；对全市图书馆发展状况进行调研和分析，总分馆研究专题资料在归总整理中；在对国内图书馆的业务管理系统进行调研的基础上，做出了依托专业软件公司（广州图创计算机软件开发有限公司）的技术优势、研发适合东莞需要的区域图书馆集群管理平台的决定，新的系统思想在萌芽中；安装Lotus Domino系统，开始用Notes传递文件和信息，办公自动化在起步中；为保障新馆的文献资源逐年增加，购书经费的调研和申请也在准备中……

事业要发展应有长远目标，更要依托现实基础，在现实与目标之间需要付出加倍努力。2002年，东莞图书馆新馆就这样站在了历史与现实的交汇处，在21世纪的曙光微明中开跑，奔向承载理想和充满希望的明天！

筑基 2003

李晓辉

> 收获从来都不是轻松的！2003年，东莞图书馆人经历了拓荒者的艰辛，也感受到了拓荒者的充实。

2003年，是全面贯彻落实党的十六大精神，实现全面建成小康社会目标的第一年。要实现这一全新的目标，要经历怎样的过程？很快，答案逼近眼前。2003年，非典突然打乱了人们平静的生活。

尽管由于遭遇"非典"，第三产业增长速度减慢，文化产业发展遭受较大损失，但是由于国民经济仍然保持较快增长，居民文化消费需求依然旺盛，文化产业已经开始加入中国新一轮增长周期，成为中国经济增长率提升的一个新热点。[1]

2003年，广东省委、省政府出台了《广东省建设文化大省规划纲要（2003—2010年）》，提出建设文化大省，大力促进文化与经济融合，不断为经济注入文化内涵。

互联网&非典：带给图书馆行业的思考

从2003年开始，中国互联网正式开启了Web2.0时代。在2003年，有关Web2.0最具代表性的现象就是博客的奇峰崛起，博客仿佛在一夜之间就成了一个炙手可热的词。无数网民尝试着开设自己的博客，2003年成为博客在中国发展的

非典

SARS，确切名称为"严重急性呼吸系统综合征"，它在毫无征兆的情况下突然到来，侵扰人们的生活，对我国的文化艺术发展也带来了严重的冲击。在疫情发生的地区，演出、展览、对外文化交流、大型群众文化活动基本停止，娱乐场所、互联网上网服务、营业场所纷纷关门停业，造成了相当程度的经济损失和影响。

---

[1] 张晓明，胡惠林，章建刚. 回首2003：蓬勃发展的中国文化产业[J]. 中国经贸导刊，2004（3）：27.

第一个飞跃期，博客用户从最初的1万人激增到20万人。[2] 图书馆行业也不例外，2003—2004年，迅速崛起了一批知名博客，如"老槐也博客""书骨精""王梅的图书馆"等，一批业内同行利用博客平台表达观点，记录所见所闻。

Web2.0的出现开启了图书馆服务的新时代。它给图书馆带来的不仅是服务手段的完善和升级，也是服务理念的变革和创新。无论在服务内容、范围、方式、手段，还是服务过程、模式上，与传统服务相比，都发生了深刻的变化。读者由适应图书馆服务到主动参与到图书馆建设中，需求越来越个性化，图书馆在此理念的指引下，也需要建立一种创新、开放、互动服务理念，从用户的具体需求出发，通过科技手段及管理体系，为用户提供人性化、个性化的服务，以满足用户具体的、独特的或潜在的需要和期望，将图书馆资源信息及用户提供的有价值信息聚合，进行有效资源整合，并建立信息频道发布，为用户提供资源导航，实现真正意义上的资源共享。[3]

与此同时，在SARS流行期间，由于人们正常的交流沟通受到阻碍，人们对于互联网的依赖性得到了前所未有的加强。一场突如其来的疫情，使许多图书馆处于闭馆或半开放状态，广东作为首发地区受到的影响更明显。许多图书馆在"非典"时期努力提供网络服务，但"数字图书馆"当时在我国还很遥远，数字资源准备不够充分，技术手段不够完善，资源管理基础更为薄弱。因此，网络的图书馆服务在读者的需要和自身的期望之间还有很大距离。图书馆作为社会信息资源的承载者，作为另一种信息基础设施，在这次机遇中做得似乎太少。"非典"以后的反思，带给我们重新思考的视角与空间，也让业界认识到，未来的图书馆将更重视新技术的应用，更重视数字图书馆建设。[4]

东莞：新城市建设

2003年的东莞，新城市的建设正如火如荼地进行，对于东莞人，2003年的关键字是"投资"与"财富"。

然而，与经济的蓬勃发展相比，与逐步富裕起来的市民对优质生活的要求相比，东莞的城市化水平不高，城市的功能、形象、基础建设和文化氛围亟须改善。

自2001年5月东莞市委、市政府调整城市发展战略，提出了"把东莞建成

---

[2] 郭万盛.奔腾年代：互联网与中国1995—2018[M].北京：中信出版社，2018.
[3] 曹望虹，李海英，张玲.开启Web2.0时代图书馆服务新策略[J].情报科学，2011（1）：24.
[4] 刘炜，赵亮."非典"以后的思考[J].图书馆杂志，2003（8）：34.

现代制造业名城、生态绿城、文化新城"的战略目标，进一步明确"建设文化新城"的任务。"一年一大步，五年见新城。"市政府大刀阔斧，一年投入100多亿元，兴建以40项重点工程为代表的一批市政交通和配套设施等"民心工程"。其中，东莞市行政办事中心、图书馆、会议大厦等一大批市政工程、一批城市形象工程和标志性建筑图纸已定，正等待着施工队的到来。

"拉开城市框架，扩大城市规模，完善城市功能，提高城市品位。"2002年，东莞市推进现代化中心城市建设，提出城市建设的总体部署和"创优"工作的目的。当年的国庆节前，23项城市形象工程和标志性建筑全部动工。其中，最受关注的莫过于鸿福路的市行政文化中心区建设，而东莞图书馆与规划中的鸿福路北侧的会议大厦、展示中心以及东莞市大剧院遥相呼应，形成鼎足之势。

夯基垒台：新馆布局与业务规划

东莞的城区，在刚进入21世纪的东莞普通老百姓眼里一般指的是莞城，但是"五年见新城"的造城时间表已定稿，东莞城市中心确定为南城，200多平方千米的土地正式成为东莞的核心城区。

2002年9月12日，市行政办事中心主体建筑工程正如火如荼兴建，远处中心广场的东莞图书馆也试桩正式动工。从旧馆到新馆，不仅仅是馆舍发生了变迁，其功能布局、服务模式、环境营造和服务窗口的设置必须有科学合理的规划，使新馆作为现代化城市中心图书馆，发挥出标志性文化设施的作用。东莞图书馆馆领导班子，从新馆的各项功能布局、业务发展规划、人员队伍建设、馆藏资源建设、档案晋级等，方方面面都非常重视。

早在新馆建设之初，东莞图书馆馆领导班子统一认识，未雨绸缪，提出了新馆发展的更高要求，2003年3月，成立了新馆规划办，根据新馆总目标要求，主要抓好各项开馆准

莞城

1985年9月，东莞撤县，建立（县级）东莞市，1988年1月，升格为地级市，是当时全国4个不设区的地级市之一。莞城是东莞市的老城区，曾长期为东莞市的政治、经济和文化中心，聚集了一批有历史特色和内涵的近现代建筑，包括建于明代的迎恩门、却金亭碑，有建于20世纪30年代的中兴路、大西路沿街骑楼建筑群，最繁华的商业区莫过于东湖花园、文化广场的天和百货。即便90年代末，大量的工厂从莞城迁出，一些曾经引领城区商业的街道如运河西、振华路、中兴路等也逐渐衰落，莞城的老大哥地位还未动摇。

东莞西城楼

备工作,进行新馆业务规划。新馆规划办由李东来馆长担任总指挥,最初由原参考咨询部主任冯玲和奚惠娟同志组成,先后有顾问王孝龙老师和张利娜、杨累、钟敬忠等同志加入,在李东来馆长的指导下,完成和协助开展了一系列工作。

在新馆规划办的努力下,全馆性重要文件、方案的起草和拟写、VI系统设计和制作、数字图书馆开通仪式、新馆开馆筹备等工作有条不紊地进行,全馆馆员上下密切协作,同心同力,向着打造高水准的新型图书馆的目标进发。

新馆正式破土动工后,馆领导对基建非常关注,紧密跟踪施工进度,针对发现的问题,及时召集中层干部研究和讨论,并与东莞市城建指挥部、设计部门、施工部门加强联系,提出了很多更有建设性的意见。2003年5月15日,新馆土建工程封顶。

为了进一步建设一个符合各种读者需求及其未来变化趋势的现代化图书馆,东莞图书馆馆领导也同样非常重视图书馆内部功能布局和装修,广泛借鉴,引入行业经验和成果。

2003年1月31日,李东来馆长与新馆项目组的两位同志赴深圳图书馆新馆参观二次装修的投标方案。2月中旬,李东来馆长、李映嫦副馆长又和正参与深圳图书馆新馆二次装修工程的文津实业股份有限公司对二次装修应如何体现现代图书馆以人为本的理念,如何体现更高层次的专业化服务等问题共同进行了探索。在广泛交流和充实调研的基础上,2003年5月下旬,东莞新馆调整了内部装修方案,引进了现代图书馆的"大开间""通透性"的设计理念,从而使新馆采用开放灵活的"藏、借、阅、查"一体的新型服务模式。

根据调整后的新馆服务功能布局,新馆规划办拟定了《东莞市图书馆新馆室内装饰设计和功能要求》,从使用方的角度对新馆工程概况、各楼层功能使用布局、设计总体要求、各类空间、场所装饰设计细化要求等作了书面说明。在二次装修方案设计期间,为减少因为设计时间紧、设计人员对图书馆功能认识不足带来的问题,图书馆多次主动与设计人员进行沟通,尽量使装修装饰满足图书馆的功能要求。同时对功能布局又稍做改动,对某些区间的装饰要求做了进一步的细化补充说明。在新馆二次装修意见讨论的同时,为集思广益,2003年6月中旬,新馆规划办要求参考、期刊、社科、自科、技术等部门对其在新馆相应的读者服务区域进行平面规划,设计读者服务区的家具摆放图。经过两个星期的认真调研,各部门动员员工的力量,经过仔细讨论,形成一种甚至多种方案,为二次装修贡献了集体智慧。

2003年7月上旬，馆领导去深圳集美公司与有关设计人员交流意见，力求能在装修区域多、装修费用紧的情况下保持基本的装修档次。2003年7月下旬，集美设计公司拿出正式的二装工程施工图。

在二装过程中，市委市政府和市文化局领导非常关心，多次亲临施工现场调研，对二装的修改和完善提出了很多宝贵意见。在各级领导的鼎力支持下，东莞图书馆严格要求，紧密跟踪协调，使得新馆内部装饰装修在投入经费有限的条件下，最终达到了较理想的效果。

在业务规划方面，新馆建设是东莞市图书馆发展进程中的一件大事，它向全市人民勾勒出了一幅美好蓝图。但要圆满实现这个宏伟蓝图，必须制定出科学的发展规划，指导东莞图书馆乃至整个东莞地区图书馆事业的建设与发展。为此，东莞图书馆先后制定了《东莞市图书馆新馆建设与发展规划纲要（2002—2010年）》《东莞市图书馆新馆运作方案》《关于充分发挥图书馆作用推进我市创建学习型城市工作意见的请示》《图书馆之城建设纲要》等战略性规划，作为全市图书馆事业发展和突破的蓝本。

在馆藏资源建设方面，面对比较薄弱的文献信息资源基础，东莞图书馆以新馆建设为契机，加大对文献信息资源的投入力度，计划到2006年藏书总量达到150万册（件），仅2003年全年购书经费已达到600万元。在大力增加新书采购的同时，东莞图书馆组织实施了"东莞市图书馆馆藏图书清点整顿工程"，将积累了42年、总量达50多万册件的馆藏文献进行了一次集中、系统、彻底的清理整顿。采编部和报刊部全体同志仅用40多天时间，清点了图书94623册，报纸6749册，期刊6808册，顺利完成我馆第一阶段的馆藏清点任务，摸清了馆藏家底，对实际的馆藏数量进行确凿统计，使书与账目相符，为日后的新馆搬迁做好了准备。

深圳图书馆

深圳图书馆新馆是深圳市政府投资兴建的大型现代文化设施，新馆占地29612平方米，总建筑面积49589平方米，于2006年7月建成正式开馆。深圳图书馆以读者为中心，把图书馆内部功能区划分为：报纸期刊区、图书借阅区、电子资源区（包括光盘检索区、网络服务区、数字视听区、工具书及IT廊）、参考服务区（包括商贸、法律、时装、东盟信息等）、特藏资源区（深圳地方文献、港澳台文献、经典著作和古籍、图书保障本等），其对传统的图书馆建筑布局模式必须有所突破，让建筑凸显"以人为本"。

2003年5月15日东莞图书馆新馆土建工程封顶

在档案晋级方面，东莞图书馆制定了《东莞图书馆档案综合管理制度汇编》，健全完善了档案转递、收集、鉴别等制度。全馆各部门均设一名兼职档案员，配合专职档案人员收集补漏，严把档案"收集关"；按照档案整理的专业流程，将1998年至2002年的档案资料1064卷，639件进行分类，统一装盒，严把档案"整理关"。档案室编制了《组织沿革》《大事记》《基础数字汇编》《工作计划》《工作总结》等专题材料，利用万维文书及档案管理系统软件，将近5年的文书档案目录和近15年的会计档案目录全部输入电脑，实行档案管理自动化，严把档案"管理关"。2003年7月24日，东莞图书馆被评定为"广东省综合档案室省一级档案目标管理单位"，成为市文化系统中首个获得此殊荣的单位，也标志着东莞市图书馆事业的档案管理工作又迈上了新台阶。

随着新馆基建接近尾声和即将投入使用，如何对新馆进行定位、机构与人员如何设置等一系列问题便摆在了面前，这就需要对新馆的运行与管理问题进行规划与思考。2003年12月8日，东莞图书馆成立了由李东来馆长为组长的专门工作小组，认真研究和精心制定东莞市图书馆新馆的运作方案。经过多次的讨论和反复修改，最后形成了新馆定位和目标——整体运作模式——管理运行方式——部门人员——经费预算的方案框架，并在此基础上制定出了《东莞市图书馆新馆运作方案》，获市委、市政府联席会议审批通过，《方案》中重点提出了"事业发展推行总分馆制"的发展思路。

技术突破：Interlib图书馆集群网络管理平台的研发

随着知识经济的深入发展和信息技术的进步，图书馆发展的整体化趋势渐显，北京、上海、深圳、东莞等城市着手进行一系列有益的尝试，分别建立各具特色的城市图书馆集群网络体系。为实现新馆的整体目标，东莞图书馆领导班子特别重视图书馆业务自动化建设，投入了大量的人力和物力，力图突破技术瓶颈，实现互联互通、共建共享的服务模式。

要建立开放式网络环境下不同地域图书馆集群的一体化业务管理，除了整合资源，扩大信息获取总量之外，更需要在行政隶属关系不改变的情况下，从技术上实现多层次图书馆群的联合，实现业务和资源的协作、共享。

依托专业软件公司(广州图创计算机软件开发有限公司)的技术优势，研发适合东莞需要的区域图书馆集群管理平台的决定做出后，2003年4月，Interlib 图书馆集群管理系统正式开始研制。Interlib 图书馆集群管理系统的研制，首先是从把握城市图书馆集群化管理的趋势出发，树立了区域集群管理和文献共建共享的设计开发理念，采用 B/S 构架，引入负载均衡技术、查询优化技术和缓存技术，为各成员馆提供区域内图书馆的联合采编、图书馆的通借通还、电子文献的全文传递、文献资源共建共享、书目联合查询等功能，保证总分馆协同发展。其次是分馆不再需要购买服务器设备及相关的系统软件和数据库，也不需要计算机专业人员做维护工作，借助信息资源、设备资源、人力资源等多资源共享平台，以较少的投入争取最大的服务成效和整体效益，同时也解决了基层图书馆缺专业技术人才、资源缺乏的现实问题。2003年10月，采访和编目系统率先进行测试和使用，到2004年年底，该套业务系统的各个功能都已经开发出来并投入正常使用。

"Interlib 图书馆集群网络管理平台"填补了国内区域性图书馆集群网络管理的空白，解决了集群化管理的技术瓶颈问题，在推行总分馆制中发挥了强大的技术支撑作用。

链接未来：东莞数字图书馆开通

数字图书馆是未来图书馆的发展方向，数字图书馆的基础就是数字资源的建设。

为配合图书馆新馆进程做好业务准备，即将建成的东莞图书馆将是"以数字图书馆为基础、体现知识交互理念、融合传统图书馆功能的现代城市中心图书馆"。2003年伊始，东莞图书馆已初步制定出东莞数字图书馆发展工作规划，明确了数字资源建设要以引进资源为主，根据本地实际建立有特色的数据库资源，有目的地进行一些网络资源的采集和制作等原则。

2003年5月，数字图书馆网站调研工作开始。东莞图书

数字图书馆

数字图书馆是用数字技术处理和存储各种图文并茂文献的图书馆，实质上是一种多媒体制作的分布式信息系统。它把各种不同载体、不同地理位置的信息资源用数字技术存储，以便于跨越区域、面向对象的网络查询和传播。它涉及信息资源加工、存储、检索、传输和利用的全过程。通俗地说，数字图书馆就是虚拟的、没有围墙的图书馆，是基于网络环境下共建共享的可扩展的知识网络系统，是超大规模的、分布式的、便于使用的、没有时空限制的、可以实现跨库无缝链接与智能检索的知识中心。

省一级档案综合管理单位

馆成立了网站工作组,对栏目的确立进行了多次的研究和调整。从2003年7月起,图书馆组织精干的技术力量,开始着手网站建设的实质性工作。图书馆引进了清华同方TPI数字图书馆平台系统,对符合东莞地区需要的内容进行了数字化加工。图书馆对《东莞报道》等原有地方文献数据记录进行规范、整合,新建了《藏书家》《图书馆建筑》两个新的专题数据库。软件性能测试结束后,原本在ELIB平台下开发的"东莞地方文献数据库"也导入TPI平台,对"东莞地方性法规"等数据进行加工,形成了《东莞图苑》《东莞文库》《东莞企业》《东莞报道》《东莞人物》等专题特色数据库,为东莞数字图书馆建设打下了良好的基础。

同时,东莞图书馆引进了新的数据资源。从2003年开始,对国内数字资源进行了普遍的考察和直接开通试用,引进了《中国学术期刊网》《维普资讯》《国研网》《方正Apabi电子书》《书生数字图书馆》《龙源期刊网》等大量数字资源,合计电子图书20多万种,电子杂志300种、学术期刊论文140多万篇。

数字化资源日益增长,但是数字资源量的增长并不意味着用户获取资源的增长,无序的资源反而容易带来"信息超载、知识缺乏",为满足广大读者对网上数字资源的使用需求,东莞图书馆又推出了"一站式检索"系统,在原有基础上实现了统一平台资源检索和用户认证登录功能,将引进的"维普资讯"等数据库资源纳入其中,东莞地区的市民只需安坐家中,通过互联网即可轻松阅读图书馆馆藏的大容量数字资源。

2003年9月24日,东莞数字图书馆开通试运行暨东莞数字图书馆读书卡首发仪式在东莞图书馆举行。东莞图书馆还向来宾和读者代表赠送了电子读书卡。该电子读书卡是由东莞图书馆在国内首次推出,为异形光碟式,带有账号、密码信息,除具备网上借阅电子书的功能外,还采用异形光碟作为卡的载体,碟中含有方正Apabi电子书阅读器的安装软件及免费赠送给读者的12本电子书,其中包括《东莞概览2003》《东莞市图书馆》两本电子书。

首批电子读书卡共制作了5000套,全部免费向社会推广。广大读者通过电台广播、报纸、网络等渠道得知东莞图书馆正开展赠送东莞数字图书馆读书卡活动,都纷纷前来申领。截至2003年4月7日,共有696人申请,其中9月28日一天申请人数就突破了208人,达到了最高峰。不到一个月的时间,免费的3000个读书卡被发放、申领一空。当时,东莞市委办公室等机关单位还主动与东莞图书馆联系,希望能将东莞数字图书馆开通纪念礼盒作为日常与其他单位往来的礼物赠送。

《东莞市图书馆新馆建设与发展规划纲要（2002—2010年）》

2002年，国家启动全国文化信息资源共享工程，依托各级公共图书馆、文化馆（站）等公共文化设施，通过互联网、广播电视网、无线通信网等新型传播载体，在全国范围内实现中华优秀文化资源的共建共享。

2003年，中国图书馆学会受文化部委托，开始组织全国图书馆行业的全民阅读活动。自此，阅读活动成为中国图书馆学会重点推进的工作。从此，公共图书馆在朝着数字网络化和全民阅读的道路上高歌猛进。

"图书馆之城"的概念始于1996年的深圳。2002年深圳市委市政府将"图书馆之城"建设提上议事日程，以2003年《深圳市建设"图书馆之城"(2003—2005) 三年实施方案》开始实施为标志，在全市范围内掀起了"图书馆之城"建设的热潮。

2002年9月，佛山市禅城区人民政府发布《关于佛山市禅城区"联合图书馆"建设方案》，提出了建立"联合图书馆"的规划和设想。

2002年，在"经济社会双转型"和打造"公共文化名城"发展战略下，东莞市十二届人大六次会议通过了代表们提出的《积极推进文化创新，全力打造文化新城》的议案，提出把文化建设作为东莞建设的一项重要内容来抓。抓好文化设施的建设，市属文化工程图书馆、大剧院等项目要抓紧建设好。这些政策和方针推动了东莞市图书馆事业的发展。

东莞图书馆新馆立项后，东莞图书馆以此为契机，进行点面结合的目标规划。针对东莞的现状和特点，馆领导班子思考和研究确定了城市图书馆事业发展的整体思路，探索图书馆事业发展的新模式。

2002年10月，李东来馆长提出，东莞图书馆新馆的目

东莞数字图书馆开通仪式

电子读书卡

标是与东莞城市发展目标相适应，集传统文献资源和现代网络资源为一体、信息资源和人才资源交融的城市中心图书馆，成为东莞市的文献信息服务中心、区域图书网络中心、大众教育活动中心和专题文献研究中心，在馆舍、设备、队伍、管理、服务等方面达到国内城市一流图书馆水平。

针对这一目标，在进行深入调研后，东莞图书馆根据东莞经济和社会发展实际以及全市图书馆发展现状，于2002年11月拟定了《东莞市图书馆新馆建设与发展规划纲要（2002—2010年）》，经反复修改，2003年10月上报东莞市文化局和市政府，正式成为东莞图书馆的发展指南和纲领性文件，确定了点（新馆）、面（地区图书馆体系）相结合的图书馆事业发展规划，即建立一个中心【城市中心图书馆】、两个方面【镇（街）图书馆和院校图书馆】、三级结构【中心、镇（街）院校、用户与读者（信息终端）】的地区图书馆集群网络。

学习不止于抵达：培训年

自2003年开始，东莞图书馆实施主题年战略，每年设定一个主题，围绕主题部署重点工作。2003年，正是新馆筹建的关键时期，东莞图书馆当时的人才队伍素质和结构状况难以满足新城市中心图书馆的发展要求，因此，为了给新馆奠定队伍之基，东莞图书馆将2003年的主题定为"培训"，对培训年的活动做出了整体的规划，持续开展内容丰富、行之有效的培训活动，使培训年活动持续升温，提高图书馆的"软实力"。2003年，东莞图书馆共组织不同类型的员工培训和外出考察、学习等形式19次，共计62人次参加。

走出办公室，去一些新建图书馆、先进图书馆、大型图书馆进行参观考察、实地调研，这是"走出去"；邀请行业内的领军人物、业务能手开展培训讲座，取长补短，这是"请进来"。"走出去"和"请进来"相辅相成，有利于让基层干部开阔视野、启迪思想。

"走出去"：东莞图书馆派出十来批工作人员远赴广东省内外进行参观考察、实地调研，培训范围涵盖上海、苏州、杭州、大连、青岛、济南、温州、厦门、昆明、北京、天津等十几个省（市）以及广东省内的省馆、深圳、佛山等一些新建图书馆，培训受众扩大到各个业务部门和各个岗位，进一步强化了培训效果。

"请进来"：面对新馆对全体员工更高的要求，东莞图书馆制定了一些培训和考核措施，内容涵盖了现代化图书馆的管理内容及管理模式、图书馆人力资源开发及素质要求、组织文化及组织塑造、现代化图书馆建筑及元素等，师资力量包括广州图创公司工程师、图书馆行业专家学者与资深馆员等。

终身学习，终身成长，这是全民学习时代对每个市民的期许，也是东莞图书馆对每一个馆员的要求。针对本馆员工知识结构各不相同的情况，有的放矢，对薄弱的环节各个突破，共同提高对内管理效果和对外服务水平。比如，本馆很多员工的计算机使用水平较差，2002年12月，图书馆举办了"如何使用Word软件"的培训讲座，近30名职工参加。通过直观的上机学习，大家基本掌握了文本输入与编辑的技巧，提高使用计算机进行业务管理的能力。2003年6月20日，东莞市图书馆全体员工参加了"员工应知应会及业务培训测验"，摸底全馆员工的业务水平，促进了员工学习业务知识和提高职业素养，为今后有针对性的培训提供了借鉴。

2003年，图书馆陆续择优引进了20名大学毕业生。对这批新员工，图书馆非常重视培训和考核。2003年8月底，东莞图书馆为新进大学生举办了"新人新业务培训班"。培训课程包括东莞市图书馆概况、图书馆基础知识、图书标引与加工、数字图书馆的建设等，由4位业务部门负责人授课。另外，为尽快熟悉图书馆业务流程，每一位新员工都必须到各部门轮岗，在工作中施展他们的能力和特长，轮岗结束后，他们将被分配到适合自己能力发挥的岗位上去。

我馆骨干赴外考察调研

收获从来都不是轻松的！2003年，东莞图书馆人经历了拓荒者的艰辛，也感受到了拓荒者的充实。在这新馆筹建和规划的重要阶段，我们为实现新馆的发展目标攒足劲头、全力以赴、内外兼修，积极为新馆做好充足的各项准备工作，全馆上下齐心，紧抓机遇，奋力开拓，积蓄力量继续投入充满挑战的2004年！

建设 2004

陈本峰

2004年,是东莞图书馆"基础建设年"主题年,是新馆建设阶段承上启下的重要一年。

在科学发展观的指导下,中央加强和改善宏观调控的决策取得重要阶段性成果,国民经济继续在健康稳定的轨道上发展,进出口总额首次突破1万亿美元,中国将首次进入世界贸易前三强。

国家宏观经济的进一步发展,为国内图书馆、文化馆等文化设施的建设提供了强大的经济支撑,同时也为东莞文化新城建设提供了物质基础。

新城市中心区建设步伐加快

2004年东莞城市建设步伐加快,市行政文化中心广场(中心广场、行政办事中心、东莞图书馆、东莞展览馆、玉兰大剧院等)轮廓初现,部分城市标志性建筑先后落成投入使用。市区4条主干公路改造全面动工,松山湖大道建成通车,各项建设速度加快,虎门港开发稳步进行[1]。

东莞中心广场于2003年4月投标,5月开工建设,仅用7个多月就基本完成了建设任务,2004年1月18日正式向广大市民开放。

2004年东莞市政府"南迁",东莞城市中心也开始向南城转移。

2004年4月,中共东莞市第十一次代表大会举行。在《贯彻"三个代表"重要思想,建设现代制造业名城,为东莞率先基本实现社会主义现代化而努力奋斗》的工作报告中,提出了"一城三创五争先"的工作思路。此后又连续召开了全市创新发展模式、创新发展环境、创新发展能力三个工作会议,对东莞建设现代制造业名城、率先基本实现社会主义现代化做出了全面部署[2]。

---

[1] 东莞年鉴编纂委员会. 东莞年鉴2005[M]. 广州:花城出版社,2005:82.

2004年，公共文化服务设施的蓬勃建设，让人看到新城面貌。以行政中心广场为例，2004—2005年，东莞新城市中心日渐成熟，广场内新建设的行政办事中心、国际会展中心、图书馆、海关大厦、青少年活动中心、东莞展览馆、玉兰大剧院等逐步落成开放。

经济发展为东莞文化建设提供物质保障

内源外源并驾齐驱，经济发展势头强劲。2004年，全市GDP达到1155亿元，首次突破千亿元大关，城市综合实力名列全国大中城市第12位，地级市第1位。对外经济持续增长，民营经济活力迸发。全年外贸出口总额稳居全国大、中城市前4名，民营经济资产总值达1500亿元，3年翻了一番，提前两年实现超千亿元目标。园区经济健康发展，松山湖高新区引进项目32宗，累计协议引资28亿元[3]。

2004年，随着东莞图书馆新馆土建、幕墙、设备安装等一系列工程基本完工，建筑主体已初具规模，相关配套政策、措施陆续出台。东莞图书馆中心工作围绕新馆装饰装修、建筑功能结构布局、组织架构与人才队伍建设、图书馆业务创新等开展。

政策支持与配套措施

文化新城建设热火朝天，文化体制改革阔步向前。作为全省文化体制改革的3个试点城市之一，2014年6月，东莞市将全市83个公益文化活动项目向社会推出招商，进行了由政府办文化向社会办文化转变的大胆尝试。7月，在全国率先展开基层文化建设等级考评评选活动，启动"特色文化

---

[2] 东莞年鉴编纂委员会.东莞年鉴2005[M].广州：花城出版社，2005：82.
[3] 东莞年鉴编纂委员会.东莞年鉴2005[M].广州：花城出版社，2005：82.

一城三创五争先

"一城"就是要围绕建设现代制造业名城的目标，在全面建成小康社会的基础上加快率先基本实现社会主义现代化。"三创"就是要创新发展模式、创新发展环境、创新发展能力，全面提升东莞市的综合竞争力。"五争先"，就是要全面推进物质文明、政治文明和精神文明建设，努力在外源型经济、内源型经济、城市建设、文化建设、党的建设等五个方面争先创优，形成新的发展优势和增长动力，实现全面、协调、可持续发展。

市委书记佟星（右一）到新馆视察

之乡"评选活动,创新了政府管理文化的方式。一系列文化体制改革措施出台,大大解放和发展了文化生产力。[4]

在2002年年底拟定的《东莞图书馆新馆建设与发展规划纲要(2002—2010年)》的基础上,经过反复探索调研,2004年1月5日形成较为理想的《东莞图书馆新馆运作方案》交文化局呈市委、市政府决策。

4月11—15日,李东来馆长出席了政协东莞市第十届一次会议并当选为第十届委员会常务委员,期间提交了《创新图书馆发展模式 建设现代图书馆体系》的提案。

5月24日,东莞市委常委、宣传部部长江凌同志对东文请〔2004〕43号文件《关于充分发挥图书馆作用 推进我市创建学习型城市工作意见的请示》做出重要批示,指出"要真正把东莞建成图书馆之城,使图书馆成为东莞创新发展能力、打造文化新城的强大武器"。

6月4日,东莞市政府对东文请〔2004〕43号文件做出了《关于充分发挥图书馆作用 推进我市创建学习型城市工作意见的复函》(东府办复〔2004〕510号),要求市文化局与图书馆抓紧动作,逐项尽快抓好落实。市委宣传部副部长、市文化局局长吴维保要求"图书馆抓好落实,抓好'建设图书馆之城方案'的起草工作"。

2004年6月4日,《东莞日报》以"走进东莞图书馆"为题,对图书馆文化新城建设中的角色定位全面报道。

新馆装饰装修

装饰与功能布局。 2003年5月新馆土建工程完成封顶, 2003年年末幕墙及设备安装等主体工程基本完成,到2004年,新馆建设的主要进程需要落实到装饰工程和馆内功能布局方面。

李东来馆长多次组织图书馆规划办、新馆建设项目组对新馆功能布局,特别是四、五层功能调整相关布局的研讨,并通过对各地新馆建设的实地调研,形成书面修改意见报送相关规划、城建、设计单位,力求新馆建成后最好发挥城市中心图书馆的功能。

---

[4] 东莞年鉴编纂委员会. 东莞年鉴2005[M]. 广州:花城出版社,2005:82.

4月30日下午，东莞市委常委、市委宣传部部长江凌，市政府副市长吴道闻到文化局考察工作，并听取了相关情况汇报。市领导视察了正处于二次装修紧张施工阶段的图书馆新馆。在新馆施工现场，市领导询问了新馆建筑特点，了解到新馆大堂装修设计相对简单、立柱仅用涂料粉刷的问题，在现场与城建管理局协商，予以妥善解决，并对报告厅改造调整与"东莞学习论坛"表示关注和支持。

按照市领导视察意见，规划办和办公室的几位同志在李东来馆长的带领下抓紧"五一"假期时间到馆收集、整理材料，拟写了"关于调整完善图书馆的东莞学习论坛区装修的请示"和"东莞学习论坛区装饰装修需求方案"，对四楼西区的功能布局进行了调整，修改、细化和完善了对原报告厅及周围区域的装修要求。请示于5月8日及时上报到上级和有关单位。

截止到2004年11月，土建工程完成100%，建筑幕墙完成100%，设备安装完成98%，室内装修工程完成80%，弱电工程完成88%，电梯安装工程完成98%，其他分项工程已基本完成。

12月1日上午，东莞市委书记佟星同志在江凌常委、吴维保局长的陪同下视察了正处于二次装修施工收尾阶段的图书馆新馆。佟星书记仔细听取了江凌常委在11月30日对新馆现场调研情况的汇报，了解了新馆建筑特点，以及新馆装饰存在的问题如天花使用矿棉板、大堂立柱装饰不统一等。佟书记还重点察看了"学习论坛区"，要求新馆抓紧施工，并对玻璃护栏、大堂地面光滑的安全性表示了关注。

馆徽设计。为进一步塑造东莞图书馆新馆形象，增强对外宣传识别度，东莞图书馆设计制定了新馆标识系统。2004年7月下旬，经过甄选，馆徽正式确立。东莞市图书馆馆徽在整体上是以两本叠放的书构成一个弯折的"e"字。有四层含义："e"字表现了数字化、网络化时代的图书馆特色，

东莞图书馆馆徽

整体构型是以两本叠放的书构成一个弯折的"e"字：
1.e 表现了数字化、网络化时代的图书馆特色；
2.e 似房舍，喻示图书馆是知识交互空间；
3.e 又似叠放的两本书，蕴含了传统图书馆的元素。
徽标扣合了东莞图书馆的定位：以数字图书馆为基础、体现知识交互理念、融合传统图书馆功能的现代城市中心图书馆。

同时也与新馆建筑外形相呼应（新馆建筑俯视效果形成"I""E"两个字母）；"E"字框架似一座房子，代表图书馆这样一个进行知识交互的空间；弯折的"E"字又似两本书的叠放，概括出传统图书馆的特征；馆徽的主打色为灰蓝，透出庄严、宁静的色彩，体现了图书馆特有的求知氛围和高科技特征。

馆徽传递出的象征意义扣合了东莞图书馆新馆的工作定位和目标——建立以数字图书馆为基础、体现知识交互理念、融合传统图书馆功能的现代城市中心图书馆。在此基础上，以馆徽为核心，进行了整套VI设计。[5]

家具配置。随着新馆各项主体建设工程的相继完工，为新馆配备的家具设备需要相继采购到位。由于图书馆家具有别于常规的办公家具，除通用的部分阅览桌椅及书架外，大部分家具有其专业性要求，其中对具有装饰性作用效果的休闲家具则要求更高。因此，在采购过程中，图书馆严格根据各功能区域的不同特点进行设计定制。

经过对北京、天津等各大城市新建的图书馆及周边家具生产厂家进行考察与调研，综合专家和业务人员意见，结合新馆各功能区域的要求，2004年5月，筹备了近半年时间的新馆家具配备方案基本完成，并分批交由市采购中心进行政府采购。

10月4日，东莞图书馆领导班子集中各部（室）主任、各专题负责人等相关人员在四楼馆长室召开"新馆家具系列"专题会，根据东莞图书馆家具的规划设想，对中标单位东莞兆生实业有限公司提供的预审方案进行了讨论。会议展示了新馆大厅、阅览区域和各专题馆等的桌、椅、凳和休闲沙发的图片及搭配效果，经过与会人员的反复讨论、比较、挑选，对配套方案初步达成共识。有争议部分的家具则由该公司重新配置并要求将样品送到东莞图书馆，以便斟酌做进一步的家具样式选定。至此，基本核定各服务区所需家具数量，确立了家具基本配色和风格。

组织建设与人才培养

机构升格与人才引进。2004年，东莞市市文化局向东莞市机构编制委员会办公室递交了《关于六个新建文化设施（单位）成立及人员编制的请示》和《关

---

[5] 李东来.继往开来——东莞图书馆七十五周年[M].广州：花城出版社，2005：118.

于东莞市图书馆机构升格的请示》。

经2004年第28次市委常委、副市长联席会议决定，东莞图书馆机构编制问题得到批复。同意东莞市图书馆更名为东莞图书馆，并升格为副处级单位；同意设置12个内设机构（正科级）；并增加事业编制40名。增编后，东莞图书馆事业编120名，其中，正、副馆长4名，正、副部长（主任）25名。

5月底，市引智办公室、市文化局联合在《光明日报》《羊城晚报》《中国青年报》《中国文化报》《东莞日报》等媒体上刊登了面向全国招聘优秀人才的广告，共87个职位，其中图书馆新馆招聘职位占40%，达35个。

按照《东莞市文化系统上半年上门招聘人才计划》的安排，东莞图书馆与文化局上门招聘人才工作组赴北京、上海等地高等院校物色图书馆学、信息管理、网络管理等优秀人才。通过对应聘材料的审核，初定191名参加应聘笔试考试（其中副高职称人员9名、中级职称人员16名、硕士生18名、双学士7名）。7月10—12日，由文化局组织的文化系统人才招聘考试在东莞理工学院顺利进行。其中，参加东莞图书馆招聘考试的有103人，考生进行了"专业知识""行政能力"及"申论"三门科目的笔试，东莞图书馆随后组织了面试。

7月23日，东莞图书馆召开中层干部会议。在会上，李东来馆长首先通报了东文〔2004〕20号文件《关于李映嫦等同志职务任免的通知》，经局党组会议决定，由李映嫦、冯玲担任东莞图书馆副馆长。

"青年文明号"创建。 为了进一步提高东莞图书馆服务水平，树立图书馆的崭新形象，积极发挥青年的先锋队作用，2004年7月，对照考核标准，铺开创建"青年文明号工程"。东莞图书馆以借阅部门（图书外借处、报刊阅览室、参考部）为申报集体向市直机关团委上报了《创建文明优质服务，展现莞图青年风采——东莞市图书馆2004年度"青年文明号"

青年文明号创建工作会议

3月文明服务"星秀榜"

申报材料》。东莞图书馆成立了专门的工作领导小组，布置落实"青年文明号"创建工作任务。

配合"青年文明号"创建工作，抓好东莞图书馆文明优质服务工程，10月21日东莞图书馆开始设置服务监督岗，在各对外服务窗口醒目位置悬挂服务监督栏，让各部门的岗位成员接受社会的监督，同时规定各岗位成员工作时除穿着馆服、挂牌上岗外，还必须佩戴团徽。服务监督岗的设置，是东莞图书馆加大服务质量检查监督力度的表现，也是进一步完善读者服务的措施。

评选"文明服务之星"。为促进文明优质服务的深入展开，在进行文明礼仪培训、加大检查督促力度、出台文明服务规范的基础上，从3月起，东莞图书馆开始评选东莞图书馆"文明服务之星"。通过此活动进一步贯彻"读者第一、服务至上"的宗旨，展示东莞图书馆人爱岗敬业，默默奉献的服务形象，创新服务理念，改进服务方法，提高服务质量，使东莞图书馆的服务上一个新台阶，形成一种努力提高自身服务素质、争当"文明服务之星"的良好氛围。

为了顺利开展"文明服务之星"每月评选活动，东莞图书馆特别成立了检查小组。检查小组每月针对职工的着装、仪容仪表、挂牌、文明用语、部门工作环境卫生状况、书刊架的整洁等情况进行两次不定期检查。对在检查中发现的问题，检查小组会及时进行指正，并实行严格的奖罚措施。对照评比条件，全馆各服务窗口每月将评选出11名"文明服务之星"，并在全馆组织"创优质服务，评优秀馆员"调查。同时，为展现文明优质服务整体形象，从3月起，东莞图书馆全体员工正式统一着装挂牌上岗。

午后茶。"午后茶"是我馆积极创建学习型组织的一个重要举措，于2003年10月启动，2004年开展了大大小小的多次聚会，基本围绕新馆建设一些特定的主题进行讨论。这种良好的学习与沟通活动把图书馆人最有价值的工作实用性的经验通过相互间讨论、沟通学习和总结记录下来，形成了良好的组织学习氛围。让图书馆不但是员工工作、实践的场所，还是一个实用性的研究基地，一个培训和交流的平台。

书评小组。我馆倡导员工自发组建各类专长和兴趣小组，2004年书评小组率先成立。3月18日，"每日一书专栏"本馆原创书评板块在网站正式开通，5篇从书评小组第一次习作中挑选出来的文章陆续在网页上与读者见面，成为热爱读书、热爱写作的同事尽情展示自己才华的一个舞台，也成为发挥图书馆导读功能、和读者分享读书心得的一个平台。

与武汉大学签订实习协议。2004年，我馆与武汉大学信息管理学院签订实习协议。7月1日，武汉大学首批8名实习生到馆，开始了为期一个月的实习生活。实习生们分别在我馆两个以上的部门轮岗，并参加了图书流动车服务。加大和高校联系，提倡图书馆学理论与实践结合在各个方面都开始起步。

武汉大学给东莞图书馆赠送锦旗

援建小庄小学。传承济困助学精神、弘扬社会责任担当。2003年年底，馆内拟定了发动员工援建贫困山区图书室的计划，并将此作为新馆开馆的一项活动。2004年，通过市民政局的推荐联络，馆里决定将援建对象定在我市新增的一个对口扶贫点——湖南省湘西苗族土家族自治州一所村小学（小庄小学）。馆工会与团支部联手组织的"情系湘西，爱心助学"捐赠活动，向全馆员工发出倡议，并得到热烈响应，共收到来自101名员工的捐款17255元，少儿读物78本，以及书包、笔尺等一批学习用品。6月，李映嫦副馆长等一行8人赴湖南湘西吉首市万溶江乡小庄村小学，代表东莞图书馆与小庄村小学举行了"东莞图书馆·小庄村小学图书室挂牌仪式"。

图书馆之城与总分馆建设

2004年5月27日，东莞市人民政府下发了东府办〔2004〕56号文《关于印发东莞地区图书馆总分馆制实施方案的通知》，通知各镇人民政府（区办事处）、市府直属各单位认真贯彻执行。

东莞图书馆从6月底开始起草，经过反复修改，在9月初形成《东莞市图书馆之城建设实施纲要（征求意见稿）》，文化局以文件形式下发给各镇区文化广电服务中心征求意见，图书馆组织召开了《东莞市图书馆之城建设实施纲要》的专家意见咨询会。为做好我市图书馆之城建设的规划和总分馆的推广实施工作，东莞图书馆组织人员走访了虎门、长

东莞图书馆湖南湘西小庄小学图书室挂牌仪式

安两镇的近10个村，对村级图书馆设施和利用状况进行摸底调查。

经过对收集到的反馈意见和专家意见的分析和研究，东莞图书馆最后对纲要进行了修改完善，并于9月13日上报到文化局。

全市创新发展能力工作会议于9月16日召开，正式提出建设图书馆之城的目标，并将打造"图书馆之城"纳入了"实施城市文化品牌打造工程"中，内容包括"构建以新馆为城市中心图书馆，各镇区图书馆为分馆，村（社区）图书馆（室）和流动图书馆（室）为服务站的图书馆网群"。培育城市文化品牌，塑造城市人文精神，是创新发展能力的重要内容，也是建设文化新城的重要标志。

在相关《东莞市图书馆之城建设实施纲要》和政策的配合下，东莞图书馆积极推动了以"城市中心图书馆"为中心的"总分馆"建设，7月17日常平分馆与总馆统一了标识，初步实现了业务管理平台统一、馆际互借、资源共享等业务功能，并于7月19日试开馆运行，9月30日，石碣分馆也如期试开馆。

8月12日上午，东莞市文化建设标兵、先进、达标创建动员大会隆重召开。出台了《关于印发〈东莞市文化建设标兵、先进、达标镇（区）、村（居委会、社区）、企业（单位）的评选方案〉和〈东莞市特色文化之乡评选方案〉的通知》（东委办发〔2004〕6号）。

上述《方案》明确在《文化建设标兵、先进、达标镇（区）、村（居委会、社区）、企业（单位）评选标准》里把"镇区级公共图书馆采用电脑化管理并与市图书馆联网"列入了标兵、先进镇（区）的硬指标，并具体限定了藏书量及年增书量。《标准》内同时明确要求各级基层文化建设项目中须包括"建有图书馆（室）"一项。这标志着东莞图书馆基层文化建设进入了一个全新的阶段，我市遍及城镇的图书馆事业将蓬勃发展，图书馆的作用在打造文化新城、推动基层文化建设中将发挥得更加充分。

总分馆间开始实行通借通还，为满足广大市民的阅读需求，推进总分馆模式的试点工作的开展，东莞图书馆（总馆）与常平分馆于8月27日并馆，实行通借通还，9月30日，石碣分馆如期试开馆。

新馆业务准备与拓展创新

根据《东莞图书馆新馆建设与发展规划纲要（2002—2010年）》《东莞图书馆新馆运作方案》和图书馆之城建设的目标要求，2004年是各项业务工作全面落实和有序铺开的一年。1月，图书馆就确立了文明优质服务、新馆规划、总分馆模式成形及配套、人才引进与绩效管理、网络化与数字化建设、图书馆评估定级准备六大重点工作，大型会议服务工程、"流动图书车"改造建设工程、专题图书补充、整理、布置成形工程（装饰装修、旅游交通、漫画、音像电子文献、产业资料中心、少儿读物、IT图书馆）三大重点工程，全馆规章制度整理完善、馆史编撰等12项实用性工作研究项目。2月，各重点工作、重点工程负责人分头拿出了具体的实施方案和工作方案，图书馆建立了讨论、阶段落实、反馈的循环机制，推动工作不断改进和创新。这一年，也是各项工作初显成效的一年。

全国首个漫画图书馆试运行。2003年10月图书馆决定正式筹建漫画图书馆，经过调研于2004年年初制定《漫画图书馆运作方案》，进行装饰装修和功能布局规划、文献资源建设，拟定《东莞图书馆漫画图书分类细则》《东莞图书馆漫画图书排架规则》等管理制度，收集漫画剪报资料，着手各项准备工作。[6]7月6日，漫画图书馆在位于新芬路的老图书馆二楼试开馆，虽然之前并未做太多的宣传工作，但开馆之后馆内座无虚席，受到青少年读者的强烈追捧。作为大陆首家漫画专题图书馆，也引起了市内外多家媒体的关注。2005年9月28日，东莞图书馆新馆开馆，漫画图书馆随之搬迁，建筑面积600平方米，分为阅读区、互动区、展示区、电子检索区，提供漫画阅览、动画欣赏、创作学习、作品或产品展示、动漫文化活动等系列服务，为动漫爱好者、动漫原创作者、动漫企业和动漫玩家搭建了互动交流的平台。经过不断创新发展，漫画图书馆成为我馆一个闪亮的品牌。

"图书流动车"首次开出。为进一步体现图书馆"传播知识、普及文化、服务读者"的宗旨，3月14日，东莞图书

漫画图书馆海报

新芬路图书馆漫画馆

图书流动车走进文化广场

---

[6] 黄文镝. 城市图书馆探索[M]. 广州：广东人民出版社，2008：8.

馆"图书流动车"首次驶上街头，成为一道亮丽的城市新景。在文化广场设立"图书流动车"服务点，为读者办理借书证、图书借阅、预约登记、解答读者咨询等服务，并通过活动展示板与派发宣传单、报纸专版等形式向读者宣传图书馆业务、介绍新馆，得到了市民的热烈回应。3月28日，"图书流动车"走进东泰社区。从2004年4月开始，东莞图书馆"图书流动车"开展电话及网上预约借书服务。广大市民对东莞图书馆开展这种新颖的服务项目拍手称好，同时也得到市委、市政府领导的高度重视，拨出专款购买一部中巴作为新的图书流动车，并于11月27日起试运行。新的图书流动车开进首个镇区——谢岗镇。到2004年12月"图书流动车"共建立起30个覆盖全市广场、社区、镇区、部队、企业的各类型服务点。

首次开展"两会"服务。 2004年4月，我馆启动人大、政协"两会"会议信息服务工程，探索为政府决策提供服务，宣传和扩大图书馆影响。经过会前调研、联络和专题资料收集、编辑，图书馆在政协会议驻地银城酒店和会议大厦分设政协服务组和人大服务组和图书流动车配合，全程为会议提供信息咨询服务和书刊借阅服务，内容包括专题资料赠阅参考、资料查询、课题服务、现场办证、书刊借阅等。首次"试水"的"两会"服务得到了人大、政协和局领导的大力支持和指导，代表、委员和工作人员对图书馆的工作给了了肯定和鼓励，新闻媒体也作了宣传和报道。"两会"服务在公共图书馆界率先起步，探索形成了会前、会中、会后有序展开的工作模式，此后每年持续参与，服务内容和方式不断丰富，成为"两会"的知识风景。

总服务台开始设立。 随着新馆开馆的临近，图书馆各项业务工作的展开，为了让读者更加全面地认识和了解图书馆开展的各项业务工作，加强读者的导读工作，2004年6月，开始推出总服务台统筹对外服务，设立在一楼大厅。总台服务项目包括办理读者证新证、验证、退证、补证、续期等工作；解答读者提出的一般咨询问题；接待读者，指导读者正确利用图书馆的信息资源；办理读者资料复印、打印以及电话咨询等业务；负责图书流动车的设点、服务点的读者工作；为发展读者队伍，开展集体书证的上门办理；进行读者调研，开展读者活动等业务。此外，新版读者证于图书馆服务宣传周的第一天（5月30日）

正式与读者见面，卡面图片设计以新馆建筑为主体，色彩以东莞图书馆VI色为主，并显著标识出了东莞图书馆馆徽标志，总体风格则与东莞图书馆的网站页面风格相协调。

特色活动登台亮相。 为传递、树立图书馆多元功能的新形象，10月1日至7日国庆期间，在新馆西侧广场举办了"爱我中华，爱我东莞"文献展、"莞邑书香"与"图书馆走进你身边"专题展览、主题阅读和图书流动车服务等系列活动。其中文献展展出了东莞图书馆藏的475种地方文献，分为近代风云、建设成就、文化魅力、镇区风采、著作如林五部分，包括本地出版物如志书、画册、文史资料、各行各业文献、地方报刊等，地方人士著作如莞籍学者张荫麟、容庚、伦明的著作和一批专家、教授、研究人员、作家的著作，还有王匡、祁烽、叶广良等莞籍老干部和学者的捐赠图书等，展现了东莞近代以来的英雄史实、改革开放后取得的辉煌成就以及具有地方特色的文化风情。图书流动车提供现场办理读者证、图书借还、预约借书等服务，并开辟了"杂志、漫画阅读角"，受到市民欢迎。两个专题图文展则介绍了我市杨宝霖等7位具有代表意义的书香之家，宣传了图书馆的功能和服务。同时，为更好地整合优秀地方文化资源，加强与基层文化单位的联动，10月又策划了"东莞镇区文化风采巡礼"大型系列展览，选取10～15个镇区的特色展览作为主体，穿插摄影、书法、绘画等形式按顺序展出，免费向公众开放，促进镇区间的文化交流与学习。"莞邑书香——东莞地方文献展览"也开始在镇区巡展。

专题建设各显其能。 在漫画图书馆建设逐步成型的同时，其他专题资源建设也在紧锣密鼓的推进之中。一是粤剧图书馆。调研和筹备工作从2004年5月启动。在莞籍粤剧研究博士梁沛锦先生、粤剧著名编剧肖柱荣老师的引荐和指导下，

"两会"代表现场办证和咨询

"莞邑书香"展

筹办人员先后赴广州、香港、深圳，与戏剧研究学者、研究机构、学会协会等建立联系、调研交流，寻找资料线索、进行文献采访。经过近半年的文献调研和前期准备，正式决定筹办粤剧专题图书馆。10月25日，粤剧馆筹备组在一楼原活动室开始独立办公，着手拟定工作计划、整理馆藏、开展对外联系和资料征集活动等。粤剧馆和漫画馆，一个时尚一个传统，构成了东莞图书馆专题馆的鲜明特色。粤剧馆是全国首个粤剧图书馆，在2005年9月28日随新馆正式开馆[7]，逐步成为集收藏、整理、展示、欣赏、学习、研究等功能于一体的粤剧粤曲文献资料中心。二是大众生活图书馆。装饰装修专题项目从最初设想的住（装饰装修）延伸到衣、食、行等多方面，建立与大众生活密切相关的大众生活图书馆。项目小组在实地量度、网上收集资料和走访家具商场的基础上进行多次讨论后，确定了专题馆的陈设布置、展览区方案及书架、特色阅览桌椅、办公家具等方案，并加强了专题藏书建设，进行活动策划，寻求社会合作，力图形成专题图书、专门活动、专业合作的工作模式。大众生活图书馆随新馆开馆后，以馆藏资源为基础，以大众生活为主题，联合相关社会机构、企业、志愿者共同开展的市民空间沙龙、讲座活动有声有色。同时，其他专题如音像电子文献、产业资料、少儿读物、IT图书馆的工作也稳步推进。

馆藏资源建设、典藏条码置换。 为更好地加强馆藏资源管理，为新馆馆藏建设做准备，从3月开始，馆藏新旧书入藏登记、换贴条码、条码置换、磁条加工等工作启动。一是典藏登记，到4月29日已完成1152077册送总馆图书的典藏登记工作，占计划送总馆图书量的93%。二是3M磁条更换。拆除永久磁条、安装3M充、消磁条工作从2月5日开始，到4月24日已加工完成的图书为153472册。三是条形码更换，计划送总馆图书的条形码更换工作到4月29日已完成，比预期提前了2个月。5月初，近13万册馆藏图书的条码置换和典藏工作完成；6月10日，旧书整理工作已基本接近尾声，累计整理出各类图书68413册。

数字资源建设。 2004年新馆馆藏在原有纸本藏书的基础上，加强数字资源建设。年初引进了书生之家图书馆系统，经过近半年的全面测试和调整，5月9

---

[7] 黄文镝. 城市图书馆探索[M]. 广州：广东人民出版社，2008：8.

日开始在馆内员工范围内试开通，并于 5 月中下旬面向广大读者开通试用。随着新馆建设步伐的加快，图书馆数字资源建设也同时进行了较大的调整。技术部组织相关人员对原有的方正电子书系统、书生之家数字图书馆系统、维普资讯系统进行了全面的用户跟踪测试和修改升级。这些修改升级更好地满足了用户的需要。2004 年 7 月增购方正电子书 8350 种，于 7 月 20 日开始导入服务器中，同时技术部准备在 8 月再增购方正电子书 46017 种，方正电子书的总数将达到 7 万多种。书生之家数字图书馆经过与厂商多次协作，进行了三次较大的调整，开始为部分申请用户开通使用。龙源期刊网络从 8 月 31 日起开始在馆内试用，该网是当时国内为数不多不需要专用阅读器阅读的全文期刊网，重点收集国内外人文方面的期刊，已经达到了 1000 种左右。

走访戏剧文物藏家

建设市民网络学习系统。 为有效提升市民技能和市民素质，建立学习型社会文化，营造学习型城市氛围，东莞图书馆着手建设面向东莞市民的网络学习平台。读者可以远程或在图书馆内登录该网络学习系统，选择地学习东莞图书馆提供的课件，并可以通过考试认证。初期提供的课件包括公民教育、科普知识、计算机普及知识（如 Office、WPS、Windows 等常用软件）、语言学习、企业管理等，进一步可与有关企业或部门合作，进行认证考试，或进行专业技术的培训。另一方面，可以配合学习论坛，组织开展专题学习和讨论，成为我市现代化公民学习平台。

编印《中心组学习参考》。 为配合我市中心组理论学习，为各级领导干部进一步提高理论修养、领导能力和工作水平提供相关专题资料，做好"东莞学习论坛"的信息服务工作，在市委宣传部领导的指导和支持下，参考部开始与市委宣传部合编《中心组学习参考》。《中心组学习参考》秉承"传递信息、拓宽视野、启迪思维、引领学习"的宗旨,不定期出版,大32开。2004年6月8日,第一期《宏观经济》印刷完成。

2004年,是东莞图书馆"基础建设年"主题年,是新馆建设阶段承上启下的重要一年。这一年,新增藏书约40万册,新建了拥有20万种电子图书的数字图书馆,相当于重建了一个东莞图书馆。这一年,新馆形象标识、设备配置、资源建设、系统转换升级、专题馆筹备和总分馆模式试点运行等全面铺开。这一年,多个创新服务项目接连推出,为新馆开馆打下了良好基础。东莞图书馆人也在不断成长,为新馆建设出谋划策、添砖加瓦,在忙碌充实、努力耕耘中,迎接即将到来的2005年!

开馆

2005　冯玲

东莞图书馆新馆开馆

> *融合了卓越远见和务实理想、创新技术和服务、舒适阅读空间和环境的新馆粲然绽放，令人瞩目。*

2005年，是东莞图书馆新馆的开馆之年。经过了三年的规划实施、馆舍建设和业务筹备，这一年的9月28日，东莞图书馆新馆开馆、东莞市青少年活动中心落成暨2005年东莞首届读书节开幕庆典仪式在北门广场隆重举行，融合了卓越远见和务实理想、创新技术和服务、舒适阅读空间和环境的新馆粲然绽放，令人瞩目。

新馆总建筑面积44654平方米，建筑规模在当时全国省、市级公共图书馆中位列上海图书馆、南京图书馆、山东省图书馆、深圳图书馆、陕西省图书馆、浙江省图书馆之后居第七位，地级市图书馆中居首位。在21世纪图书馆转型发展的百舸争流中，东莞图书馆扬帆起航，以清晰的发展目标、体系化的建设模式、细分的用户服务、领先的技术创新、良好的研究平台、专业的人员队伍，推动管理和业务工作开拓前行，创造了属于自己的沸腾时代。

和谐社会呼唤加强公共服务

转折或开启伴随着2005年。党的十六届四中全会提出了构建社会主义和谐社会的战略任务，在2005年的"两会"上，"和谐社会"成为关键词，"以人为本"的新发展观告

2005年的东莞

2005年东莞市全年生产总值2182.44亿元，突破2000亿元大关，比上年增长19.3%，比全省增速快6.8个百分点。和1995年对比，经济增长速度在全国排名第一。年末外来暂住人口584.98万人，比上年猛增近百万人。经济和人口迅速增长，对构建和谐社会、推动城市发展提出了更高要求。

别了单独"GDP的崇拜",党的执政理念有了重大转折[1],这对未来中国政治、经济、社会、文化等方面的走向产生了深远的影响,给各行各业提出了新的理念指引和发展要求。

从一定程度上来说,公共图书馆的诞生就是追求和谐理想——人人都能平等获取知识而创造的结果。但在以往的管理和服务中,在尊重公众利用图书馆的权利方面,以读者为中心的落实方面,还存在较多的问题。随着公众权利意识的觉醒和行政理念的转变,这些问题逐渐引发了社会和媒体的关注。在构建社会主义和谐社会中,如何充分发挥图书馆的作用?如何正视读者需求,在新的历史条件下重新阐释"以读者为本"的理念并贯穿到工作实践中去?这迫切需要图书馆作出回答。实际上,图书馆界围绕图书馆精神、图书馆权利的研讨一直没有间断,在新的环境背景下,经历了2004年中国近代图书馆事业创建百年纪念研讨活动后,2005年成为一个具有转折意义的年份,公共图书馆精神、图书馆权利等理念的宣传被广大图书馆界所认同,"重返现代图书馆精神"成为主流。[2]2005年中国图书馆学会年会主题为"以人为本服务创新",2005年中国·杭州城市公共图书馆高层论坛主题为"公共图书馆与社会和谐发展"。科学发展观、和谐社会,是体现以人为本的发展理念。面对生存挑战和发展危机,经过理念洗礼的图书馆人,焕发出前所未有的能动力,不仅不折不扣地推行这些理念,而且以辛勤和智慧创造形成了大量新的经验和模式。

2005年,中国网民首次过亿,马云创立淘宝网,马化腾成立"腾讯广州研究院",PPTV、豆瓣种下种子……互联网更多转折在这一年发生。它们改变了国人的社交和生活方式,国家政治、经济、社会的发展生态[3],也为图书馆事业打开了一个广阔的天地。网络信息技术将更加具有重要的先导性和基础性作用,关注和利用技术的力量成为图书馆的重要课题。

2005年10月11日,党的十六届五中全会通过《中共中央关于制定国民经济和社会发展第十一个五年规划的建议》,首次明确提出要"积极发展文化事业和

---

[1] 严冰,等.和谐社会:2005年"两会"关键词[J].今日中国论坛,2005(4):62-65.
[2] 范并思,徐菊.图书馆人文精神研究[M].载李国新主编.图书馆年鉴.2006.北京:现代出版社,2008:67-72.
[3] 江岳,陆缘.请回答2005:为何它成了中国互联网关键一年?[EB/OL].[2020-01-110]. http://www.rmlt.com.cn/2017/0908/494471.shtml.

文化产业。加大政府对文化事业的投入，逐步形成覆盖全社会的比较完备的公共文化服务体系。"这是和谐社会目标在文化建设上的体现，标志着我国进入了切实追求普遍均等文化服务的时期，对我国公共文化事业建设具有划时代的意义。这一年，中国图书馆学会受文化部委托承担的《公共图书馆建设标准》项目也正式启动。伴随城市化的迈进，城市图书馆新馆建设即将迎来高潮。

图书馆界开始将阅读推广作为与社会的良好结合点，推动行业行为融入社会。2005年一开年，中国图书馆学会首次以峰会命名的学术研讨会在黑龙江大学召开，"图书馆权利"和"图书馆与社会阅读"为五个讨论议题的其中两个。中国图书馆学会在这一年决定成立科普与阅读指导委员会，并在年会开幕式上，对首次评选出的10个全民阅读活动最佳组织奖和全民阅读活动先进单位，颁发了奖牌和证书。2005年4月，由文化部全国文化信息资源建设管理中心、上海图书馆联合举办的全国图书馆讲座工作研讨会在上海图书馆召开；12月，文化部公共图书馆讲座工作会议在佛山召开。讲座服务在公共图书馆中的普遍开展也从这一年拉开了序幕。

这一年，公共文化服务体系建设举起旗帜，广东、江浙、京沪等地在此前后展开图书馆总分馆制的探索，以基层实践推动顶层设计，为总分馆制成为国家文化政策立下开创之功。这一年，图书馆阅读推广初显峥嵘，此后逐步在行业拓展成燎原之势，上升为图书馆的基本和核心的业务工作。

跟随时代的脉搏，一切都在嬗变之中，先知先觉者在行动。

图书馆之城建设迈开一大步

2005年是东莞市实现"一年一大步，五年见新城"目标的冲刺之年。东莞城市化进入提速轨道，以行政中心广场为

公共文化服务体系

是指由政府主导、社会力量参与，以满足公民基本文化需求为主要目的而提供的公共文化产品与服务的制度和系统的总称。主要包括公共文化设施网络体系、公共文化产品生产和服务供给体系、公共文化组织支撑和保障体系、公共文化服务评估体系等。

图书馆与社会阅读

图书馆是全民阅读的主阵地，应肩负职责使命，在社会上发挥引领作用，普及阅读理念、推广阅读资源、举办阅读活动、进行阅读指导，让全社会重视阅读，形成崇尚知识、热爱读书的良好氛围。

核心的新城市中心区成为东莞最具特色的标志性片区,"三位一体"的大城区初步形成,依山傍水格局基本成型。东莞的产业经济结构要借新一轮全球经济结构调整的机遇,进入转型和升级的实质阶段。1月,松山湖科技产业园区主要公共配套设施全面落成;12月,中国青年留学人员创业园在松山湖科技产业园正式挂牌,标志着松山湖的开发建设已由打基础阶段顺利转向促发展的新阶段,担负起打造东莞新一轮发展"龙头"的希望和重任。

2005年也是特殊的一年。在人口统计上,东莞户籍人口166万人左右,外来暂住人口585万人,一年间涌入100万人。2005年后外来暂住人口就不再统计了,都是常住人口的口径。与人口的增长相关联,2005年东莞全年实际利用外资(不含对外借款,新口径)14.68亿美元,比上年增长51.7%;新签项目合同外资金额平均158.6万美元,比上年增加48万美元,增长43.4%,增长率是前后十年内最高的。

这年召开的全市文化广电新闻出版工作会议,定位2005年是实施"一城三创五争先"发展战略,巩固和发展调控成果,保持经济社会发展良好态势,实现"五年见新城"目标,加快基层基础建设的一年;是文化新城建设进入实质性阶段、创新发展能力"五大工程"扎实启动的一年。

全面提高人的素质,增强人的发展能力更是东莞发展的关键所在。2003年提出文化新城新的文化发展战略,2004年提出围绕创新发展能力组织实施五大工程,到2005年,全市文化工作的目标任务和途径不断明确。即,以"一城三创五争先"战略部署为指导,以实施创新发展能力"五大工程"、建设文化新城为总目标、总任务,以满足人民群众日益增长的文化需求和促进人的全面发展为着力点,以"图书馆之城""博物馆之城""广场文化之城"(简称"三城")为工作重点。

文化新城成为东莞新的城市发展定位,使文化工作由过去的部门工作上升为各级党委和政府全局性工作,对东莞文化发展而言是千载难逢的机遇。全市文化工作者满怀干事创业的激情,埋头苦干,众志成城。这一年,原市文化局、市广播电视局、市新闻出版局(市版权局)三局合并组建成立东莞市文化广电新闻出版局,广东东江纵队纪念馆、东莞图书馆新馆、玉兰大剧院先后开馆,市委、市政府相继印发"三城"实施方案,可园博物馆、岭南画院、东莞文学艺术院工程在岁尾动工,文化战线开疆拓土,凯歌前行。

"三城"建设不仅充实了文化新城的具体内容,也构建起东莞公共文化服务体系的重要支撑。这年12月,全省群众文化经验交流会在东莞召开,东莞文化新城建设成效得到省委主要领导批示和高度认可。图书馆工作处在了文化发展的基础位置,这是前所未有的地位和机遇。东莞图书馆铆足干劲,充分利用良好的政策支持,把握行业发展趋势,全面承担了图书馆之城的建设任务。

制定《东莞市建设图书馆之城实施方案》。方案从2004年开始起草到正式印发,历时一年多。在此期间,市、局领导多次批示和亲自指导,起草人员深入镇、村和先进城市调研,并组织召开专家咨询会,广泛征求各镇区和相关部门意见,数易其稿才最终完成。2005年7月19日,东莞市人民政府下发了《关于印发〈东莞市建设图书馆之城实施方案〉的通知》(东府办〔2005〕46号)。

方案将图书馆之城建设分为三个阶段——设施建设阶段(2004—2005年)、巩固发展阶段(2006—2008年)、知识辐射阶段(2009—2010年)。结合东莞实际,提出了图书馆之城建设的模式:一是以政府为主导,加强设施建设。通过政府引导和公共财政来保证市、镇、村(居委会、社区)三级公共图书馆的基础设施建设和持续稳步发展。同时,结合我市基层文化建设考评工作的开展,聚集社会各方力量,推动各级、各类型图书馆(室)建设,构建设施网络体系。二是以技术为突破,实现整体服务。建立总分馆统一管理平台,为图书馆联合发展、资源整合提供技术保障,形成东莞特色的总分馆体系。三是以活动为载体,塑造文化品牌。发挥设施作用,举办各种专题培训、学习讲座、读书沙龙、知识论坛等,形成活动体系,把传播知识、塑造新人、提升能力落到实处。

图书馆之城建设铺开后,市委、市政府高度重视,督促落实。市委主要领导对如何加大对图书馆(室)的投入作了

创新发展能力"五大工程"

即学习型城市创建工程、现代市民塑造工程、城市亲和力强化工程、城市文化品牌打造工程、城市现代传媒建设工程。

《东莞地区图书馆总分馆制实施方案》等四份图书馆之城建设重要文件

重要批示："请各镇加大对图书馆的投入，可以提个具体数作为要求。市财政主要是扶助镇的大项目，小钱由各镇自己出"。市委分管领导也批示"对镇区图书馆的发展，不能只有规划和指导性意见，必须有硬措施，否则图书馆之城的目标无法实现"。根据领导批示，结合实际情况，将《东莞市建设图书馆之城实施方案》中关于镇区、村（社区）图书馆（室）建设的硬性要求，如：经费投入、馆舍规模、设备配置等单列出来，进行了细化、量化，并形成了《关于贯彻落实〈东莞市建设图书馆之城实施方案〉的意见》。2005年10月，东莞市人民政府以东府办〔2005〕81号文印发。

这两份文件和2004年出台的《东莞地区图书馆总分馆制实施方案》，对总分馆制的总体目标、运行模式、实施步骤、组织领导和措施保障等做出了明确的规定，为图书馆之城的建设和发展创造了良好的政策环境。

率先在全国实现市域范围的通借通还服务。 2005年5月14日，文化部在东莞主持召开了东莞图书馆联合专业软件公司研制开发的"图书馆集群网络管理平台开发与研究"项目鉴定会。鉴定委员会认为：该项目具有创新理念，填补了国内区域性图书馆集群网络管理的空白，达到了国内领先水平。平台结构合理、技术先进、实用可行，具有广泛的推广价值，建议尽快推广使用，在使用中不断提高和完善。项目研制历时两年多，从2002年年底立项，2003年10月首先应用于东莞图书馆，随后在首家分馆——常平分馆安装，再逐步推广。经过东莞地区一年半的运行，到2005年鉴定时已实现对一个中心馆、8个分馆、50个图书流动车服务站的管理。平台通过鉴定后从此逐步走向全国，被3000余家图书馆采用，为各地实施总分馆制提供了重要的技术支撑。

在电子计算机出现以前，区域图书馆网所起的作用主要是图书馆工作协调和图书馆网点布局，图书馆之间的联系是松散的，发挥的作用很有限；而现代通信技术、计算机技术应用进入图书馆以后，建立的图书馆网络才成了联系紧密的、有形的网络实体，其作用与功能延伸到了图书馆工作的各个方面。Interlib图书馆集群管理系统是基于B/S方式的新一代系统，突破前两代管理系统基于本地、停留局部的模式，满足了总分馆制图书馆管理的需求，可以说是云服务概念的较早体现。技术上的突破，为总分馆间开展联合书目检索、借阅、数字资源共享、合作参考咨询、图书流动等服务提供了保障，使东莞率先在全国实现覆盖全市的通借通还服务，形成了东莞总分馆制"技术+管理"的鲜明特色。

图书馆之城建设大步推进。 作为图书馆之城的设施服务网络，分馆和服务点建设在这一年成果累累。1月12日，新图书流动车正式启动，全年共建立了100个流动服务站和固定服务站，覆盖大部分镇街，建立起图书馆之城动态服务网络。2月，东莞中学初中部分馆成为首个加入总分馆体系的学校图书馆。8月，三星电机有限公司图书馆成为首个加入总分馆体系的企业图书馆，虎门大宁村图书馆成为首个加入总分馆体系的村级图书馆。9月，常平、虎门、石龙、石碣、塘厦、清溪、道滘、东城8个镇（街）分馆正式开馆。东莞还将共享工程建设与图书馆之城共同推进，不断完善数字图书馆，提供电子书刊借阅、学术论文检索、全文传送、视频资源点播的服务，供各分馆共享使用。

新图书流动车

总分馆管理渠道也在拓展，辅导部利用网络优势，借助腾讯通与分馆业务人员固定每周三下午进行一小时的网络会议，会议名为"三三联线"，管理的联系进一步加强。同时，配合全市基层文化建设考评工作的开展，完善、规范了图书馆方面的考评指标，建立激励机制，促进了基层图书馆的业务建设和活动开展。

一定要办好首届东莞读书节和东莞学习论坛

如何围绕创新人的发展能力推进"五项工程"，如何围绕文化工作转型促进知识传播，市委宣传部、市文广新局决定将倡导全民读书作为有力抓手，提出从2005年开始，以市图书馆新馆开馆为契机，按打造品牌要求，举办东莞首届读书节和东莞学习论坛系列专题讲座，并作为图书馆之城建设的重要内容，一定要抓好、办好。图书馆积极落实上级要求，捕捉行业变化趋向，发挥专业优势，认真投入筹划实施工作。

制定《东莞图书馆新馆开馆暨2005东莞首届读书节总体工作方案》。经过近半年的前期准备，结合东莞图书馆新馆开馆活动安排，经反复斟酌，多次修改，2005年7月12日，《东莞图书馆新馆开馆暨2005东莞首届读书节总体工作方案》

东莞读书节

东莞市委、市政府举办的首个大型综合性群众读书文化活动，东莞着力打造的一项知识传播品牌。从2005年起一年举办一届，采取全市统筹、部门协作、镇街联动、社会参与的方式，培育城市读书学习风气。各镇街在积极组织参与全市重点活动的同时，还结合各自特色举办丰富多彩的读书活动。

（东委办发〔2005〕9号）获市委、市政府审定通过并印发。方案以两办联合发文，书记、市长担任活动总顾问，不仅体现了高度重视，而且奠定了持续发展基础。读书节此后一年举办一届没有间断，两办发文持续到2015年。首届读书节协调小组办公室设在东莞图书馆，负责读书节日常工作，这一机制一直延续下来。在政府举办的全民阅读活动中担任主要组织者和承担者，东莞图书馆应该可以说"饮了头啖汤"。方案确立首届读书节以"营造书香东莞，建设文化新城"为主题，集中活动时间从9月28日到10月23日，确定17个部门承办的主要活动18项，抓住"读、写、讲、赛"四个环节，使读书节活动在基本内容和基本方式上形成规范和特色。首届读书节有专门的宣传方案，设计了读书节标志、宣传海报及标语，通过电视专题节目、报纸及网络媒体宣传、举办启动仪式、举办颁奖典礼等营造氛围。方案还将协调小组工作日程、协调小组办公室各工作小组人员组成和工作职责、主要活动日程安排等作为附件专门列出，落实工作责任，保障首届读书节的顺利举办。

推进2005年东莞首届读书节各项筹备工作。7月21日，以"营造书香东莞建设文化新城"为主题的2005年东莞首届读书节动员大会在东莞宾馆凯旋宫召开。对读书节工作进行动员和部署，进一步明确读书节的目标宗旨、重要意义和任务要求，统一认识和行动。首届读书节协调小组全体成员、协调小组办公室全体工作人员、各镇（区）宣传办主任和文化广电服务中心主任及主办、协办、承办单位负责人参加了会议。东莞图书馆中层以上干部列席了会议。7月27日，市委主要领导在市文化广电新闻出版局上报的《东莞首届读书节动员大会材料》上作出如下批示：同意举办这次大会，这也是实施科技东莞的内容，在全社会倡导读书风气，是培育城市精神，树立新风的重要手段。7月28日，2005年东莞读书节协调小组办公室第一次会议在新馆五楼会议室召开。审阅了首届读书节经费预算与活动标志征集公告，明确了办公室综合组、宣传组、后勤组的责任分工与各人需承担的工作任务，建立各相关单位、镇（区）联络员机制。此后，各活动承办单位、各镇街、各媒体按照"广泛参与、全市联动、形成品牌"要求，相互配合，认真筹备，读书节网站也在这一年建成。

制定《东莞学习论坛总体工作方案》。2004年，我市创办"东莞学习论坛"，定期邀请专家学者为领导干部授课。2005年又决定将东莞学习论坛作为新馆的重要功能设施，建设成为面向市民长期、广泛开展知识传播的文化精品。5月11日，按〔2005〕19号局党组织会议决定事项通知要求，从品牌打造角度，图书馆开始拟写《"东莞学习论坛"品牌打造方案》。在市委宣传部、市文广新局的指导下，方案几经修改，经过市委、市政府同意，《"东莞学习论坛"总体工作方案》（东文广新通〔54〕号文）于8月22日由市委宣传部和市文广新局联合下发。方案以确立东莞学习论坛的定位和任务、规划论坛的运作管理和工作开展步骤为主线，附件有运作管理方案、近期活动计划、宣传推广方案，具体、操作性强，奠定了活动启动和长期开展的基础。方案规划的专题报告、周末讲座、都市沙龙三个系列，在后来的实施中由于受众定位较准，内容针对性强，读者和社会反响很好，有效拓展了图书馆服务。

东莞学习论坛活动预热。 为给新馆开馆后东莞学习论坛系列讲座的启动积累前期经验和准备，馆学习论坛工作项目组在开馆前策划组织了三次讲座活动。5月29日下午，首场公益讲座——来自上海的著名语文教育专家商友敬老师主讲的"读书的四种境界"在新芬路馆二楼自修室开讲，现场200多个座位座无虚席。6月12日下午，由市委党校林举英教授担任主讲嘉宾的第二场——"温故而知新：《论语》的现代解读"公益讲座举办。第三场是6月17日上午，美国南康涅狄格州立大学终身教授刘燕权博士的数字图书馆专业知识讲座。三次讲座的顺利举办，增强了工作人员打造品牌、办好讲座的信心和经验。

东莞学习论坛的高起点策划、内容系统性、品牌意识、社会合作和衍生服务等一整套运作，在图书馆界讲座论坛活动向定期举办、系列品牌推广、深入基层和区域联动等深入、全面发展的转折时期，也具有带动和引领意义。2006年3月，国家文化部办公厅正式发文要求各级公共图书馆深入开展讲座工作后，讲座工作才在全国公共图书馆逐步普遍推开，东莞提供了可贵的探索和经验。

建设图书馆之城和举办东莞读书节如同两根立柱，高高举起了图书馆的社会形象牌，东莞图书馆人奋发有为，让图书馆以开放的姿态融入社会，与发展同步、与城市共舞。

东莞读书节标志

东莞学习论坛

利用新馆四楼报告厅建立"东莞学习论坛"区，在市委、市政府原"东莞学习论坛"专题报告会的基础上，增加面向广大市民的周末讲座、都市沙龙，形成三个系列知识讲座，通过领导干部带头学习、精品公益讲座和行业专业讲坛，培育城市读书学习品牌。后品牌发展为"市民学堂"，覆盖经典阅读、历史人文、人物评论、时事动向、家庭教育、艺术鉴赏等多方面主题，每周日下午定期开讲，到2019年12月共举办684期讲座。2013年被评为东莞市十大学习品牌，2016年被评为东莞市全民阅读优秀读书品牌。

服务、服务、还是服务!

新馆规划了以读者为中心的现代图书馆服务模式，所有的业务准备都为此而展开，到2005年更是进入了工作加速期，力争在开馆时向读者呈现一个"为你服务"的图书馆。东莞图书馆将这一年主题定为"服务年"，李东来馆长在新年寄语里写道：公共图书馆的宗旨是为市民服务的，只有更多的市民了解图书馆，知道图书馆是做什么的，图书馆能够为他们解决什么问题，才会有更多的人来到图书馆，更多地利用图书馆，也才能够给予图书馆更多的支持。

在图书馆之城建设和首届读书节筹划实施的同时，主题年工作和各项开馆业务准备也在紧张而有序地进行。新馆的建筑规模和藏书量分别是旧馆的5倍和9倍，空间和各项业务建设的充实、丰富、创新迫在眉睫。

优化服务环境。根据现代图书馆功能变化，满足读者"休闲、交互、求知"的新需求，规划新馆采取藏、借、阅、查、展、售一体化的管理，实现免证阅览，不设门槛，不分本地、外地人，全开放服务读者。与城建工程局保持密切的联系，提出功能需求，及时反馈装修意见和建议，营造明亮舒适的环境。各区域功能布局和装饰布置发挥馆员主动性，增加展览、会议、沙龙等交互空间，立意"人在书中、书在人旁"，让读者很方便地进行阅读、查找，家具配备注重与环境空间、阅读氛围协调。推进新馆VI系统项目，采用规范的楼层导示和形象标识。

拓展服务内容。新馆细分读者群体，以专题立馆，按照知识阶层、普通市民、外来员工、青少年等不同读者群的阅读需求取向，规划设立漫画图书馆、玩具图书馆、IT图书馆、衣食住行图书馆、粤剧图书馆、东莞书屋、台湾书屋等10个"馆中馆"，集中利用同一主题的多载体文献。各专题负责人在馆藏选购与增补、环境布置、家具摆放、开馆形态、服务设想与活动上积极行动，为新馆开馆做足准备。全国首家自助借还图书馆也按在开馆时亮相的计划有序推进，图书流动车根据需要在节假日增加出车次数，提供预约服务，逐步形成定时、定点、定线路的服务形态。2004年推出的"两会"服务在2005年更成型，编辑了《社会治安》《环境保护》《广场文化》《企业文化》四个专题资料。依托总分馆制，展览、讲座、读书等活动，实现市镇上下联动，惠及更多群众。如"莞邑书香——东莞地方文献展览"到常平、石碣、虎门等镇街图书馆巡回展览；公益讲座"读书的四种境界"移师虎门开讲；图书馆服务宣传周期间开展了"总分馆联合活动日"等。

丰富服务方式。加大数字图书馆、共享工程的建设和服务力度。这一年新增东莞漫画图书馆、东莞市民学习网、共享工程网站和首届读书节网站。在5月下旬试开通了东莞市民学习网，推出网上开放式免费教育平台。发展文化信息共享工程基层分中心及服务站53个，服务读者126万余人次，并对24个基层中心、基层服务点进行了挂牌。持证读者（含分馆）通过东莞图书馆网站（www.dglib.cn）一站式检索栏目进行注册后即可使用数字资源，没有读者证，也可申请试用，上半年馆藏电子资源的登录访问次数达近万次。此外还与大型文献信息机构建立文献信息资源协作关系，拓展文献信息资源和服务保障；建立了林则徐虎门销烟专题数据库等，为科研工作者提供文献信息服务。

展现服务面貌。 5月下旬和6月上旬连续举办"图书馆文明服务"知识系列讲座，共建服务理念；全馆员工统一着装与挂牌上岗，开展每季度的"文明之星"评选；倡导各部门从身边小事做起，改善服务细节，提升服务形象。

新馆开馆的各项活动如图书展、动漫展等都在紧张筹备中。14余万册新书刊及时分编加工，为图书的通借通还和新馆开馆提供了文献资源保障。

打一场不闭馆搬迁的硬仗

新馆工程收尾和旧馆搬迁更是保证新馆能如期开馆的重中之重。图书馆一方面依靠上级领导和行政主管、建设部门的支持，做好工程配合；另一方面精心安排新馆和旧馆服务衔接，按照不闭馆搬迁的目标，各项工作紧锣密鼓地加紧推进。

5月21日，东莞图书馆中层会议召开。首先对干部进行思想发动，要求各部（室）主任和负责人发挥带头作用，细化任务，落实职责，全力以赴做好搬迁前的各项工作准备。做到"上下有序、服从大局；协调有节、主动担当；管理有力、守时高效"。

东莞市民学习网

"东莞学习中心平台"的前身，一个完整系统的在线教学平台。以数字图书馆为基础，利用现代化的网络服务手段和远程教育技术，向市民提供免费、开放的多媒体远程网络学习。

明亮舒适的一楼大堂

人在书中，书在人旁

5月31日，市文广新局局长吴维保到新馆现场办公，要求工程抓紧收尾，图书馆提前介入，做好工程交付和新馆运行的衔接，并提出大厅和学习论坛等区域要保重点、出亮点。图书馆迅速跟进落实。

6月3日，李东来馆长集中各部（室）主任和各专题馆负责人召开静态搬迁模拟会。会上，以新书阅览室和档案室为例进行了现场静态搬迁演示，从搬迁顺序和搬迁保障等方面详细做了流程说明，供各区域学习讨论和交流。静态搬迁模拟，为提早解决搬迁过程中预想的难题、减少搬迁时可能出现的混乱和问题、迎接搬迁实战的到来打下了基础。

6月6日至8日，李东来馆长召集规划办及部（室）负责人轮流召开各服务区布局确立讨论会，对新馆各个区域的规划布局和布置装饰等进行讨论，确定了最终的方案。强调现行各区域、各阅览空间布局已经过多次研讨，是集思广益的结晶，必须严格按确定的方案落实，待新馆开馆运行一段时间再依据工作实际做适当的调整。

6月13日上午，全馆搬迁动员大会在五楼会议室召开。会议总结了两年多来为新馆开馆所作的准备，提出了搬迁阶段全馆工作中心调整的具体要求，宣布6月15日全馆搬迁启动，9月28日新馆正式开馆。

从6月15日起，图书馆提前介入，对已经完成装修的新馆楼层，提前进场布置设备、家具和书架，在这个过程中还从使用角度找出存在问题并提出解决办法。全馆员工全情投入，克服困难，整个搬迁工作紧张而有序。

从6月21日起，旧馆总服务台、图书外借处、报刊阅览室和自习室的服务时间调整为9:00—18:00（周一全天及周五14:00前闭馆），图书流动车和少儿馆服务照常进行。在人力紧缺的情况下坚持搬迁期间不闭馆，只对服务窗口和开放时间略作调整，保证读者使用图书馆，真正用行动做到从读者出发，用心服务读者。

同时，为使全馆资产分配更清晰明了，避免搬迁过程中出现资产流失，在原固定资产系统管理的基础上，办公室紧急抽调人力对全馆资产进行了复查登记盘点。对公共区域的资产也进行了分配，由各部（室）分别负责每个楼层公共区域的搬迁任务。办公室还想方设法统一给新旧馆员工配餐、送餐，解决搬迁期间新旧馆员工的用餐问题，提供后勤保障。

为顺利完成搬迁工作，6月24日，图书馆从各部（室）临时抽调21人组成搬迁机动小组。机动小组马不停蹄地活跃在新馆的各个区域，先后辅助图书外借处、最新书刊阅览室、报刊借阅室、参考工具书阅览室、台湾书屋等进行搬迁、拆包、分类和排架工作，按时按质按量地完成了各项工作，受到全馆通报表扬。

新馆搬迁过程中员工义务献工

在此期间，工程的进度并不完全理想，工程全部完工日期因各种因素一直滞后，给新馆正常搬迁带来了一定的困难，并直接影响到新馆的如期开馆。8月9日上午，市委常委、宣传部部长江凌到新馆现场办公，协调处理和解决基建工程遗留问题，大堂总服务台背景墙装饰、大堂空间装饰和多功能报告厅空调等困难问题，对提供最基本的开馆条件、在8月底试开馆作了进一步督促推进。

为给新馆开馆试航，8月27日，设在新馆一楼的儿童天地、新报新刊阅览室、自助图书馆进行试开馆服务，在没有对外宣传、相对低调的情况下，受到了读者的欢迎，给了馆员信心，也借此收集了读者意见和建议进行改进。

各方的齐心努力终于让新馆初露真容。9月6日下午，市委书记、市人大常委会主任佟星到即将开放的新馆视察，逐层参观了各大功能区、学习论坛区、读书节办公室，详细了解新馆的建设和管理工作。在五楼会议室举行的座谈会上，听取了李东来馆长的工作汇报，对图书馆三年来的工作给予了充分肯定，强调人才是发展的重要因素。鼓励图书馆要创新管理体制，提高服务质量，贴近群众、引导群众，为东莞的发展做出贡献。

新馆开馆后，位于西城楼文化广场的东莞市少年儿童图书馆也开始搬迁到新芬路馆舍，少儿馆工作人员齐心协力，于10月30日完成了整个搬迁过程。

新馆开馆人气旺

9月28日下午2时30分，东莞图书馆新馆开馆典礼举行。

国家、省有关部门领导和市领导、社会各界人士共同见证了这一历史时刻。原广东省政协副主席祁烽、国家图书馆副馆长张彦博、中国科学院文献情报信息中心副主任戴利华、国家文化部社文图司公共图书馆处处长贾璐、省文化厅副厅长杜佐祥、省新闻出版局副局长朱仲南、广东省立中山图书馆副馆长颜良辉到场祝贺。

市委书记、市人大常委会主任佟星，市政协主席袁李松，以及市几套班子的其他领导成员，文化广电新闻出版局和其他市直各单位及各镇区主要领导，省内各图书馆的负责人、各镇区分馆文化的领导及读者代表等出席了典礼。

典礼由市委常委、宣传部部长江凌主持。庆典伊始，广东省文化厅副厅长杜佐祥宣读了中华人民共和国文化部副部长周和平专门发来的贺信。市委副书记李毓全在典礼上致辞。吴道闻副市长向祁烽同志授予荣誉馆员称号、向王鲁明同志家人颁发捐赠证书。东莞图书馆与中国国家图书馆、中国科学院文献情报中心、广东省立中山图书馆交换文献信息共享协议。随后，市委副书记、市纪委书记黄双福宣布东莞图书馆新馆开馆、东莞市青少年活动中心落成启用暨2005东莞首届读书节开幕，领导、嘉宾上台剪彩。杜佐祥副厅长与佟星书记还特别为"历史的聚焦——廖冰兄漫画作品展"揭幕。

这天，位于南门入口处的全国首家自助图书馆也向读者正式开放。内置图书1万余册，读者刷卡即可入内阅览、自助办理图书借还手续，摆脱了闭馆时间对读者借阅学习的限制，实现了实体图书馆真正意义的24小时开放服务。

在东莞图书馆新馆隆重开馆的前后，虎门、常平、石碣、清溪、东城、石龙、道滘、塘厦8个镇级分馆也举行了简单而热烈的揭幕仪式。

正式开馆后的第四天，新馆迎来了它的第一个"国庆"黄金周，也迎来了新馆开馆的服务高峰。七天长假，图书馆共接待读者近10万人次，高峰期平均每分钟有150余人进馆。办理新读者证的市民在一楼总服务台处排起长龙，七天共办理新读者证3900余个，在办证时段内平均一分钟诞生一个新读者证。借还图书达到24488册次，是"五一"黄金周的2.25倍；电子服务区共提供了467小时的上机时间。与新馆开馆同时开展的廖冰兄漫画作品展、动漫周边产品展、首届东莞图书展、"话说粤剧"图片展、"我最喜爱书房"设计作品展也吸引了很多读者驻足。

东莞学习论坛在新馆正式启用，新馆开馆和读书节举办期间的讲座成为图书馆的一大吸力石。9月29日，市委中心组理论学习专题报告会在学习论坛率先开讲，国庆期间连办4场讲座，到10月底共举办了10场讲座，叶永烈、刘元举、徐雁、胡思远等作家学者云集，得到了众多读者的热情参与。

在试运行半年之后，东莞市民学习网也在9月28日正式开通。与到馆学习的市民相比，安坐家中使用网上数字图书馆充电的读者也非常踊跃，东莞数字图书馆网站点击率近1.5万次。10月1日，市民学习网线下宣传推广日专题活动在新馆一楼举办，当天线上线下共有860名读者申请成为东莞市民学习网的学员。

东莞首届读书节丰富多彩的主题活动陆续展开，期间全市共举办各类读书活动近300项，受众人群达200多万人次，中央、省、市各媒体累计刊发近1500条新闻和专题报道，高密度的读书节活动营造出浓厚的学习氛围。

东莞图书馆新馆和各镇街分馆承担了多项主要读书活动的组织和承办工作，图书馆知晓率大为提升，分馆服务数据也创新高。新馆黄金周出现的"门庭若市"场面，市民持续不减的"泡馆"热情，《中国文化报》在11月15日以"东莞图书馆人气旺"给予了报道。

10月25日，东莞市图书馆之城建设工作暨2005东莞首届读书节总结表彰大会在新馆召开。会议印发并宣读了《关于贯彻落实〈东莞市建设图书馆之城实施方案〉的意见》。虎门分馆和常平分馆的代表分别作了题为"充分发挥图书馆作用 服务虎门地方经济建设"和"开拓创新，实现资源共建共享跨越式发展"的经验介绍发言。宣读了《关于表彰2005东莞首届读书节活动获奖单位和个人的通知》，对获奖单位和代表进行了颁奖。会议对全面推进图书馆之城建设、打造东莞读书节品牌提出进一步要求。还发放了《东莞地区图书馆总分馆建设指南》资料。从战略部署到具体实施意见再到建设指南和业务指导，图书馆之城建设环环相扣，路径清晰，扎实而持续地向前迈进。

读者排队办证

全国第一家24小时自助图书馆

大陆第一家漫画图书馆

借由新馆带来的良好效应，这一年11月，经第40次市委常委、副市长联席会议讨论，同意将新芬路原馆舍改建为东莞少年儿童图书馆。

在全国率先实施总分馆制、开24小时自助图书馆服务先河，推出大陆首个漫画图书馆、粤剧图书馆，强化和拓展数字图书馆、图书馆流动车服务，开展讲座论坛、阅读推广活动……一个从读者需求出发、以服务为中心的图书馆受到市民热捧，成为城市名片。新馆注重人本的令人耳目一新的空间环境、功能布局，构建的以读者为中心的服务模式和城市图书馆服务体系，引领了21世纪图书馆的新馆建设，也为行业提供了图书馆转型发展的典型案例和创新经验。

队伍建设和业务管理双提升

新馆新的管理模式需要人才和业务支撑。2005年8月26日，按照组织工作程序，东莞图书馆馆长任职会议在新馆一楼自习室召开，宣布任命李东来同志担任升格为副处级的东莞图书馆馆长。局党组高度肯定了李东来馆长到东莞三年来突出的工作业绩、管理能力和敬业精神，希望图书馆抓住升格、新馆、文化工作转型三个机遇，落实三个方案，发挥出龙头作用和示范作用，推动工作再上新台阶。10月14日，全馆员工大会总结了新馆开馆和"国庆"黄金周两大战役情况，宣布聘任杜燕翔、蔡冰为馆长助理。图书馆领导层进一步充实有力。

按照全市统一部署，有目标、有计划、有针对性、分阶段地在全体党员中积极开展保持共产党员先进性教育活动。人才招聘工作也继续在市文化广电新闻出版局的统一组织下，按照局直属事业单位工作人员公开招考的规定进行。这一年共有127人参加招聘考试笔试，103名考生进入面试（含9名免笔试人员），33名考生进入最后考核，成为试用期人员。图书馆队伍的壮大，为专业化发展提供了人才基础。

为提升新馆对外服务和管理效率，拓宽干部培养途径，从10月29日开始试行值班馆长制度。值班馆长由部门主任和业务骨干轮流担任，值班时间为每周六、周日(8:30—12:00，14.00—17.30)。值班馆长制度建立的前台咨询、应急处理、巡查督导等内容机制和上报反馈机制一直坚持至今，并在工作中不断改进，对锻炼队伍更是起到重要作用。

这一年，图书馆在2月正式启用新的OA办公系统推动办公自动化。开始实行部（室）工作目标责任制，实行量化考核，办公室加大检查督促力度，每月都对各部（室）目标责任制的落实情况和工作总结的项目进行检查。这一制度也一直延续下来，成为绩效管理的重要部分。

这一年，图书馆的学术科研工作也在起步加速发展。7月12日，图书馆承办的广东图书馆学会"图书馆新馆建设"高级学术研讨会在新馆五楼会议室召开，乔好勤、吴晞、林庆云、谭祥金、王惠君等16名专家到会。这是图书馆第一次承办广东图书馆学会组织的高级学术会议，为新馆建设这个特殊时期提供了借鉴和思路，也借机宣传和扩大了新馆的行业影响力。

这一年，图书馆以自有的技术成果、工作资料及实践经验，辅以概论性专题研究，编撰了《城市图书馆集群化管理研究与实践》，由北京图书馆出版社出版。通过案例实践形态，介绍了东莞市以总分馆制为特点、以图书馆集群化管理系统为平台的城市图书馆体系建设成效。这是东莞图书馆"城市图书馆书系"的首本，"实践+研究"的开端和成果，书中提出的"图书馆集群"概念，成为东莞图书馆总分馆制的模式标签。

《城市图书馆集群化管理研究与实践》

这一年，继"图书馆集群网络管理平台开发与研究"项目通过鉴定后，再接再厉以《地区图书馆工作管理标准体系》项目申报文化部科技项目并获立项，东莞图书馆的标准化建设和研究从此开始。项目管理的实施也在酝酿之中。

2005年的新馆开馆是为期三年新馆建设的完美收官。东莞图书馆又站在了新的起点，正如李东来馆长在就职讲话中所言，"这三年，是图书馆新馆建设三年，是我们业务转型、充分准备的三年，也是我们满负荷、超负荷工作的三年，东莞图书馆已经在历史与现实的交汇处完成了起飞前的助跑，势头很好，赢得了社会和同行的认可。接下来，伴随着新馆开馆，我们应进一步抓住机遇，实现真正的腾飞。"

引领
2006 莫启仪

2006年主题年是"活动年",开展内容丰富、形式多样的活动,形成了"天天有展览,周周有讲座,月月有亮点"的读者活动格局,推动图书馆服务质量达到一个新的高度。

2006年,是我国实施"十一五"规划的开局之年[1],国民经济和社会发展驶入新的快车道。《规划》中强调:加大政府对文化事业的投入,逐步形成覆盖全社会的比较完备的公共文化服务体系。党的十六届六中全会召开,通过了《关于构建社会主义和谐社会若干重大问题的决定》,提出了到2020年构建社会主义和谐社会的指导思想、目标任务、工作原则和重大部署,要求:"把发展公益性文化事业作为保障人民文化权益的主要途径,要求加强公益性文化设施建设,加快建立覆盖全社会的公共文化服务体系。"同时,文件指出,社会和谐是中国特色社会主义的本质属性,强调推动社会建设与经济建设、政治建设、文化建设协调发展。

2006年,全国上下的新一轮建设热潮已经启动,各地的文化事业都像鼓足了风帆的舰船,驶向更广阔的发展天地。

国家"全民阅读"工程正式启动

2006年是我国全民阅读工作具有里程碑意义的一年。主导全民阅读工作的政府部门和作为全民阅读主力军的图书馆界,都从各自的角度,为我国全民阅读打开了全新发展空间。

2006年4月23日,在迎来联合国教科文组织第十一个"世界读书日"之际,

---

[1] 发展战略和规划司.国民经济和社会发展第十一个五年规划纲要[EB/OL].[2019-11-22].
http://ghs.ndrc.gov.cn/zttp/ghjd/quanwen/.

中宣部、中央文明办、新闻出版总署、文化部等共 11 个部门联合发出《关于开展"爱读书，读好书"全民阅读活动的倡议书》，从国家层面上正式拉开明确以"全民阅读"为主题的重点工作。倡议要求全国各地、各有关部门要开展丰富多彩的读书推广活动。自此，"全民阅读"的理念逐步在全国推广。

同期，图书馆界亦积极主动地将全民阅读作为重要任务。中国图书馆学会是全国性学术群众团体，是党和政府联系图书馆工作者的桥梁和纽带。2006 年 4 月 23 日世界读书日，国家图书馆和中国图书馆学会联合举办"图书馆：公众的权益和选择——来吧，到这里读书"的大型公益活动，联合国教科文组织授予中国图书馆学会"世界读书日"徽标在中国的使用权。[2] 另外，鉴于东莞图书馆此前在推动全民阅读方面做出很多成绩[3]，在世界读书日当天，中国图书馆学会科普与阅读指导委员会（后改名为阅读推广委员会）在东莞成立。这是中国图书馆学会发展历史上的大事，标志着中国图书馆学会在推动全民阅读上有了专门的组织机构和指导原则[4]，也寓意着各级图书馆正式将推动全民阅读纳入了职责范畴，图书馆与社会的关系日益密切。时任中国图书馆学会副理事长、第一届科普与阅读指导委员会主任王余光在成立会议上强调：图书馆应在开展大众阅读中发挥更重要的作用，图书馆应该主动地采取一定的措施来推动社会阅读，图书馆也应该营造阅读的氛围，让图书馆成为每个读书人的理想居所。[5] 科普与阅读指导委员会的成立，也为东莞图书馆在城市阅读层面开拓了新的发展平台。

2006年的东莞

2006 年东莞市全年生产总值 2624.63 亿元，同比增长 19.0%。东莞深入实施"一城三创五争先"的工作思路，大力推动经济社会双转型，实现了"十一五"规划的良好开局。

---

[2] 中国图书馆学会.中国图书馆学会 2006 年大事记 [EB/OL].[2019-11-22]. http://www.lsc.org.cn/contents/1298/8947.html.
[3] 李东来.书香社会 [M].北京：北京图书馆出版社，2008：9.
[4] 范凡.中国图书馆学会科普与阅读指导委员会在东莞成立 [J].图书馆杂志,2006(8):94-96.

4月23日，在东莞图书馆北门广场彩球高飘、乐曲悠扬。60多名来自全国图书馆界、阅读界、出版界的专家学者，近百名来自东莞市、镇（街道）的有关领导，以及180名读者代表，共同参与了"4·23世界读书日"系列活动·中国东莞启动仪式，别开生面、气势恢宏的诗书雅韵经典朗诵会将整个仪式推向了高潮，围绕"成长"诵读主线，以稚气的孩童、明朗的少年、朝气的青年和矍铄的老人为代表的朗诵方阵给与会代表们带来深刻印象。

东莞：文化事业大踏步前进

在东莞，市委市政府深入实施"一城三创五争先"的战略思路，推进经济社会双转型，着力增强自主创新能力，推进经济结构调整，转变经济增长方式，提高经济增长质量和效益，提高城市品位。

在精神文明建设上，值得一提的是，2006年，东莞进入了创建全国文明城市工作的基础之年，在全市范围内也广泛开展"东莞城市精神"大讨论和表述词征集活动，最后确定东莞城市精神为"海纳百川，厚德务实"。

而在当年的市政府工作报告中，对加强文化新城建设，繁荣文化事业也做出了明确要求：全面推进图书馆之城、博物馆之城、广场文化之城建设，继续举办东莞读书节、东莞学习论坛等活动，组织实施共享文化阳光工程。完善并经营好市、镇、村（社区）三级文化设施网络，抓好可园传统文化园区筹建工作。提高公益文化项目招商效益，规范基层文化建设考评。大力发展企业文化、乡村文化和节日文化，丰富群众文化生活。这些文化政策的新提法与新要求，为群众带来了更大的文化滋养福利，也直接推动了东莞地区的图书馆事业发展。

继2004—2005年东莞市人民政府相继出台《东莞地区图书馆总分馆制实施方案》《东莞市建设图书馆之城实施方案》《关于贯彻落实〈东莞市建设图书馆之城实施方案〉的意见》后，东莞市文化广电新闻出版局又印发了《2006年图书馆之城建设工作方案》，从政策顶层设计到操作层面均作了部署要求，为东莞地区的图书馆事业发展提供了坚实保障。按照建设部署，2006年分别完成4个镇街和4个社区分馆建设，筹建服装和家具专题图书馆，在全市初步构建起以东

---

[5] 王媛. 第一届科普与阅读指导委员会成立大会隆重召开[EB/OL].[2019-11-22]. http://www.lsc.org.cn/contents/1347/7348.html.

莞图书馆为中心馆、以17个分馆和100个图书流动服务点组成的图书馆集群网络；扎实推进书柜、报刊、电脑"三进家"活动；建立了图书馆考评激励机制等。《人民日报》刊发《东莞打造"图书馆之城"》，称"在文化新城建设中，'图书馆之城'成了东莞的新'名片'"。[6]

7月，东莞被列为全国文化信息资源共享工程试点城市，以此为契机，全面推进共享工程分中心、基层中心和基层服务点三级网络建设。至2006年年底，共建成了118个文化信息资源工程服务点，与中心馆、总分馆、数字图书馆有机结合，有效整合，共同构建起城市图书馆公共服务体系。读者在任何一个成员馆、服务站或者登录东莞数字图书馆网站，通过"一站式"检索就可以快速查询所有成员馆馆藏信息，并快递预约、续借到任一馆图书，享受"一馆办证，多馆借书；一馆借书，多馆还书"便利惠民服务。总分馆读者共享总馆的所有电子资源与"全国文化信息共享资源"。《中国文化报》刊发文章《东莞走出推进共享工程特色之路》的文章，称东莞"以总分馆体系作为共享工程的骨干网络，将数字资源服务延伸到镇村、企业、中小学学校、医院、机关、社区、部队、监狱、幼儿园等各类型的基层服务点，形成了城市帮助农村、中心带动基层、区域协同发展的良好态势，扩大了资源共享工作的范围和影响，为社会主义新农村建设营造了良好的文化氛围，初步形成了具有东莞特色的共享工程模式"。[7] 鉴于东莞图书馆引领下构建的地区集群图书馆网络与全国文化信息资源共享工程有机结合的模式，开创了全国推进共享工程的特色之路，成效显著，在2006年9月，东莞图书馆获邀作为四个发言单位之一在全国文化信息资源共享工程试点工作会议上作经验介绍。

---

[6] 吴冰，曾评. 东莞打造"图书馆之城"[N]. 人民日报，2006-9-29（17）.
[7] 东莞走出推进共享工程特色之路[N]. 中国文化报，2006-09-28（4）.

海纳百川、厚德务实

"海纳百川"体现了东莞开放的气魄和包容的胸怀，是东莞改革开放精神的真实写照；既反映了东莞特殊的人口结构的城市特征，又符合东莞位于珠江口濒临大海这一区位特点。"厚德务实"的"厚德"即遵礼仪、知荣辱、崇道德、恪品行的意思，反映了东莞人勤劳朴实和知礼诚信的优秀人文精神。"务实"体现了东莞人讲实干、干实事、求实效的工作作风和生活态度，是东莞人最显著、最具魅力的精神品质。

"4·23世界读书日"系列活动·中国东莞启动仪式

活动引领：新馆服务上新水平

2006年主题年是"活动年"，为了吸引更多的读者了解图书馆、利用图书馆，通过引进来、走出去等办法，广泛开展内容丰富、形式多样的活动，形成了"天天有展览，周周有讲座，月月有亮点"的读者活动格局，推动图书馆的服务质量提上新台阶，开始真正走进市民的生活。

自2005年9月28日开馆以来，经历了新馆开放3个多月的磨合期，进入2006年后，读者服务进入一个完整的年度运作轨道。全新的图书馆馆舍设施是东莞文化标志性建筑设施之一，大家都想过来走一走，看一看，读一读，感受东莞的城市文化发展速度，体验新的图书馆服务形态。到图书馆休闲参观、参与活动、读书学习，成为不少市民节假日和周末的首选，东莞图书馆的服务理念定位为"休闲、交互、求知"，将图书馆变成市民"第二起居室"。

在活动开展上，馆内各部门集思广益、铆足干劲，陆续启动市民学习网特色培训班、"文明阅读 文明利用图书馆"活动、英语角、盲人电脑培训、知识传播百家行、"书"式生活、图书交换角、装饰沙龙、送书下乡、东莞饮食文化展等丰富多样的特色活动。其中，市民学习网项目组团队经调研发现，东莞外来人口较多，整体平均年龄较年轻，学习充电与融入本地文化的需求特别大。因此，不仅在学习网上开设了600门线上课程，还招募了多名志愿老师开展"我为市民讲一课"活动，开设了"初级日语""学说广东话"以及各类型"接地气"的线下公益培训讲座，讲师和听众敞开分享知识、交流观点，现场学习气氛浓厚，参加的读者场场爆满。又如，面向机关企事业单位开展了"知识传播百家行"活动，主动走出馆门开展读者证办理、图书馆服务介绍、数字资源使用辅导以及图书流动车现场书刊借阅等，受到广泛的好评。众多的活动项目不仅得到了广大读者的青睐，也让年轻的馆员团队在新的服务环境中得到了多方面的专业素养培育和服务实践锻炼。

服务数据呈现了明显的上升趋势。开馆后的第一个元旦假期，三天接待读者逾1.5万人次，新办理读者证490个；首个春节，图书馆每日开放，不仅准备了充足的好书资源，还奉上了少儿才艺表演、贺岁片展播、精彩展览与讲座、图书流动车穿梭送书香等多元活动，不少市民都选择全家老小到图书馆过大年，春节七天就接待了读者近6万人次。从此，到图书馆"泡"馆过节，享受文化大餐也开始成为东莞市民在节假日的常态活动，全年进馆人次达130万，同比增长26.2%。

广大市民对于这个新文化地标充满了喜爱与期待,毫不吝惜溢美之词。读者"阿惠"在留言本上写道:"迈进图书馆,犹如置身浩瀚书香花海。你可以自由学习、欣赏、感悟;可以领悟它的大度、深博,它的丰富、崭新。21世纪的文化好去处,期待你的更美好明天!珍惜它的过去,拥抱它的现在,祝福它的未来!"[8]

2006年图书馆之城纪念版读者证

吹响漫迷集结号:首创东莞动漫节

立足于中国大陆首家漫画图书馆的优势,东莞图书馆大胆探索在东莞地区开办漫画节之路,在5月劳动节黄金周,推出了东莞首届动漫节,推出原创漫画精品展览、COSPLAY秀表演等丰富活动,吸引了6万多人次漫迷的追捧。这是东莞市首个大型综合性动漫嘉年华,实现东莞动漫节庆"零的突破",对于东莞动漫文化发展具有里程碑的意义。从运作上,首届动漫节完全利用了社会力量通过赞助经费和资源、志愿者和漫迷团队倾情义务奉献的方式举办。时隔5个月后,应广大漫迷读者的强烈要求,又在国庆黄金周期间举办了第二届东莞动漫节,增加了"怀念漫画大师廖冰兄"作品展、电子竞技联盟游戏大赛等更多新颖的文化元素和产业展示内容,市民反应热烈,吸引了30多家新闻媒体争相报道,对今后发掘动漫原创作品特藏、推动本土动漫发展产生了深远的影响。此外,总馆的动漫节成功举办,又带动了11月"虎门首届动漫节"顺利开展,成为总分馆资源共享、活动联动的一个新尝试,同时以展示了地方文化特点,收获了更大的活动效益。

---

[8] 东莞图书馆. 书香东莞:新馆五周年纪念宣传册(内部流通资料)[Z]. 东莞:东莞图书馆,2010.

首届东莞动漫节

运作有方：东莞读书节效应辐射全省、全国

自2005年起，东莞图书馆承担起东莞读书节工作协调小组办公室职能，起草《东莞读书节工作方案》，设计制作宣传海报、小册子以及专刊，并对全市读书活动的开展进行全面统筹和多方协调，高效推动东莞读书节有序运作。此外，还承办打工学堂/市民学堂、阅读书目推荐、阅读（读书）论坛等多项重点活动。2006年4月18日，东莞市委办、市府办联合印发《2006东莞第二届读书节工作方案》，围绕"阅读提升城市品位、求知丰富精彩人生"的主题，开展"聆听智慧的声音""分享读书的乐趣""碰撞求知的火花""培育学习型城市"四大部分共18大项的重点活动。6月7日，广东省文化厅向全省地级以上市文化（文化广电新闻出版）局下发了《关于印发〈2006东莞第二届读书节工作方案〉的通知》，充分肯定了"东莞市以创建全国文明城市和学习型城市为导向，以推进文化零距离行动为主线，以满足广大市民的文化需求和促进人的全面发展为着力点，认真开展读书活动"的做法，将东莞读书节的工作方案作为经验案例，以附件形式印发至各地学习，将东莞全民阅读节庆的效应辐射至全省。

9月28日，恰逢东莞图书馆新馆开放、东莞读书节开办一周年的纪念日，2006东莞第二届读书节开幕式暨"城市阅读论坛"开坛仪式在图书馆内举行。仪式上，专门邀请了中国著名作家、北京语言大学教授梁晓声，著名文史学家、北京大学教授白化文，中国图书馆学会常务副理事长、北京大学博士生导师王余光等一批知名专家学者莅莞出席，围绕"阅读·文化·城市"主题在东莞开讲。据统计，当年市镇两级共举办各类读书活动400余项，参与群众达300多万人次，中央、省、市媒体累计进行了1800余次的报道（含转发），不仅在全市掀起了一轮又一轮的读书热潮，更是将东莞推动全民阅读的做法推介至全国。

东莞读书节的举办，产生了广泛的社会影响，得到专家学者的一致好评。北京大学白化文教授认为："举办读书节活动应该说东莞的政府和图书馆是有远大的眼光，在咱们已经第一届、第二届了，起码得坚持很长的时间，这样子才能使全体的市民逐步地，适应现在这种重视文化的情况。"北京大学王余光教授评价道："这个读书节主要的一个目标是把这个读书普及化、大众化、家庭化，让人们有一种习惯，有一种高雅的气质。"

规范管理："为人"与"做事"

新馆正式运营，也标志着东莞图书馆事业已经驶入了更高层面的快车道，随着服务区域扩大、服务内容丰富、服务质量提高，对全馆的管理工作提出了新的要求。因此，这一年，为了进一步规范管理、提高水平、巩固成果、扩大影响，全年的重点在"为人""做事"上下功夫。

2006年东莞读书节开幕仪式

在"为人"上，一是立足于东莞市加大对市属文化事业单位改革力度的政策背景，推行人事、用工和分配制度改革，充分调动全馆员工积极性，促使业务工作逐步向岗位靠拢；二是推出人才助推计划，通过组织引导、要求、激励和资助等，在日常工作、城市图书馆与业务建设、城市阅读三大平台上，重点培养勤恳奉献型、社会活动型、专业能手型、学术研究型四类人才，推选5名业务骨干参加北京大学图书馆学专业课程进修班；三是试行项目管理，充分利用馆内外的智力、财力资源，借助社会力量加速事业发展。如，面向馆内员工，年初便推出了《项目管理实施方案》和《项目招标通知》，年中实施管理监控，年底进行年度项目评审，有效激发了大家图创新、谋发展、思进取、想工作、做实事、出成果的热情。

在"做事"上，一是在点的层次上，发挥新馆作为城市文化建设主阵地的作用，做好市少年儿童图书馆的改建工程；二是在面的层次上，按照图书馆之城的部署要求，从全市全局着眼，服务基层、服务社会，切实做好东莞读书节、东莞学习论坛和东莞市民学习网等三项工作；三是在线的层次上，通过承办中国图书馆学会科普与阅读指导委员会成立大会、文化部"区域图书馆协同发展交流会"，以及与北京大学合办高层次开放论坛等高规格会议（活动），确立行业位置，为行业发展做出东莞的贡献。

举办多个重量级行业会议

中国图书馆学会科普与阅读指导委员会成立大会。4月23日，在东莞图书馆内举行了中国图书馆学会科普与阅读指导委员会成立大会。其中，图书馆与社会阅读分委会挂靠在东莞图书馆,李东来馆长任首届分委会主任。图书馆与社会阅读委员会的主要任务是:对各图书馆开展的科普与阅读活动加以指导、协助,为其提供理论及实践方面的咨询或帮助。[9]当天随即召开了第一次全体委员大会,委员们就如何通过不断创新,使公共图书馆更好地服务社会、服务基层,推进图书馆事业协调健康发展进行了探讨。

区域图书馆协同发展交流会。4月27日至28日,由国家文化部办公厅主办的"区域图书馆协同发展交流会"在东莞图书馆召开。来自全国各省、自治区、直辖市,各计划单列市图书馆及部分大中型图书馆的主管领导70多人参加会议,文化部社会文化图书馆司的领导与相关专家出席会议。交流会主要是探讨如何在构建社会主义和谐社会的进程中,通过理论创新、体制创新和科技创新,使公共图书馆更好地服务社会,服务基层,共同推动中国图书馆事业的健康发展。参会的领导和专家还实地考察了松山湖、常平、虎门等图书馆,对东莞图书馆事业发展的创新理念进行了肯定,对我市的图书馆事业发展起到指导作用。

北京大学图书馆学高层开放论坛。9月16日至23日,东莞图书馆与北京大学信息管理系联合创办的"北京大学图书馆学高层开放论坛"在北京大学召开。在8天时间里,来自不同国家和地区的知名专家、学者和北京大学图书馆学专业的硕士、博士研究生共计60余人参加了论坛。[10]期间,包括北京大学、武汉大学、台湾大学、新加坡南洋理工大学、韩国延世大学等高校专家学者以及活跃在图书馆一线具有丰富实践经验的管理者等作了12场精彩的专题演讲。期间,李东来馆长作了题为《城市图书馆集群化管理:基于东莞图书馆的案例分析》主题报告。在东莞图书馆的支持和推动下,此次高层开放论面向全国图书馆工作者免费开放。时任北京大学信息管理系主任的王余光教授在闭幕致辞中特别指出,论坛采用面向社会开放和图书馆合作的方式是成功的,也是今后办论坛的方向。此后,该项目发展为每年一届的"全国图书馆学博士生学术论坛",从为全国图书馆学领域博士生提供学术交流的平台,逐步发展成为一个开放的、国际性的学术交流平台,截至2021年已成功举办了15届,极大地推动了图书馆学理论发展

---

[9] 王媛.中国图书馆学会科普与阅读指导委员会成立大会综述 [J].图书馆建设,2006(3):1-3.
[10] 刘璇.2006北京大学图书馆学高层开放论坛概要 [J].图书馆论坛,2007(2):53.

与实践应用的探寻与思考。

研究与提升：推出城市图书馆建设系列专著、专栏

自东莞图书馆新馆开馆后，读者需求、工作内容、业务管理、服务效能等诸多方面都面临着新的情况与要求。李东来馆长曾撰文指出："现代图书馆的公共性、公益性与开放性的特点，使其承担的社会职能日益增强。尤其是在信息技术飞速发展，城市化进程不断加快的今天，图书馆的生存环境面临着很大的变化。"[11]

在更高更大的事业平台和发展机遇面前，图书馆由单馆到多馆、信息由孤岛到共享、读者服务由一馆独立到多馆联动，需要有图书馆集群概念与技术支撑下的整体化管理手段。东莞图书馆人在新馆筹建与开馆之初，便围绕城市图书馆建设开展系列理论与实践研究。一是出版专著。在2006年前后陆续出版了《城市图书馆集群化管理研究与实践》《城市图书馆建设文集》《城市图书馆新馆建设》《城市图书馆建设的实践与思考》《城市图书馆探索》等系列图书。二是在专业核心期刊开设专栏。如在《图书馆建设》等核心期刊上开设了"城市图书馆"专栏，发表了《城市图书馆新馆建设概述》《我国城市图书馆研究综述》《东莞图书馆新馆建设述要》《城市图书馆集群管理的路径选择与实现方式——以东莞图书馆总分馆为例》《区域集群图书馆文献信息资源保障实施策略》《区域集群图书馆文献信息资源保障实施策略》《创建学习型图书馆的实践与探索》，以及在其他核心期刊上刊发一系列从各方面探索城市图书馆建设的学术文章。不仅全面回顾反映了东莞图书馆在新馆建设期间的工作实践，更是凝练与提升了城市图书馆建设的理念机制，探索了更多有益的方法举措，具有较强的实用性和参考性。

北京大学图书馆学高层开放论坛

---

[11] 李东来. 城市图书馆服务社会新探 [J]. 数字与缩微影像，2007（4）:16-19.

交流与反馈：来自各界的认可

2006年，凭借新馆各方面得天独厚的条件，全馆上下团结一心，高效地推进各项工作。图书馆之城建设、东莞读书节、东莞学习论坛（市民学堂）等重点工作顺利开展；创造性地开展了180多项读者活动，使东莞图书馆开始真正走进市民的生活，日渐成为市民日常生活的"必需品"；人才队伍素质不断提升，干事创业意识逐步增强；通过广泛交流合作，在图书馆行业内崭露头角，发出东莞的声音。

而这一年，东莞图书馆也迎来了来自全国各地的党政部门官员、各领域的专家学者、图书馆同行、媒体记者等莅馆参观的高潮。据不完全统计，当年接待参观的各地党政部门视察参观近50批，图书馆同行参观逾60批，其他参观30余批。新馆以其崭新的服务形态和管理模式，得到来自各界的广泛关注。频繁的交流也为东莞图书馆事业发展提供了更多的展示宣传平台，并收到了许多有益的建议。

读者的感受与反馈也是图书馆人工作的重要动力。外来务工人员胡风，在图书馆留言本中写道："首先，感谢市图书馆给我们外来务工人员提供了一个很好的精神地带，在这里谢谢你们。在四楼的论坛中我学到了很多东西，还有一楼的一些展览让我和我的同事们对世界有了更多的了解，那是我们在别的地方所学不到的，谢谢你们！"

一分耕耘，一分收获。2006年，东莞图书馆荣获国家文化部授予的"公共文化设施管理先进单位"称号；晋级为"省特级档案综合管理单位"，成为东莞市文化系统中首个档案管理省特级单位。

聚焦 2007

钟敬忠

2007年定为"管理年",出台了《2007管理年管理实施方案》,激发全馆员工积极参与管理,系统提升全馆内部管理效率和对外服务效能。

2007年,是中国改革开放和现代化建设继续高奏凯歌的一年,国内生产总值升到全球第四位,载人航天飞行和首次月球探测工程圆满成功,振奋人心。10月15日,中国共产党第十七次全国代表大会召开。这次大会对我国各项事业的发展提出了一系列新论断、新要求、新任务,科学发展观被列入为新时期发展的最高纲领。大会还指出:"文化越来越成为民族凝聚力和创造力的源泉,越来越成为综合国力竞争的重要因素。"首次把文化作为国家软实力,在党的代表大会上作为重要任务提出,首次在党的代表大会上向全党和全国人民发出了推动社会主义文化大发展大繁荣,兴起社会主义文化建设新高潮的新号召。这对所有文化工作者来说是深受鼓舞,催人奋进的。

在推动社会主义文化大发展、大繁荣的背景下,2007年中国图书馆事业发展也呈现出了新的气象,其中最突出的是古籍保护力度空前。1月19日,国务院办公厅发布《关于进一步加强古籍保护工作的意见》(国办发〔2007〕6号),要求地方各级人民政府和有关部门要从对国家和历史负责的高度,切实做好古籍保护工作。2月28日至3月1日,文化部就在京召开全国古籍保护工作会议,研究部署古籍保护工作,启动中华古籍保护计划。5月25日,"中国国家古籍保护中

中国月球控测工程

2004年,中国正式开展月球探测工程,并命名为"嫦娥工程"。嫦娥工程分为"无人月球探测""载人登月"和"建立月球基地"三个阶段。2007年10月24日18时05分,"嫦娥一号"成功发射升空,在圆满完成各项使命后,于2009年按预定计划受控撞月。

心揭牌仪式"在国家图书馆建立，标志着我国古籍保护工作组织架构、工作机构宣告成立。8月1日，文化部下发《全国古籍普查工作方案》等有关文件。8月3日，全国古籍保护工作委员会宣布成立，这标志着中华古籍保护进入了全面实施阶段。作为古籍收藏重点单位的公共图书馆，由此开启了古籍保护的崭新局面。东莞图书馆典籍保护中心的设立和运作，东莞文库的建设以及地方文献的数字化工程等重要工作也都是在这个大背景下开始展开。

此外，2007年3月全国《公共图书馆建设标准》（征求意见稿）面世；12月1日，浙江省图书馆实施免费开放；12月上海图书馆与上海邮政公司合作开展公共图书馆社会化文献物流配送服务等，这些都为图书馆界带来了一缕缕清新的春风。

2007年1月，东莞市召开第十二次党代会，将"推进经济社会双转型，建设富强和谐新东莞"确定为城市未来发展的核心战略，即推动资源主导型经济向创新主导型经济转变、初级城市化社会向高级城市化社会转变，把东莞打造成现代制造业名城、创新创业热土、宜居生态城市、和谐幸福家园。东莞由此开始了以"转型"为城市发展战略的历史，启动了一个谋求真正"脱胎换骨"的科学发展时代。双转型战略为东莞图书馆的发展开创了更加广阔的空间。

在国家推动社会主义文化大发展、大繁荣的大战略政策春风中，在东莞"经济社会双转型"城市战略的催化下，2007年，东莞图书馆就像一朵孕育成熟的花蕾绚丽绽放，各项业务全面发展，在中国乃至国际图书馆领域开始崭露头角，让同行为之侧目。

有形和无形的图书馆绽放全市

2008年3月5日，温家宝总理在政府工作报告总结2007年文化建设时指出："全国县、乡两级公共文化服务体系初步形成，基本实现了县县有图书馆和文化馆。"这意味着我国公共文化服务已基本实现全覆盖，文化惠民和文化服务均等化已跃上新台阶。而东莞市图书馆之城的建设可以说是全国公共文化服务体系建设的一个精彩缩影。

2004年，东莞图书馆就已在东莞市实施"文化新城"发展战略下开始规划东莞市图书馆总分馆体系建设，2005年东莞图书馆总分馆体系在"图书馆之城"建设的号角中正式启动，走在全国公共图书馆总分馆体系建设前列。经过数年的努力，当2007年即将过去，我们翻开东莞图书馆之城布局图，已看到总馆、分馆和流动图书车服务点犹如一颗颗明亮的星星布满了东莞各镇（街）。2007年，东莞市图书馆总分馆体系建设突飞猛进，一年就新增了南城、长安、寮步、横沥、高埗、东坑、桥头、黄江、茶山、樟木头、沙田、望牛墩、大岭山、凤岗、长安沙头、咸西、虎门镇口、虎门南栅、新科磁电制品厂、市委党校20个镇、村、企业、事业单位分馆。而图书流动车服务方面，则已覆盖全市31个镇街，设立了102个站点，包括11个固定站，58个流动站和33个临时服务站。以1个总馆，36个分馆和102个服务站为架构的东莞图书馆之城三级服务体系已基本形成，图书信息服务开始覆盖和辐射东莞全市。

东莞地区图书馆之城建设布局图

东莞市图书馆之城建设，充分发挥了作为知识信息集散地和市民终身教育学校的图书馆知识传播和社会教育的职能，以有形和无形的网络覆盖和服务全市，通过丰富的活动、完善的机制构筑城市学习空间，营造城市学习氛围。其中有形之网是指图书馆三级网点遍布全市，以总分馆制进行统筹规划和管理，文献物流传递通畅，知识传播活动形式多样，形成覆盖市、镇区、社区（村）、图书流动车、院校、企业、家庭的设施网络体系，构成馆、室、书房、书架的多级藏书形态；无形之网是指数字图书馆网络覆盖全城，积极推进全国文化信息资源共享工程建设，建成市级中心、基层中心和基层网点三级信息网络架构，共同为全市提供便捷的现代图书馆文献信息服务，让图书馆进入家庭。

长安分馆

东莞市图书馆之城建设，以有形和无形之网，构建了完善知识传播网络，拓展了知识传播活动，健全了知识传播机制，构筑了完善的城市读书学习空间，创造了良好的知识信息获取条件，将知识的触角伸向村、社区、企业、单位、家庭，真正实现了知识与人民群众的"零距离"，为东莞学习型城市建设、文化新城的建设乃至全市经济社会的发展提供

图书流动车石龙镇石龙公园服务点

了有力的知识支撑。同时，也为全国各地图书馆总体馆体系建设提供了一个典型的样例。

荣膺文化部创新奖、群星奖

图书馆事业的发展需要先进的理念支撑。东莞图书馆在实施全市图书馆总分馆体系建设，打造图书馆之城的实践中，根据东莞经济社会转型需要，遵循创新、集约发展原则，探索出了"区域图书馆集群管理与协同发展模式"这一推进地区图书馆事业整体发展、升级的新理念和新模式。该模式以东莞市图书馆之城建设和全国文化信息共享工程试点城市为契机，通过实施总分馆和运用现代技术管理手段，构筑起了1个总馆、36个分馆和102个服务站的三级网络服务体系，以较少的事业经费投入，取得了数倍于常规发展模式的整体社会效益，实现了区域内图书馆"一馆办证，多馆借书；一馆借书，多馆还书"和文献资源、设备资源、人力资源的充分共享，形成了"城市帮助农村、中心带动基层"的图书馆协同发展格局，有效解决了镇、村（社区）基层图书馆少资源、缺人才、弱管理的现实问题。该模式所提出的图书馆集群管理新理念和合作研发的Interlib图书馆集群网络管理平台处于目前国内领先水平，被广东流动图书馆系统30余家分馆、深圳宝安区图书馆三级网络以及湖北、山东、辽宁、黑龙江等省、市、县（区）不同级别的200多家图书馆采用。

2007年1月15日，国家文化部发《关于公布第二届文化部创新奖获奖项目名单的通知》（文教科发〔2007〕2号），东莞图书馆"区域图书馆集群管理与协同发展模式"项目名列其中。"区域图书馆集群管理与协同发展模式"获文化部创新奖，是对东莞图书馆积极运用现代技术，创新发展模式充分肯定，是东莞图书馆发展历程中的一件大事，也是东莞公共文化发展的一件大事，并载入《中国图书馆年鉴》"2007年中国图书馆事业大事记"。此外，2月7日揭晓的东莞市2006年文化建设十件大事评选结果，文化部创新奖也与东莞图书馆"荣获国家文化部公共文化设施管理先进单位"和"2006第二届东莞读书节活动形式创新以及层次与效果提升"两个项目一起上榜。在东莞图书馆荣获大奖的同时，李东来馆长也喜获殊荣。李东来馆长是东莞市于2002年引进的高级管理人才。他勇于创新，提出全市图书馆总分馆建设、全市读书节活动建议和方案，亲自负责"区域图书馆集群管理与协同发展模式"研究和实施，领导总分馆体系Interlib

图书馆集群网络管理平台的研发，为东莞图书馆跨越式的发展做出了重大贡献，也为整个图书馆行业提供了新的发展理念和实践经验。11月19日，文化部第十四届群星奖颁奖在湖北荆门举行，李东来馆长荣获本届群星奖首设的服务奖。三年一度的"群星奖"被誉为中国社会文化最高奖。本届群星奖评出四大类330个群星奖获奖者，80个在公共文化服务领域取得优异成绩的单位和个人获得群星奖服务奖。广东省共有27个单位（项目、个人或代表队）获得本届群星奖，其中有4个为服务奖，李东来馆长是东莞市唯一的获奖者。

文化部创新奖和群星奖两个耀眼的桂冠，使得东莞图书馆在全国图书馆行业开始崭露头角。

首创图书馆ATM [1]

银行柜员机，也称银行ATM，为我们日常去银行取款、存款节省了大量排队的时间，并且全天24小时服务，非常便捷。那么可不可以将银行ATM理念转换到图书馆图书服务上来呢？2007年12月8日，由东莞图书馆与相关企业联合研制的国内首台图书馆ATM出现在东莞图书馆南门外，为我们揭晓了答案。外观像个大书柜的图书馆ATM可以装载约500册图书，在它的一侧有触摸屏、读者证插卡口、借还书收条出口、图书借还口等功能区域，读者在借还书之前，先把有效读者证按照提示插入，触摸屏上就会出现该读者的相关信息，读者可按照上面的提示进行图书的借还操作。借书时，输入书架上所要借出图书对应的编号，然后点击"借书"按钮，书柜中的机械手就会把你选中的图书送出借书口，完成借书；还书操作更为简单，插入读者证，按照屏幕提示，将要归还的图书放入还书口，点击"还书"按钮，图书馆ATM就会将图书直接放到书柜中的空位上。完成借还图书，

---

[1] 钟新革.图书馆ATM建设实践与思考.图书馆学刊[J]，2009（4）：107-109.

文化部创新奖

文化部创新奖设立于2004年，旨在对立足时代前沿、弘扬科学精神、运用现代科技、普及广大群众的文化项目予以表彰。奖项设置分创新奖与特等奖。奖项评选每三年一届。每届奖励项目总数不超过20项，对其中特别优秀的项目授予特等奖，特等奖项目不超过4项。

荣获第二届文化部创新奖

点击"结束"按钮，根据提示，选择"是否打印"后，读者证自动退出，整个令人觉得新鲜神奇的借还书过程就此完成。这台集智能机械技术、条码识读技术、RFID 技术于一身，实现 24 小时不受地域、时间限制服务的智能设备的横空出世，让整个图书馆服务领域都眼前一亮，借还书还可以像银行 ATM 取钱一样玩，只不过图书馆 ATM 吐的不是钱，是知识！

这台图书馆 ATM 功能非常强大，具备了借书功能、还书功能、读者借阅查询功能、多媒体播放宣传功能、监控管理功能、跨 ATM 间的图书通借通还功能，还可以通过提供多种接口协议，与多种图书馆业务管理系统实现联通，实现集群模式的管理机制或根据实际需要实现相对独立的管理方式，也可以根据实际需要增加新的功能模块，实现自助办证、图书预借、新闻播报、共享工程文化宣传等功能。

图书馆 ATM 的出现引来了众多读者，他们带着诧异的目光，争先恐后地加入了体验行列。这台图书馆 ATM 于 2007 年 12 月正式启用后，每月借还图书近 1000 册次，它与自助图书馆共同承担了 24 小时自助服务功能，它们的年借还图书量占了中心馆年借还图书总量的 3.7% 以上。这个图书馆行业的新生事物也引起了同行的广泛关注，先后接待了来自国内近百个单位的参观、考察，原中央政治局常委李长春同志和现任中央政治局常委、全国政协主席汪洋同志、原广东省省长黄华华、原文化部副部长周和平来莞视察时也曾到馆考察过图书馆 ATM。

东莞图书馆 ATM 服务和自助图书馆共同构建起 24 小时图书借还服务模式，它突破了传统图书馆空间的限制，可以摆放到城市的任何角落，如各种教育中心、社区、超市、医院、车站、企业等，真正实现全天候、全地域的服务，更好地实现了图书与读者的零距离。图书馆 ATM 也是图书馆总分体系建设设施的重要补充，它提供了一个方便快捷的平台，大大弥补了基层图书馆人力的不足。

图书馆 ATM 是东莞图书馆运用现代技术创新服务的又一典型案例，是图书馆行业服务的一项示范性工程。

海内外同行眼中的东莞图书馆

东莞图书馆新馆是东莞城市文化标志，东莞图书馆以读者为中心服务模式、总分馆制全覆盖的服务体系、新颖的服务理念、创新的服务平台以及丰富多彩的读者活动，不仅吸引了来自东莞周边如广州、深圳、佛山、中山、湛江等城市的图书馆、国家图书馆、上海图书馆等国内一流图书馆及其他各省、市图书馆的同行，还吸引了我国台湾、香港、澳门地区的图书馆以及海外美国图书馆同行来馆参观、考察和交流。到访的专家学者无不对东莞图书馆赞赏有加，刮目相看。

自 2006 年 6 月 21 日在中山大学参加"第八届海峡两岸图书资讯学学术研讨会"的中国台湾代表专程莅临东莞图书馆参观后，代表们便对我馆办馆思路、总分馆建设、服务特色、读者活动等表示了极大的认同，回中国台湾后向同行进行积极宣传，也因此吸引了更多台湾同行前来参观。2006 年 11 月 4 日，中国台湾国立大学图书馆林光美副馆长 4 人来我馆参观访问；2007 年 1 月 19 日，中国台湾政治大学图书资讯学研究所王梅玲所长一行 25 人到馆参观、考察；9 月 7 日，中国台湾辅仁大学图书馆咨询学系主任郑恒雄率访问团 23 人来馆参观交流。

2007 年，东莞图书馆与美国图书馆同行的交流，更将东莞图书馆的创新和服务传播到国际同行的视野，东莞图书馆开始被国际同行所知晓。2008 年 6 月美国图书馆协会开创性地为东莞图书馆颁发国际创新奖也缘于此。

7 月 19 日，美国驻广州总领事馆新闻文化处信息资源中心（IRC）一行 3 人前来我馆参观、交流，IRC 同行首先对我馆的服务理念、环境布局、馆员的服务精神与素质、服务功能以及服务效果都表示由衷的赞赏，并主动提出联系美国图书馆同行与我馆开展馆际互访活动。

12 月 17 日至 18 日，东莞图书馆与美国华人图书馆员协会（CALA）在东莞图书馆联合举办了"中美公共图书馆实务"专题报告会。报告会旨在加强中美图书馆界的交流与合作，洞悉国外图书馆领域的新思路、热点和前沿问题，开阔图书馆员视野，促进图书馆事业发展。美国图书馆协会主席罗仁·若伊（Loriene Roy）应邀参加了报告会，并在开幕式上致辞，作了题为《公共图书馆服务和空间利用的创新》的演讲，向

RFID

RFID 是 Radio Frequency Identification（无线射频识别技术）的简称，是一种非接触的自动识别技术，其基本原理是利用射频信号的空间耦合电磁感应或者电磁传播）传输特性，实现对被识别物体的自动识别。

国内首台图书馆 ATM

美国驻广州总领事馆新闻文化处信息资源中心（IRC）一行前来参观

与会人员介绍了美国公共图书馆在建筑、管理、服务方面的改革措施；来自美国南乔治亚大学的李立力教授和来自美国伊利诺州立大学的廖静老师分别作了题为《21世纪公共图书馆新兴技术精华》和《读书与启蒙教育——关于美国公共图书馆的儿童服务项目》的专题报告。为期两天的专题报告会取得了良好的效果，与会人员普遍反映会议信息量大、内容新颖，实用性及趣味性强。美国同行参观了东莞图书馆，认为东莞图书馆在服务理念、服务形式等方面走在了世界前列，某些方面甚至超过了美国的公共图书馆。

海内外图书馆同行前来参观东莞图书馆后，纷纷留言，对图书馆给予了高度的评价。

美国图书馆协会主席罗仁•若伊说："你们有这么好的图书馆设施、有这么好的图书馆服务，真可称得上是世界图书馆界的典范！"

英国退役海军军官、《1421：中国发现世界》作者加文•孟席斯说："我到访过世界上104个国家的900余家图书馆。东莞图书馆是我见过的最宏伟、最漂亮的图书馆！我衷心地祝贺东莞政府和东莞人民，因为这里的人们尤其是年轻人非常幸运，拥有这样一个无价的知识宝库。"

北京大学信息管理系主任、博士生导师王余光说："东莞人只要出去走走就知道，这个图书馆从比较的角度来说，是最好的图书馆。"

北京大学信息管理系教授吴慰慈评价道："这样的一种建筑，这样的一种布置，很别致、很现代化，服务也很人性化。光从建筑的角度来说，它比美国西雅图图书馆还要宽敞、漂亮……"

美国俄亥俄州立大学图书馆中韩文部主任、教授李国庆说："东莞图书馆的许多做法是先进的，是与国际接轨的。其馆舍非常现代化，环境和条件有的甚至超越了美国公共图书馆。"

原广东省立中山图书馆馆长黄俊贵认为："东莞图书馆是一个开放的、创新的、嘉惠大众的图书馆。"

量身订制"新莞人"的知识盛宴

2007年，东莞的"外来工"被正式改名了。4月16日，东莞市党政领导班子联席会议正式确定把"外来工"称谓改为"新莞人"，从此东莞所有"外来工"们有了一个温馨的名字。同年5月，市政府承诺为新莞人办好十件实事。这些关爱新莞人的措施，彰显了东莞"海纳百川，厚德务实"的城市精神。东莞图书馆积极配合市委市政府的决策，发挥场地、环境等优势，积极利用社会人力、物力等资源，针对"新馆人"的知识需求，不断创新服务，通过举办展览和讲座、开展活动、发放新莞人书香卡等各种各样的方式为新莞人量身订制了精彩纷呈的知识盛宴。

美国图书馆协会主席罗仁·若伊在报告会上演讲

举办主题丰富的文化展览。图文结合的展览是图书馆传播相关主题知识的主要方法，非常受读者欢迎。2007年，为了给"新莞人"和市民提供更多的知识分享，东莞图书馆一共举办了展览35个，包括："东莞饮食文化展""东莞市轨道交通建设展""爱与希望——贵州巫不乡助学摄影展""东城职中第三届师生美育作品展""东莞地区图书馆总分馆建设风采巡回展""反腐倡廉和预防职务犯罪展览"等，得到了广大市民的热切关注，纷纷留言抒怀。特别是2007年元旦举办的"东莞饮食文化展"，由东莞图书馆、东莞市文化发展促进会、东莞市旅游饭店协会、东莞饮食风俗博物馆等单位联合举办，以图片和实物展览、品酒品茶等互动节目、饮食专家讲座和与电台合办饮食节目等结合的形式，对东莞悠久的饮食文化做一次深入、系统的挖掘和整理，追溯了东莞饮食文化的历史渊源，凝练了东莞饮食文化的精髓，为东莞日新月异的文化新城建设抒写了精彩的篇章。饮食文化与人们息息相关，这次展览让"新莞人"对自己所处城市的饮食文化有了深刻的了解，也让"新莞人"能更主动、更好地融入东莞城市文化中去，真正成为东莞这个大家庭的一员。此外，东莞图书馆还创新了网上展览的形式，将所有展览内容上传东莞数字图书馆网站，让不能亲身参与的读者在家也能欣赏到展览的内容。

开设系列化的市民学堂。市民学堂是东莞图书馆面向市民开设的多层次、多主题的学习平台，2007年形成了由"公益讲座""打工学堂"和"公益课堂"三大系列活动组成的

英国退役海军军官加文·孟席斯《1421：中国发现世界》作者参观东莞图书馆

品牌活动，其中"打工学堂"是针对"新莞人"而设置。2007年，东莞图书馆不断创新市民学堂各系列讲座内容和形式，坚持每周开办1~2次公益讲座，全年举办各类讲座达66场，累计参与读者1.9万人次。东莞图书馆还开展公益讲座下乡活动，将活动推广到镇街各分馆，让镇街的"新莞人"和市民也能分享到知识的快乐。为了更好地为"新莞人"服务，东莞图书馆还开设了以粤语、日语、英语为主要培训内容的打工学堂，主讲老师全部由志愿老师组成，2007年开班100余场次，参加的"新莞人"共6000余人；举办英语角48期，累计参加人数5200人次。2007年，原来"装饰沙龙"讲座也创新为"市民空间"讲座，内容进行了大幅度扩展，借助有关行业协会、企业与社团的力量，以"新莞人"的知识需求为主导，全年共举办30场专题知识讲座，吸引了3000余人次的热情参与。

举办东莞动漫节，倡导健康时尚文化。10月1日至7日，东莞图书馆还精心策划和举办了东莞第三届动漫节。内容包括：精品漫画作品展、漫画家见面签名会、动漫知识讲座、COSPLAY黄金碰撞、图书馆爱心赠书活动、动漫读者交流会、第二次东莞OTAKU王选手权战、东莞史上首次LOMO摄影展览、电子竞技比赛、动漫周边拍卖会、动漫金曲残酷一叮等大小40余项活动，吸引了东莞及周边城市9.7万动漫爱好者的参与和多家媒体的广泛报道。东莞第三届动漫节完全利用社会力量举办，在保留原有精华的基础上又增添了更多更新的文化元素，推动为日后发掘原创作品、推动本土动漫发展创造了条件。

实施"管理年"战略，规范管理

管理是服务的基础，也是提升服务的关键。东莞图书馆在东莞新馆建设以来不断创新，积累了大量的实践经验、管理思想和发展思路，急需进行归纳总结，固化下来，在此基础上拓展深化，谋求创新，促进发展。因此，东莞图书馆将2007年定为"管理年"，并出台了《2007管理年管理实施方案》，激发全馆员工积极参与管理，系统提升全馆内部管理效率和对外服务效能。

完善体制，为管理提供更好的制度基础。2007年东莞图书馆以改革为动力，着力进行内部管理机制、人事制度和分配制度的改革，制定并实施了《东莞图书馆体制改革工作方案》《中层领导职位竞争上岗实施方案》《岗位和职位设置、分配制度》《东莞图书馆员工工作考核办法》和《东莞图书馆首问负责制试行办法》等一系列方案和制度，使图书馆的管理体制和机制更加系统灵活，更具活力，员工管理水平明显提高，管理效益也有了显著提升。

加强学习型组织建设，邀请海内外专家讲座。为了提升干部职工的理论水平，东莞图书馆还积极开展学习型组织建设，实施了普通员工一年读4本书、中层干部一年读6本书的学习计划，大大提高员工和干部管理理论水平。同年，编辑出版了《城市图书馆建设的实践与思考》一书，鼓励员工总结和提升管理实践经验，积极投稿，全书收录了全馆67名员工70余篇论文，这些都是员工对城市图书馆理论、经验与实践的研究与思考成果。

为了开拓干部、职工的管理视野，学习行业国际前沿业务知识，东莞图书馆还积极邀请海内外的专家前来讲座。4月7日，邀请中国台湾大学图书馆资讯系主任黄慕萱教授来馆作了题为"台湾公共图书馆的管理与服务"的专题讲座；4月27日，邀请北京大学博士、黑龙江大学图书馆副馆长、黑龙江大学信息管理系教授燕金武来馆作了题为"网络信息政策研究"的专题讲座；7月30日，还邀请美国俄亥俄州立大学图书馆中韩文部主任、美籍华人图书馆协会国际交流组共同主席李国庆教授来馆作了题为"美国图书馆发展概况"的专题讲座。这些讲座极大地开阔了东莞图书馆员工的国际视野，提升了理论和服务水平。

合办北大研究生班，提升人才队伍。为了提升干部职工专业水平，2007年，东莞图书馆与北京大学信息管理系合办图书馆专业研究生课程研修班，11月2日在东莞图书馆举行了开班仪式。北京大学信息管理学院王余光、张广钦、李国新、刘兹恒、王子舟、张久珍等知名教授，以及东莞图书馆研究馆员李东来馆长和李正祥主任担任老师，传授《图书馆学基础理论》《信息资源检索与利用》《图书馆学理论与研究》《图书情报一体化》《信息资源管理专论》《信息资源组织》《数字图书馆专题》《中国古籍资源及其数字化》《图书馆法治与管理》《图书馆与社会阅读》《图书

粤语培训班

北京大学研究生课程班开班仪式

研修班合影

馆集群管理》《专题文献信息资源建设与服务》12门课程。课程通过周末集中授课的形式进行，授课完毕后由北京大学研究生院组织统一考试，考试合格的学员可获结业证书，资格具备者还可同时申报国家同等学力人员申报硕士学位统一考试。本届研修班共有中层干部和业务骨干34名学员参与。北京大学图书馆学研究生班，极大地开阔了图书馆干部队伍的专业视野和理论水平，为东莞图书馆后续发展培育了高水平的人才队伍。

走向海外，学习国际管理经验。 为了学习海内外同行的先进管理经验，2007年东莞图书馆也积极组织海外参观学习。8月，派员参加了在南非德班举办的第73届国际图联（IFLA）大会，参观访问了德班市图书馆、德班理工学院图书馆及埃及亚历山大图书馆等；8月19日至28日，组织中层干部8人赴中国台湾交流与考察，参观了中国"台湾图书馆"、台北市立图书馆及其北投分馆和西门智慧图书馆、高雄电影图书馆，与各馆同行进行广泛的学术和业务交流；8月25日派员前往澳大利亚考察图书馆建设与管理，考察了墨尔本皇家理工大学图书馆、维多利亚州立图书馆、墨尔本市图书馆、BoxHill图书馆、Oncaster图书馆、悉尼市图书馆唐人街分馆等，并与澳大利亚同行进行了业务交流。这些参观、考察极大地拓展了干部职工的国际视野，学习到了先进地区和国家同行的管理经验和理念，为东莞图书馆朝更高目标发展注入了无穷的动力。

通过实施"管理年"方略，2007年全馆各项业务量显著提升，全年共接待读者160万人次，比2006年增长23%；新办理读者证2.6万个；累计外借图书92.5万册次，比去年增长3.4%；全年共举办活动200余次，参加人数达45万余人次；网站累计点击量达到240万人次，是2006年同期的1.5倍；数字图书馆累计注册用户1.3万人。

辐射 2008

黄文镝

> 东莞图书馆人用智慧与辛劳书写着令人骄傲与自豪的篇章，那些精彩的时刻，在中国图书馆事业发展史上留下了浓墨重彩的一笔。

2008年对于中国来说，注定是极不平凡的一年。新春伊始，一场罕见的低温雨雪冰冻灾害袭击我国南方大部分地区。当人们在风雪冰冻灾害刚刚恢复过来的时候，拉萨暴乱、奥运火炬传递受阻、胶济铁路火车相撞、5.12汶川大地震……天灾人祸一次次考验着中华民族。面对雪灾、地震等自然灾害，中国人民以百折不挠的顽强意志，不畏艰险、众志成城，向世界证明了一个日渐成熟的中国。

2008年，也是中国取得辉煌成就、载入史册的一年。8月，北京奥运会的成功举办，中国人以精彩绝伦的体育盛宴，让世界了解了一个正在崛起的中国。9月，"神舟七号"载人航天飞行圆满成功，实现了我国飞行历史的重大跨越，是中国人民航天科技的又一伟大壮举。12月，中国迎来了改革开放30周年纪念日。从1978年到2008年的30年，是中国发生伟大而深刻转折的30年，日益强盛的中国逐渐展现在世界面前，中国跃上了一个新的平台，站在了一个新起点上。

在这样的大时代背景下，中国图书馆事业进入了一个新的发展阶段。10月28日，2008中国图书馆学会年会开幕式正式发布了《图书馆服务宣言》（2008），这是中国图书馆界的第一个宣言，它标志着中国图书馆新时代的到来。对于《图书馆服务宣言》的发布，来自公共图书馆、高校图书馆

2008年北京奥运会

2008年8月8日晚上8时在首都北京举办第29届夏季奥林匹克运动会，北京是主办城市，上海、天津、沈阳、秦皇岛是协办城市，香港承办马术项目；共有204个参赛国家及地区、11438名参赛运动员，302项（28种）运动项目，60000多名运动员、教练员和官员参加；共创造了43项新世界纪录及132项新奥运纪录，共有87个国家和地区在赛事中取得奖牌，中国以51枚金牌居金牌榜首名，是奥运历史上首个登上金牌榜首的亚洲国家。

和图书馆学界的专家们一致认为，这是一件值得载入中国图书馆发展史册的大事，它表明经历了改革开放三十年风雨寒暑，中国图书馆界不断走向成熟，正在成为推动和支撑我国社会经济文化大发展不可缺少的一支生力军。[1]

与此同时，我国公共文化设施建设正进入新的高峰期。为加强公共文化设施标准建设，经有关部门批准，文化部组织开展了公共图书馆、文化馆、博物馆建设用地指标和建设标准的编制工作。2008年6月《公共图书馆建设用地指标》作为我国首个公共文化设施国家标准率先出台，之后《文化馆建设用地指标》由国家住房和城乡建设部、国土资源部、文化部共同批准发布，于2008年10月1日起施行；《公共图书馆建设标准》由住房和城乡建设部与国家发展和改革委员会批准发布，自2008年11月1日起施行。《公共图书馆建设用地指标》《文化馆建设用地指标》和《公共图书馆建设标准》作为《公共文化体育设施条例》的配套规范，是贯彻和落实科学发展观，推动公共文化设施建设科学化、法治化、规范化的重要步骤，有助于进一步提高公共文化设施建设项目的投资效益和管理水平。三个《指标》以建立健全公共文化服务体系为目标，充分体现了公共文化服务"以人为本""普遍均等、惠及全民"的原则，为构建覆盖全社会的普遍均等的公共文化服务体系奠定了坚实的基础。

在这不寻常的2008年里，东莞图书馆人用智慧与辛劳书写着令人骄傲与自豪的篇章，那些精彩的时刻，在中国图书馆事业发展史上留下了浓墨重彩的一笔。

天灾无情人有情

雪灾。 2008年春，一场突如其来持续猛烈的冰雪灾害，席卷了我国南方多个省（区），大范围的低温、雨雪、冰冻等自然灾害，严重影响了这些地区的交通运输、能源供应、电力传输、通信联络、农业生产和人民生活。冰雪灾害正值春节期间，华南地区持续低温，致使春运受阻，许多人因此留在东莞过年。

为给留莞过年的读者提供更好的服务，东莞图书馆提前一周进行了春节工作安排。依照往年的做法，仍然保证大年三十到大年初六的春节节日期间天天开放，具体为：2月6日（大年三十）：9:00—16:00，2月7日至12日（大年初一至初六）：10:00—18:00，各服务窗口也提早进行春节假期的人员值班安排。

---

[1] 吴建中，胡越，黄宗忠. 《图书馆服务宣言》专家笔谈[J]. 中国图书馆学报，2008(6)：12.

春节期间，所有服务窗口照常对外开放，实现"全年365天，天天开放"的服务承诺。图书流动车定时、定点、定路线地到企业、广场等地开展送书上门服务，为读者送上节日里丰盛的知识"大餐"。2月6日至12日，图书流动车到城区步步高社区，中堂镇东糖集团，石碣镇、望牛墩镇、凤岗镇、清溪镇、塘厦镇、东坑镇、黄江镇文化广场，茶山镇新世纪丽江豪苑，石龙镇聚龙湾社区，横沥镇华润超市，大朗镇长盛广场等15个服务点开展上门服务。同时，二楼电子服务区"共享工程"影视播放站每天播放电影，供广大读者免费观看；少儿部举办灯谜竞猜等活动；一楼大堂继续举办《汉字发展史》等各种展览，形式多样的活动丰富着留莞过年读者的节日生活。

汶川大地震。 2008年5月12日14时28分，四川汶川发生8.0级特大地震灾害。地震强度大、波及面广，灾区人民的生命财产遭受了空前的损失。灾情牵动着全国亿万人民的心，也牵动着东莞图书馆员工的心。东莞图书馆党支部、工会迅速行动起来，号召全馆员工弘扬团结互助、扶危济困的中华民族传统美德，"一方有难，八方支援"，尽自己所能，支援灾区，表达爱心，以实际行动为抗震救灾贡献力量。

5月14日，全馆干部、职工纷纷响应号召，迅速行动起来，为灾区人民捐款捐物。5月19日上午，全体员工再次伸出援手，纷纷慷慨解囊，为灾区人民捐款，表达自己对灾区人民的爱心，希望尽自己的力量去帮助在地震中需要援助的人。与此同时，全体党员发挥先锋模范作用，不仅踊跃参与馆内捐款，还积极响应党中央号召，踊跃交纳"特殊党费"。经统计，全馆员工共计捐款87016元，其中，员工两次捐款合计59816元，"特殊党费"27200元。

2008年5月19日至21日为全国哀悼日，在5月19日14时20分，全体员工在图书馆大堂集中，列队肃立。14时28分，当汽笛鸣响的那一刻，馆领导及全体员工神情凝重

地向遇难同胞默哀3分钟。现场气氛庄重肃穆，在馆的读者也一起肃立默哀，表达对遇难同胞的哀悼之情。

5月31日下午19时，儿童天地玩具图书馆迎来了一批特殊的小读者——来自5.12大地震的灾区绵阳、都江堰等地的11名小朋友。在得知灾区的小朋友要来图书馆参观后，在馆的小读者们非常高兴，积极参加图书馆组织的"心连心"联谊活动。在联谊活动中，两地小朋友一起做活动。活动内容丰富，有释放不良情绪的"心有千千结"，有培养竞争能力的"趣味抢凳子"，有讲求互相合作的"快乐二人三足"，还有培养接纳自己缺点和发现别人优点的"同甘共苦"等。最后，东莞的小朋友把自己事先自发准备的小礼物一一送给了灾区的小朋友，临别时还互相赠言，相互勉励。

此外，东莞图书馆还积极配合市民政局，在一楼大厅设立读者捐款箱，通过各种可能的途径，支援抗震救灾工作。

荣获美国图书馆协会"国际创新奖"

美国当地时间2008年6月30日，在加利福尼亚州阿纳海姆市举行的美国图书馆协会（The American Library Association, ALA）2008年年会的国际图书馆馆员招待酒会上，东莞图书馆荣获由美国图书馆协会主席罗仁·若伊博士（Loriene Roy）颁发的国际创新奖，李映嫦副馆长和馆长助理蔡冰、馆员张利娜一行三人代表我馆，应邀参会并领奖。美国图书馆协会是世界上规模最大、历史最悠久的图书馆专业组织，时有会员65000多名。这次由美国图书馆协会主席专门颁发的国际创新奖是美国图书馆协会历史上第一次表彰国外的图书馆，东莞图书馆也是中国第一家受到美国图书馆协会表彰和奖励的图书馆。

东莞图书馆自2005年新馆开馆以来，积极推进海内外图书馆间的文化交流。2006年美国华人图书馆协会（CALA）在云南大学举办"中美图书馆实务"培训研讨会，之后编辑出版了《21世纪美国大学图书馆运作的理论与实践》教材，这是CALA早期在国内的交流活动。了解到这一信息后，李东来馆长有了与CALA深入交流合作的意向，这也体现了李东来馆长前瞻的眼光和胸怀，通过CALA让东莞图书馆了解世界图书馆，也让世界图书馆了解东莞图书馆。在国家图书馆出版社邓咏秋的联系下，李东来馆长向时任美国俄亥俄州立大学终身教授、图书馆中文部主任，美国华人图书馆员协会国际关系委员会主席李国庆发出了邀请，并于 7 月底成行，双方初步商定于当年年底在东莞举办"21 世纪图书馆员培训系列"活动。

2007 年 12 月，东莞图书馆与美国华人图书馆协会（CALA）联合举办了"中美公共图书馆实务"专题报告会，时任美国图书馆协会主席罗仁·若伊博士应邀莅临并在会上作了主旨报告。在莞访问期间，罗仁主席对东莞图书馆所有服务区和阅览室读者众多的现象印象深刻，觉得东莞这么好的图书馆设施、这么好的图书馆服务，可称得上是世界图书馆的典范。在参观过程中，罗仁主席看到东莞图书馆荣获中华人民共和国文化部创新奖，询问了相关情况，受到启发。在 CALA 同仁推动下，2008 年 4 月，ALA 主席罗仁博士做出设立"国际创新奖"的决定，以表彰东莞图书馆。

罗仁主席在颁奖词中说，美国图书馆协会颁发 2008 年国际创新奖给东莞图书馆，是因为东莞图书馆打造了一个富有创造性、充满生机、以读者为中心、电子资源丰富的图书馆；是因为它采取了特有的创新措施来满足读者的需要，包括设立"永不关闭的图书馆"和"图书馆 ATM"；是因为它为市民创立了教育培训中心，通过围绕大家感兴趣的热门主题为大众开设固定的课堂和讲座；是因为它举办了东莞动漫节，其中 2005 年的东莞动漫节吸引了超过 300 名艺术家和 2 万多名读者的参与；是因为它还通过高质量的服务和丰富的资源每年吸引逾百万的读者走进图书馆。

东莞图书馆获此殊荣，看似偶然，实则必然。在中外图书馆界深入了解、相互合作的大潮流之下，东莞图书馆因在服务理念、馆舍建设、管理模式和运作实践等诸方面的成就，获得了世界图书馆界的认可，并通过荣获 ALA 主席的国际创新奖而向世界展示了中国图书馆事业的成就，让东莞图书馆在中国图书馆走向世界的潮流中领先了一步，在中外图书馆交流史上竖立了一块光彩夺目的里程碑。[2]

东莞图书馆获得的国际创新奖，在国内外图书馆界引起

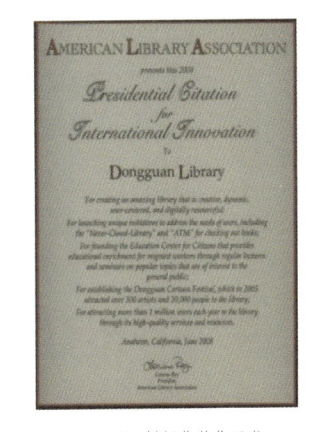

ALA 国际创新奖获奖证书

东莞图书馆荣获国际创新奖

了极大的反响。CALA（美国华人图书馆员协会）为此而发新闻稿报道了这个消息。报道指出，东莞图书馆的一系列创新举措和成就给了ALA主席罗仁深刻的印象。罗仁博士是一位目光远大的领袖人物，一贯倡导将图书馆资源服务于多种多样的用户，不管是在美国还是在全球。东莞图书馆的创新举措恰好体现了她的理念，获奖顺理成章。同时高度赞扬了东莞图书馆积极响应并主办"CALA21世纪图书馆员培训"活动的眼光和胸怀。该活动为东莞和美国图书馆员提供了互惠互利的专业交流和提高机会。这份新闻稿后被中国图书馆学会发布在网站上，在中国图书馆界产生了一定的影响。

东莞图书馆在中国图书馆学会年会上引发关注

2008年10月在重庆召开的2008中国图书馆学会年会上，来自美国图书馆协会麦克尔·道林先生和美国华人图书馆员协会主席张沙丽女士先后发言，对东莞图书馆的成就赞誉有加。麦克尔·道林先生致辞中说："东莞图书馆服务与创新成果斐然，有鉴于此，2008年6月，美国图书馆协会前任主席罗仁·若伊博士为东莞图书馆馆长李东来及全馆员工颁发了国际创新奖，这为我们树立了相互学习的榜样。"张沙丽女士的致词中说："每次同中国同仁的交流都是新的学习经验。今年曾荣获美国图书馆协会主席国际创新奖的中国广东省东莞市图书馆为我们在读者服务方面提供了新的学习内容。"

在年会主会场，李东来馆长作了题为《让更多的人享受图书馆》的大会发言。李东来馆长在发言中首先提出了"图书馆是否可以享受"这个命题。依此为出发点，引出新形势下城市图书馆"需求与变化决定城市图书馆的定位"的发展理念，从"环境认知：城市与城市图书馆""规划先行：新馆——城市中心图书馆""技术突破：集群管理与协同发展"三个层面，解读城市图书馆的发展思路和实践路径。接着，通过"建好城市中心图书馆，满足多层次读者需求""推行集群管理，构建普遍均等的服务空间""深化自助服务，在时间上实现全天候开放"三个案例，向与会代表介绍了东莞建立城市图书馆总分馆服务体系的探索和创新。在发言的最后，李东来馆长用丰富、生动的图片和电视短片，直观地展示了东莞城市图书馆服务与发展的点点滴滴。

---

[2] 李国庆. 国际创新奖：中美图书馆专业交流的里程碑[J]. 图书馆论坛，2019（9）：172-175.

李东来馆长的发言引发了与会代表的强烈共鸣和大会主持人的高度评价。大会主持人、北京大学信息管理第李国新教授说："听了李东来馆长的发言，我和刚才那位中央广播电视大学的同仁一样，是感动和激动的。确实，现代化的公共图书馆是个什么样子？在中国已经出现了，已经有了标准。刚才介绍中的许多关键词我都记住了，东莞的做法，实际上，一个是集群管理；一个是协同发展。集群管理更多体现在技术手段上，最终目标是实现协同发展，协同发展的实现方式则是总分馆制，而总分馆制这样一种模式要解决的问题，就是图书馆服务的全民共享。在介绍过程中还包含了值得我们图书馆同仁认真思考的许多观点，比如：'技术不是最重要的，但是最有效的。''要敢于突破现有体制的束缚，还要善于利用现有体制能够提供的资源。'李东来馆长提到公共图书馆的休闲功能非常重要，我们常说图书馆是天堂的模样，图书馆是市民的第二起居室。什么是天堂？什么是第二起居室？通过刚才看到的布局、陈设和服务，在东莞图书馆已经实现了。作为图书馆同仁，如果有机会，大家可以到东莞图书馆'走一走、看一看、坐一坐'，当一回它的读者，体会一下，让全民共享图书馆服务进一步变成现实。"

此外，年会上东莞图书馆还获中国图书馆学会2007年度"全民阅读"先进单位称号。

李东来馆长在2008中国图书馆学会年会上发言

承办多场专业会议

2008年，东莞图书馆承办了多场全国性的专业会议，加强了海内外图书馆界的合作与交流，提升了东莞图书馆在国内图书馆界的行业地位，扩大了东莞图书馆的行业影响力。

2008年全国图书馆企业信息服务年会。 9月27日，由东莞图书馆与国家图书馆、东莞市文化广电新闻出版局、东莞市经济贸易局联合主办的"2008年全国图书馆企业信息服务年会"在四楼报告厅成功举行。本次企业信息服务年会以"信息服务推动企业转型升级"为主题，旨在充分发挥好图书馆信息平台的作用，缩短信息资源及服务提供机构和企业之间的距离，使企业用户能够更准确地了解和使用各类专业信息资源，拓宽企业的信息获取途径，建立企业信息采集与利用完整的信息服务链，促进企业的转型升级。东莞作为全国加工贸易转型升级的试点城市，正面临着企业转型升级和企业与劳动力"双转移"的严峻考验。企业转型和升级需要信息的推动，企业与劳动力"双转移"更需要信息的支撑和把握。在这种形势下，东莞图书馆积极与中国国家图书馆联系和协商，成功地将"2008全国图书馆企业信息服务年会"组织到东莞召开，这不仅是对东莞企业转型升级的极大促进，而且也是对建设新东莞、新企业的强力推动。会议共邀请了近300名企业代表参加年会，举行了4场精彩的专家讲座，来自北京大学信息管理与利用的专家和与会者交流信息情报领域的最新理念、技术和方法；国家图书馆展示了企业如何利用图书馆创造价值；东莞本土一些知名企业代表也光临年会现场并参与交流，分享企业在情报获取与利用方面的经验，共有3家东莞博士后流动站派代表参加了本次会议并对会议给予了高度评价，另外，诸多知名企业如新科磁电厂等也派代表参加了本次年会。

　　"中国国家数字图书馆分馆"的签字仪式。9月27日中午，东莞市人民政府与中国国家图书馆在东莞设立"中国国家数字图书馆分馆"的签字仪式在东莞会展国际酒店举行，吴道闻副市长和詹福瑞馆长分别代表市政府与国家图书馆在协议书上签字。吴道闻副市长在签字仪式上表示，国家数字图书馆在全国各地选择设立分馆，是国家数字图书馆实施资源共享、走进地方、服务全民的重要举措。今天的签约仪式标志着东莞成为中国国家数字图书馆的首批分馆。这不仅是对东莞图书馆之城建设的充分肯定，而且将宏富的数字资源和独特的公益服务延伸到东莞，必将极大地促进东莞图书馆之城建设，必将为"新产业、新东莞"战略实施提供强大的知识力量和丰富的信息条件，必将永久造福东莞人民、东莞社会。东莞图书馆成为国家数字图书馆分馆后，不仅可以通过建立镜像站的方式向东莞市民提供国家数字图书馆的自建数字资源和拥有知识产权的数字资源信息服务，还能共享国家图书馆的学术讲座、展览资源。东莞图书馆还可以通过远程登录的方式使用国家数字图书馆的所有数字资源，为东莞市民提供更好的信息参考咨询服务。

2008全民阅读论坛暨"阅读促进发展"研讨会。9月27日，2008全民阅读论坛暨"阅读促进发展"研讨会在东莞图书馆隆重召开。此次论坛和研讨会由中国图书馆学会科普与阅读指导委员会主办、东莞图书馆承办。来自全国各地的2008全民阅读论坛暨"阅读促进发展"研讨会征文活动获奖作者和我市各地各系统图书馆的代表参加了会议。会议由中国图书馆学会科普与阅读指导委员会副主任、深圳图书馆馆长吴晞主持。中国图书馆学会理事长、国家图书馆馆长詹福瑞莅临会议，中国图书馆学会秘书长汤更生和广东图书馆学会理事长、中山大学图书馆馆长程焕文分别代表中国图书馆学会和广东图书馆学会先后致辞。冯玲副馆长致欢迎辞，并简要介绍了征文活动和会议组织情况。会议的主题为"阅读促进发展"。广东图书馆学会理事长、中山大学图书馆馆长程焕文代表广东图书馆学会致辞，他用诗情画意、散文诗式的语言阐述了阅读对社会发展的重要性，以及阅读与图书馆、阅读与网络的关系。接着，中国图书馆学会秘书长汤更生代表中国图书馆学会致辞，她在感谢了广东图书馆学会和东莞图书馆对阅读推广活动的长期支持后对中国图书馆学会自2004年走近阅读推广活动至今的工作进行了反思，提出了阅读要以人为本、全面协调和可持续发展的科学发展观。接下来，河南人民出版社杨卫民、浙江图书馆陈天伦、西北农林科技大学图书馆白君礼、东莞图书馆杨累、江南大学图书馆童润身5个一等奖获得者分别作了主题发言。会议最后，与会代表就推荐书目与排行榜等畅销书单、借阅排行榜的对比、阅读的功效等问题展开了热烈的讨论。

李长春莅莞视察基层文化建设

2008年10月19日，中共中央政治局常委李长春在广东省委书记汪洋、东莞市委书记陪同下，视察东莞市基层文化建设工作。在万江拔蛟窝社区，李东来馆长和杜燕翔馆长助

国家数字图书馆

9月9日，国家图书馆建馆99周年，同时，国家图书馆二期新馆向读者开放，国家数字图书馆也投入运行。国家数字图书馆工程是一项具有战略意义的民族文化工程，建设周期从2005年起至2010年。截至2008年6月底，数字资源总量已超过200TB，其中自建数字资源已达130TB。同时，免费开放无版权数字资源，并通过互联网、数字电视、移动终端、电子政务外网、卫星、光盘等多种方式，面向全国乃至全球提供服务。

中国国家数字图书馆分馆签字仪式

李长春视察拔蛟窝社区电子阅览室

理先期到达，迎候前来视察文化信息资源共享工程基层网点建设和社区图书室建设情况的李长春常委一行。

下午2时45分许，李长春常委来到万江街道拔蛟窝社区服务中心。在拔蛟窝社区电子阅览室，现场的工作人员向李长春常委详细介绍了电子阅览室的设备、设施和信息资源配置情况。李长春常委特别关心社区群众对电子阅览室提供的服务满意情况，并进一步询问为什么群众愿意选择到社区电子阅览室上网而不在家里上网。当得知现场有一位来自湖南的幼师正在这里查阅有关幼儿教育方面的资料时，李长春常委和她进行了亲切的交谈。这位阳光女孩开心地说，希望通过努力学习，不断提升自己。她说，东莞是个好地方，并有意留在东莞发展。随后，工作人员向李长春常委呈送了一份由东莞图书馆编辑的《东莞图书馆工作——文化信息共享工程专刊》。

在社区图书室，李长春常委详细询问了图书室的基本情况。拔蛟窝社区居委会书记介绍说：该社区图书室已经与东莞图书馆联网，使用了东莞图书馆的业务系统，正在为加入全市的图书馆总分馆体系做准备。李长春常委听了频频点头，称赞社区的读书环境真不错。李长春常委还与一位正在图书室看书的女士进行了交谈，并向正在值班的图书管理员询问对社区图书室建设工作的建议。图书管理员表示，图书室要结合当前我市经济社会双转型的实际情况，应加强农业向工业转变的意识，了解群众的需求，适当补充图书室的相关藏书。

东莞图书馆是全国文化信息共享工程的市级支中心，是东莞地区中心图书馆，按照"中心带动基层"的工作思路，大力促进社区图书馆和共享工程基层服务点建设。东莞图书馆将万江拔蛟窝社区列为重点扶持对象，经常派员对该社区图书室进行业务辅导，并利用图书馆之城建设专项资金先后向该社区图书室资助图书1000多册、电视机一台、DVD机一台，每年赠送报刊20种、文化共享工程视频资源160G以上。拔蛟窝社区是广东省"农家书屋"示范点，社区几乎家家有书柜，人均藏书十多册。2007年7月，拔蛟窝社区正式挂牌成为我市文化共享工程基层服务点，2008年9月，成为东莞市市民学习网第一批培训基地之一。

国家社会科学基金项目立项

迈入21世纪，中国图书馆事业在理念、制度、技术设备层面等，均出现了一些不同于以往的新事物。特别是在东部经济、文化比较发达的地区，在一定区域范围内（城市或城市的区）出现了总分馆制、图书馆联盟、图书馆之城、联合图书馆、图书馆集群等图书馆合作形态。它是在信息技术、网络技术时代到来时中国图书馆吸取图书馆合作发展经验、借鉴国外图书馆管理模式和协作模式基础上的一种主动创造。

2002年新馆建设初期，东莞图书馆制定了《东莞市图书馆新馆建设与发展规划纲要（2002—2010）》，提出"大力推行图书馆总馆加分馆的事业管理体制"的发展思路。2004—2005年，先后下发了推行总分馆制和建设图书馆之城的政府文件；并依托专业软件公司（广州图创计算机软件开发有限公司）的技术优势，研发适合东莞需要的区域图书馆集群管理平台。"Interlib图书馆集群网络管理平台"于2002年年底立项，2003年10月首先应用于东莞图书馆，平台的应用奠定了东莞图书馆总分馆集群化管理的基础。到2008年年初，已建立1个总馆，40个分馆，102个服务站和123个共享工程基层服务点的东莞地区图书馆集群网络，逐步构建起覆盖东莞地区的图书馆服务体系。

东莞图书馆在推行总分馆事业发展模式时，主要从管理层面和技术层面进行探索。由于我国行政管理体制的约束，图书馆的人员、文献及财产设备的所有权和使用权难以在更大的范围内实现调配与统筹，难以达到应有的效果。如何将管理层面与技术层面的措施有机地结合起来，真正意义上实现区域图书馆群的资源共享与业务协作，需要从理论上进行深入地研究，为此，2008年年初东莞图书馆向全国哲学社会科学规划办公室申报了"区域图书馆整体协同发展模式及路径研究"项目。旨在从理论和实践策略上，为东莞地区图书馆群共同有序的发展提供理论依据。

6月，经过多轮专家的评审论证，2008年度国家社科基金项目评审结果揭晓。东莞图书馆申报的项目《区域图书馆整体协同发展模式及路径研究》顺利通过评审，获得全国哲

结项证书

全国哲学社会科学规划办公室网站"成果选介"

学社会科学规划领导小组批准立项资助。国家社科基金项目是哲学社会科学类唯一的国家级项目，层次高、影响大，备受社科理论界的关注，代表着我国哲学社会科学的方向和水平。承担国家社科基金项目数量的多少、完成质量的高低，历来是考核和评价一个地方和一个科研单位社科研究综合实力和竞争力的重要指标。此次东莞图书馆的项目立项申请成功，是东莞图书馆在全国继上海图书馆、首都图书馆、吉林省图书馆后获得立项的第四个公共图书馆，也是全国第一个获准立项的地级市图书馆，实现了东莞在国家社科基金项目上"零的突破"。

《区域图书馆整体协同发展模式及路径研究》（批准号为08BTQ013）由馆长李东来研究馆员主持，课题组主要成员有：冯玲、黄文镝、王素芳、廖小梅、刘磊、韩继章等。课题自2008年正式立项以来，课题组按照项目任务书的要求，经过两年多的研究，于2010年12月结项，提交的最终成果包括专著《区域图书馆整体协同发展的模式及路径研究》及研究报告《区域图书馆整体协同发展网络技术支撑研究》；同时在国内专业刊物上发表了《区域图书馆整体协同发展实现路径研究》等十余篇学术论文。课题针对近10年兴起的图书馆服务体系建设和区域图书馆整体协同发展的现实，从协同学的理论观点和角度出发，分析了影响区域图书馆整体协同发展的因素，研究了现阶段区域图书馆整体协同发展模式，探讨区域图书馆整体协同发展的路径选择，并进行模式的推广、辐射效应分析等研究，取得了具有一定价值的研究成果。2011年5月，课题通过专家评审和全国哲学社会科学规划办公室组织的结项审核，荣获"优秀"等级。项目成果介绍入选《国家社会科学基金项目成果选编》，并在全国哲学社会科学规划办公室网站"成果选介"专栏发布。

编写《东莞图书馆规范管理工作手册》

2008年的主题是"规范年"，在年初的工作部署会议上，李东来馆长提出了要注重"两范两提"的要求，即"规范、示范、提升、提炼"，从高度、广度、深度三方面全面推进各项工作。

《东莞图书馆规章制度》于2004年3月编印，距再次修订已4年有余；随着东莞图书馆新馆的建设，东莞图书馆事业实现了跨越式发展，工作内容进一步地深化和丰富，原有的规章制度已不适应现有的工作需要，新的工作内容也未能在制度中反映，因此，需要对原有的规章制度进行修订、补充和完善。

2007年"管理年",各部门及全体员工根据部门职责及岗位工作内容提交了丰富的成果,内容涉及部门各项规章制度、若干个怎么办、工作规范、工作流程、业务档案管理、管理效能评介、服务效能评价等。但是这些成果内容庞杂、体系比较混乱、文字较为粗糙,需要进行整理,以便将管理年成果固定下来。

基于上述的原因,在2008年"规范年",为全面总结新馆开馆以来的业务建设和管理实践,反映体系建设和运行模式带来的业务重组和工作变化,促进东莞图书馆的稳定和提升发展,决定对以往规章制度进行大幅度的修订、增补。通过修改、完善、补充各项规章制度,逐步建立起本馆完整的规章制度管理体系,提升我馆规范化管理水平。具体工作由业务部负责实施。

为保证规章制度管理体系的科学性、规范性、系统性、完整性,2008年3月,聘请了原甘肃省图书馆馆长潘寅生全程参与此项工作。修订主要从三个层面考虑:一是决策层面;二是各部门具体操作规程;三是绩效考核。经过几度推敲,反复研讨,最终确定了文稿的名称和体系结构。文稿名称为《东莞图书馆规范管理工作手册》,体系结构分为三编、十九章、一百余条,涵盖各个部门、各项工作、各项活动的标准规范。

体系结构确定后,由业务部根据大纲条目、按部室下达任务,征集文稿。在修订过程中,对原有已较成熟的规章制度,如采编、档案等,略有修改;对已有不成熟的规则,如在内容、体例、文字有缺陷的,做了较大的修改;同时根据工作需要,对工作已做了,但没有形成条文的,重新拟定了规章细则。在修订时注重遵循以下原则:一、注重规章制度的整体性、系统性,各项规章制度应前后照应、上下链接、互相补充、相辅相成、不能相互抵触、前后矛盾;二、从本馆的实际情况出发,根据本馆的性质、任务,以及管理的需要制定切实

潘寅生馆长与业务部全体同仁合影留念

《东莞图书馆规范管理工作手册》

可行、有针对性的规章制度；三、简明扼要、通俗易懂、便于掌握和贯彻执行。

在全馆员工的共同努力下，《东莞图书馆规范管理工作手册》得以顺利完成付梓印刷。全书共三编十九章一百三十七项，每章均附内容概述。第一编行政管理，从人本管理的角度制定图书馆人、财、物的管理体制，包括人力资源管理、财务管理、资产管理和物业管理等各项规章条例，共六章三十二项；第二编业务规范，按照业务工作标准化、规范化、自动化的要求，设置文献采访、文献分编、藏书管理、读者服务、读者活动、参考咨询、自动化、网络化建设、业务组织与研究、总分馆业务工作规范等九章八十三项；第三编绩效考核，共四章二十二项，以图书馆统计、档案管理为依据，通过绩效评价，实施奖惩制度，调动全体职工的积极性和创造性，推动图书馆事业可持续性发展。在编撰过程中，坚持以人为本的原则，贯彻绩效管理的理念，突出东莞图书馆的特色，以理论指导实践，以制度规范行为，使全书具有结构严谨，体系完整；涵盖面广，业务行政全方位涉及；紧贴实际，便于操作；与国际图书馆绩效评估接轨，具有前瞻性等特点。

本手册突破了传统"图书馆规章制度汇编"的惯例，理清了管理脉络，创建了框架体系。在结构的严谨性、体系的完整性、内容的丰富性、思想的前瞻性等方面有了大幅度的提升，迈上了一个崭新的台阶。

开展馆藏图书清点工作

2008年3月，图书借阅部依照馆里的统一要求，开始统筹策划并逐步进行全馆的图书清点工作。由于藏书清点工作量巨大、工序重复烦琐，对准确率的要求高，为保证藏书清点工作的有效开展，图书借阅部工作人员在事前进行了大量的调查和准备工作。一方面积极寻求网馆部支持，对业务系统清点模块的各种功能进行详细了解、认真学习；另一方面，对清点工序的三种方案进行了试验和比较，最终选定了"脱机扫条码＋数据批处理"方法。主要过程是：先用手持式条形码采集器对每个书库所藏图书的条码进行逐一扫描，然后将数据分批导入电脑，再通过业务系统的"馆藏批清点"功能实现批处理。这种做法的好处是：设备便携性强，节省大量下架、搬运、上架等人力，加快工作进度；数据生成文本文档，便于检查核对；先脱机扫描后批处理，可分段控制错漏。经过反复测试后，清点工作正式开始了。清点人手由龙城物业公司的10名辅助工组成，分成3组，每组3人，另有1人机动。因为不能闭馆清点，所以在每天清点开始前，需要先用隔离带对书库中要清点的区域进行局部封闭，贴上工作提示牌，做完再换下一区域，既保证清点工作不受干扰，也尽量不影响阅览室的正常开放和服务。为了保证没有图书成为"漏网之鱼"，还编制了《馆藏清点核对表》，要求清点人员对每一排书架的每一格书架的图书数量进行手工清点，条码采集器则按照每格书架设定批次号（如0815就表示08书架的第15格书架）并进行批量统计，电脑数量和手工数量进行核对，数量一致就继续进行下一个清点，不一致就对这一格进行重新扫描。这样做虽然有点儿麻烦，但可以对错误进行分段控制，将错误锁定在每一格，及时检查及时更正，以避免"积重难返"。清点完毕后，需要对数据进行汇总和处理，生成只包含条码记录的文本文档，然后交由网络部在业务系统里面对馆藏状态统一进行批处理，对于与清点数据不符的图书记录，将等待所有书库清点工作结束后，打印待处理的图书数据清单，报馆领导批准后进行集中剔除。

藏书清点工作

4月21—25日，图书借阅部利用非周末假期读者不多的时间间隙，对新书阅览室藏书进行了全面清点，图书数据也及时交由网络部进行了处理。新书阅览室原本藏书37369册（3月31日统计），在清点之前，先按照典藏规范，对五年前（2003年及以前）出版的图书进行了集中下架，共下架图书6849册，然后对剩余的30520册书进行了清点。经过清点，共有506本图书数据待处理，已做好标识，打印好清单存档。新书阅览室藏书清点及剔旧工作顺利完成。

9月中旬开始，图书借阅部针对全馆最大、藏书最多的一个书库——总馆外借处进行了全盘清点。由于图书外借处属于流通书库，要在不闭馆的状态下清点，需提前制订详细计划，通过扫描架上图书条码、统计借出图书清单、合并动态流通及通借通还数据等多方面努力，历时一个半月，终于将36万余册的图书较为准确地进行了一次全盘清点。截至10月底，全馆图书清点第一阶段工作已经基本完成，累计清点书库 21 个，清点图书 885682 册。

成立"东莞典籍保护中心"

"东莞典籍保护中心"于 2008 年 4 月在东莞图书馆正式成立。该中心设在四楼参考咨询部，主要职责是保存和弘扬东莞地方文化。中心成立以后，立即开展了面向全社会广泛征集古籍和地方文献的工作。一是为配合 2008 年开始的全国古籍普查工作，做一些前期调查。二是，利用馆内的古籍保存设施和专业技术，更好地保护东莞古籍，并使之得到集中、专业和有效的利用。"东莞典籍保护中心"征集的东莞地方文献包括与东莞有关的 8 类文献资料：（1）有关东莞人、物、事的著作；（2）东莞党政机关、企事业单位、群团组织等出版的各类公开和内部资料；（3）莞籍人士的著作；（4）历代东莞地方名人的资料，如照片、手稿、日记、信函等；（5）有关东莞的微缩出版物、音像制品、电子出版物等非印刷型出版物；（6）有关东莞的图、谱、表、券、商标等各种编撰形式的文献资料；（7）有关东莞的网络数字化资源；（8）东莞志书、宗谱、族谱、家谱、同学录等。东莞图书馆将为向"东莞典籍保护中心"捐赠古籍和其他贵重地方文献的单位和个人颁发荣誉证书、收藏证书、表明捐赠者姓名和照片、出版捐赠名录等，并对所捐赠的资料进行专柜保存。

举办"我讲书中的故事"儿童故事大王比赛

"我讲书中的故事"儿童故事大王比赛起源于 2007 年在东莞图书馆举行一个少儿讲故事活动。2008 年立项，成为东莞读书节的品牌活动。

2007 年 8 月 10 日，在玩具图书馆举行"快乐小播主——少儿讲故事比赛"，共 66 名选手参加低幼、小学低年级、小学高年级三个组别的比赛，选手们通过音乐、舞蹈、表演等多样化演绎方式演绎故事，整个比赛历时 5 小时，为广大读者奉上了一场故事盛宴。由于活动效果好，图书馆开始进行全市推广。

2008 年 5 月，根据"快乐小播主——少儿讲故事比赛"活动的成功经验撰写工作方案，将比赛命名为"我讲书中的故事"儿童故事大王比赛，不仅体现图书馆特色，而且也符合儿童特点。方案几经修改，上报馆领导班子通过，再上报市读书节工作协调小组办公室、市文广新局、市委宣传部审核通过，列入第四届读书节活动。

2008年8月17日，在玩具图书馆举办"我是奥运小冠军——少儿讲故事比赛"，拉开了首届"我讲书中的故事"儿童故事大王比赛初赛的序幕，有23个镇（街）图书馆相继举行初赛。儿童故事大王比赛自8月初开始启动，10月11日进行总决赛，活动历时3个月，遍及全市23个镇（街），共有200多所学校、100所幼儿园组织了3000多位选手参加，经过选拔赛、预赛、决赛层层选拔，共有59名选手脱颖而出。他们中年龄最小的3岁半，最大的11岁。59名选手分低幼组、小学组，两个组分别于10月11日下午在东莞图书馆四楼报告厅举行总决赛。经过5个多小时紧张激烈的角逐，来自长安的9岁小朋友马晨讲述的《智斗灰太狼》获小学组一等奖；来自东坑的5岁小朋友胡梦获低幼组一等奖；两个组别分别评选出二等奖3名、三等奖5名以及优胜奖、"最佳创意奖""最佳情感奖""最佳风采奖""最佳指导奖"等。

2008年"我讲书中的故事"儿童故事大王比赛决赛现场

"我讲书中的故事"儿童故事大王比赛，旨在通过讲述书中经典的故事来激发少年儿童的阅读兴趣，提高他们的语言感受能力、表达能力，丰富少年儿童的课余生活，以活动促阅读，体验读书之乐，同时给喜欢讲故事的小读者提供一个展现自我的舞台。由于活动定位明确，主题突出，内容健康，对促进孩子们多读书、读好书发挥了积极的作用，在社会上产生了广泛的社会影响力，成为东莞读书节的品牌活动。自2008年立项，至2019年已成功举办12届。活动实行总分馆联动的活动模式，遍及全市32个镇（街）和松山湖的幼儿园和小学，获得良好的社会反响，多次获得国家级、省、市级荣誉。

开展业务能手竞赛

为加强队伍建设，引导员工专业技能上进行深度和广度的钻研，同时也为员工提供展现个人才能的平台，东莞图书馆于2008年6月开展"东莞图书馆业务知识能手"竞赛。

业务知识能手竞赛活动现场

活动面向全体员工，在"办公软件操作""电子资源服务""业务系统操作"三方面选拔业务能手。

竞赛活动分预赛和决赛两个阶段，预赛采取笔试或现场答题形式进行，每个项目选出决赛人员 8 名。决赛采取选手现场出题、现场答题形式进行。分别于 6 月 16 日、20 日和 23 日分三场在四楼报告厅举行，竞赛由杜燕翔馆长助理主持，共有 82 人次参赛。经过激烈的角逐，刘磊、郑爱萍、陈松喜分别获得以上三项竞赛的第一名，被评定为东莞图书馆首批"业务能手"，任期 1 年，享受每月 300 元的"业务能手"津贴。从 2008 年 7 月到 2009 年 6 月，3 位能手承担为全馆职工定期开展"办公软件操作""电子资源服务""业务系统操作"业务培训、解答员工咨询的职责。本次竞赛中获得第二名的杨累、黄武军、叶少青，第三名的陈惠标、施志唐、刘小斌等 6 名员工，作为本次活动的"业务能手入围奖"得主，分别获得了每人 500 元的一次性奖励。"业务能手"的评定不仅能有效调动图书馆员工刻苦钻研业务的热情，还为员工岗位成才开辟了一条公平、公开、公正的竞争渠道，所有员工不问年龄、性别、学历和资历等因素，只要是具有真才实学，在选拔中能脱颖而出，都能成为业务能手，通过发挥自己的业务专长，履行相应的职责，享受相应的津贴。

从此，业务能手管理纳入业务部工作，先后开展了多种形式的业务能手选拔。为规范业务能手的管理工作，还制定了《东莞图书馆业务能手评选办法及考核奖励制度》，加强对业务能手的管理。通过建立业务能手管理制度，对业务能手的评选条件、评选办法、考核办法、业务能手职责与义务等制度进行了规定，保障了业务能手管理工作的有序进行。同时，强化业务能手的职责与义务，发挥了业务能手的作用，从而鼓励员工立足岗位，钻研业务，提高专业技能。

积淀 2009

杜燕翔

> 东莞图书馆紧贴"研究年"主题，着实以科技和专业研究推进图书馆事业发展。

2009 年，是中共十七大提出的"为夺取全面建成小康社会新胜利而奋斗"的第三年，我国迎来了经济快速发展的大好年头。这一年，我国全年国内生产总值 348517.7 亿元，年增长 9.1%[1]，超越德国成为世界第三大经济体。这一年，东莞市 GDP 为 3763.26 亿元，年增长 5.3%。[2] 站在改革开放前沿的东莞，年初就出台推动产业结构调整和转型升级的"1+26"政策体系，进一步加快双转型战略实施。

国务院批复的《珠江三角洲地区改革发展规划纲要（2008—2020 年）》指出，要在促进环珠三角和泛珠三角区域的经济发展、推进粤港澳三地更加紧密合作、保持港澳地区长期繁荣稳定、参与亚太地区区域合作和全球经济竞争等方面进一步发挥辐射带动作用和先行示范作用。国务院常务会议决定的开展跨境贸易人民币结算试点的 4 个城市包括了东莞。这一年的东莞，正处于"调结构、保增长"的关键期，尤其是当"三驾马车"中的出口和消费见效不明显时期，"经济社会双转型"是东莞城市发展的主导战略，在产业结构调

"1+26"政策体系

2009 年，东莞出台推动产业结构调整和转型升级的"1+26"政策体系，各项政策相继推出。其中"1"是指《关于推进产业结构调整促进产业转型升级的意见》，"26"是指《东莞市推进加工贸易转型升级工作方案》《东莞市推动产业结构调整和转型升级实施"三旧"改造土地管理暂行办法》等 26 项具体配套政策文件。同时东莞还加快发展小额贷款公司，并与香港生产力促进局签署了《推动在莞港资企业升级转型合作框架协议》。

---

[1] 中华人民共和国国家统计局. 国家数据 [DB/OL]. [2019-11-01]. http://data.stats.gov.cn/easyquery.htm?cn=C01&zb=A0201&sj=2009.

[2] 东莞市统计局，国家统计局东莞调查队. 2009 年东莞市国民经济和社会发展统计公报 [EB/OL]. [2019-11-01]. http://tjj.dg.gov.cn/zfxxgkml/tjxx/content/post_661749.html.

整的同时，东莞先后开展了一系列的环境整治行动，努力实现城乡环境一体化。

这一年正值第四次全国县级以上公共图书馆评估定级。这一年，是东莞图书馆新馆开放的第四个年头，老馆改装为东莞少年儿童图书馆的工程已接近尾声，图书馆之城建设稳步发展，图书馆总分馆制有序实施，成功构建了 1 个总馆，46 个分馆，102 个服务站的地区集群图书馆网络，数字图书馆服务和文化共享工程延伸到各镇（街）和村（社区）。为推动"经济社会双转型"，构建学习型城市，东莞图书馆承担了重要的社会教育和文化建设职能。

"3G 元年"

1 月 7 日，中华人民共和国工业和信息化部为中国移动、中国电信和中国联通分别发放第三代移动通信（3G）牌照。3G 可实现移动宽带，它能够处理图像、音乐、视频流，提供包括网页浏览、电话会议、电子商务等多种信息服务。这时候的手机，不只是电话机，它已经链接了互联网，成为一个网络节点和上网终端。这一年，被称为"3G"元年。3G 将颠覆普罗大众习以为常的行为和观念，并彻底改变政府机构、工厂企业以及社会组织。[3] 这一年，网络社交飞速发展，微博高调上线，"今天你'围脖'了吗？"成为广泛流行的问候语。互联网的发展，对图书馆服务和社会阅读也产生了很大影响，第七次全国国民阅读调查结果显示，2009 年我国 18~70 周岁国民中接触过数字化阅读方式的国民比例达 24.6%，其中 16.7% 的国民通过网络在线阅读，14.9% 的国民接触过手机阅读。此时的东莞图书馆，已经是一个纸本资源与数字资源并重的复合型图书馆。

牛年 "牛起来"

2009 年是牛年。1 月 8 日，东莞图书馆召开了 2008 年度年终表彰大会，45 名馆员获"2008 年度东莞图书馆先进工作者"称号，16 个集体项目和 20 项个人项目获得"规范年"项目奖。当天晚上，"大家牛起来"迎新春文艺晚会拉开帷幕，馆员们自编自演的文艺节目，在欢乐祥和中呈现了图书馆大家庭的聚合力和奋发力，特别是晚会中的节目《三句半》以轻松幽默的表演细数了图书馆工作的大事

---

[3] 郭万盛. 奔腾年代：互联网与中国 1995—2018 [M]. 北京：中信出版社，2018.

和趣事，既是工作的回顾，又是来年的期望。表彰大会和迎新春晚会揭开新一年"研究年"的工作序幕。

这一年，东莞图书馆主题年定为"研究年"。为迎接新一年的工作，馆领导班子明确工作分工和责任承担，李东来作为单位一把手主持全面工作，冯玲主管图书馆之城建设和业务研究工作，李映婵主管党工青妇、文献资源建设和安全生产管理工作，杜燕翔主管网络技术与数字化服务、文化共享工程建设和少儿馆改建工作，蔡冰主管读者服务、阅读推广活动和图书馆宣传工作。各部门都制定了《2009年东莞图书馆部（室）工作目标责任制一览表》，馆领导班子对各部门的工作目标责任制一览表进行审核和讨论，统一提出"服务量化指标、质量和效果描述"等要求。3月，召开了全员聘用动员大会，并按照《东莞市公益性事业单位内部改革实施方案》完成全员聘用工作，岗位聘用一年一聘，岗位目标责任书一年一签。

2009"大家牛起来"东莞图书馆迎新春联欢晚会

有形网络：总分馆再添新成员

以图书馆之城建设和文化共享工程建设为抓手，年初下发了《关于印发〈2009年图书馆之城建设工作方案〉的通知》（东文广新通〔2009〕49号）和《关于印发〈2009年东莞市文化共享工程建设工作方案〉的通知》（东文广新通〔2009〕43号）两个文件，东莞图书馆作为总馆，带动全市各镇街，进一步完善了图书馆总分馆体系。

这年总分馆工作比较引人瞩目的改进之一是派出馆长，支持万江分馆建设。万江街道作为东莞城区的重要组成部分，文化底蕴较好，但图书馆发展较慢。万江街道对图书馆建设也非常重视，在旺区曦龙大厦A、B座一、二层划出5000多平方米建设万江图书馆。东莞图书馆派出时任辅导部主任助理的李晓辉任万江图书馆馆长。李晓辉到了正在装修中的万江图书馆，带领一群缺乏图书馆工作经验的工作人员，进行

塘厦分馆

了业务培训、开馆规划、开馆准备等系列工作。万江图书馆开馆受到广大群众和社会同行的好评,成为东莞图书馆总分馆体系较明亮的一颗新星。

塘厦图书馆开馆,总分馆体系又添一颗新星。7月,塘厦图书馆作为东莞图书馆塘厦分馆正式开放。塘厦分馆位于环境优美的塘厦镇行政文化新区塘龙广场,建筑面积8000多平方米,馆藏43万册,是东莞东南部藏书最为丰富、场馆规模最大、功能最为完善、服务方便、特色明显的一个成员馆。其中设于正门左侧的24小时自助图书馆,是东莞第一个全天候向读者开放的镇(街)自助图书馆。

同年加入总分馆体系的还有一个镇级分馆——洪梅分馆,以及虎门沙角分馆、大朗长塘分馆和大朗碧水天源分馆。1个总馆、46个分馆、102个图书流动车服务站和5个图书自助服务站(含图书馆ATM)的图书馆网络服务体系初现规模。

无形网络:"数字图书馆+手机图书馆"覆盖全市

借着互联网和手机移动网络快速发展的东风,东莞数字图书馆服务延伸到市民的各种上网终端。升级后的"东莞市民学习网"受到市民的追捧,每月新增学习课件超过60个,2009年年底推出的课程1842门、视频8698个;"家庭藏书网"在上一年度读书节开幕式上推出,通过了试用磨合期的考验。6月,东莞数字图书馆网站成功改版,采用.NET技术,更为安全可靠;数字资源馆外访问使用单点登录统一认证技术,服务更为个性化,使用更为方便快捷;这一年东莞数字图书馆网站累计总点击率达到416.7万人次。与此同时,手机图书馆推出使用,提供书目查询、书籍预约、查看百部经典文学作品、检索查看相关数据库资源等服务。

东莞图书馆通过有形的总分馆网络和无形的互联网与手机网络覆盖全市,无论总馆或分馆的读者,凡读者处在任何能上网的地方就能使用东莞数字图书馆海量资源。东莞文化新城正在崛起!

老幼相扶新概念:少儿分馆初建成

2005年东莞图书馆新馆开放服务后,市委市政府同意将原旧馆馆舍改建为东莞少年儿童图书馆。2006年4月20日,"东莞少年儿童图书馆工程设计"招标,江西省桂能综合设计研究院有限公司以最高综合得分中标。改建工程由市城建工程管理局代建，由东莞市华固建造工程有限公司承接施工。

2009年4月，少儿馆改建工程基本完工并初步移交。少儿馆内设老年人图书馆和粤剧图书馆，体现"尊老爱幼""老幼相扶"的人文理念。整个少儿馆以中外神话为装饰主题，充分体现少儿的活泼、童真、富于幻想的特点，同时老年图书馆体现的传统与古朴，粤剧馆体现南国曲艺的梨园风情，整体风格与图书馆建筑和功能协调统一，具有很好的视觉效果。

馆舍初步移交后，少儿馆筹建项目组着手筹备新馆开馆工作，包括购置家具、设计制作标识导示系统、制定相关开馆宣传和开馆活动方案等。由于改建工程没有很好地解决馆舍漏水、个别区域施工不够完善等问题，少儿馆筹建项目组与承建方和施工方密切联系，要求对方将工程做好。

8月，少儿馆图书、家具及用品搬迁到位[4]，这次搬迁共有图书13多万册，期刊4500多册，另外还有随书光盘、多媒体、粤剧资料、几十个红木书柜等物品。

少儿馆大堂

少儿借阅区

阅读也需仪式感：东莞第五届读书节

2009东莞第五届读书节主题是"阅读·和谐·发展"。4月23日，在万江曦龙广场举行"4·23世界读书日活动启动暨东莞图书馆万江分馆开馆仪式"，"祝福祖国"诗文朗读会拉开了读书节活动的序幕。9月25日，东莞第五届读书节开幕系列活动在东莞图书馆隆重举行，开幕活动由东莞市政府梁近东副秘书长主持。读书节开幕系列活动包括国家图书馆文津图书奖展览、曹文轩教授"阅读与人生"主题讲座、《市民学堂》（第4辑）首发、东莞中学初中部学生现场美文朗诵以及《曹文轩美文朗读丛书》签售活动等。10月26日，

"祝福祖国"诗文朗读会

---

[4] 熊剑锐. 团结协作 高效快速——少儿馆图书搬迁工作顺利完成[Z], 载东莞图书馆. 东莞图书馆工作（2009合订本）. 东莞：东莞图书馆，2010.

在东城影剧院隆重召开了"2009东莞第五届读书节总结表彰大会",东莞第五届读书节完满收官。表彰大会上,东莞图书馆员工自编自演了小品《流动的风景》。小品通过讲述图书流动车服务的真实故事,反映了图书馆人为民服务的精神。

东莞第五届读书节期间,共计举办各类读书活动421项,参与群众多达350余万人次;编辑《2009东莞第五届读书节工作简报》13期,向全市发放读书节宣传册4万份、读书节宣传海报5000张。《中国文化报》《中华读书报》等媒体对东莞第五届读书节进行了报道。

动漫链接:漫画图书馆走进社会

东莞漫画图书馆是国内公共图书馆系统中创办时间最早、收集漫画图书资料最全的漫画专题图书馆。2009年东莞漫画图书馆又迎来了一次跃进。

4月,东莞动漫行业协会正式成立,东莞图书馆吴渊入选东莞动漫行业协会副会长,东莞图书馆作为其副会长单位成为协会成立的第一批会员。东莞动漫行业协会由东莞市研达动漫模型设计制作有限公司、广东电子工业研究院、华南工业设计院、东莞市中联防伪技术有限公司等10家单位联合发起成立,这意味着东莞动漫行业有着良好的生态环境。

10月1—8日,第五届东莞动漫节在东莞图书馆举办,入场人数达8.9万人次。第五届东莞动漫节更注重本土化,成为东莞动漫行业的宣传平台,从活动组织策划到执行,如漫画家签名交流、动漫表演、动漫节卡通采集等过程,均体现了本土动漫人的智慧和水平,使用的卡通形象,如窨面小子、卟卟猫、草莓妹妹、帽帽鼠等均为本土漫画家设计的。

12月,东莞图书馆编撰了第一部记录东莞动漫生态的文献《东莞动漫概览》,并参展首届中国国际影视动漫版权保护和贸易博览会。东莞漫画图书馆作为读者与漫画家和动漫业的桥梁,在社会、企业、爱好者之间发挥了快链接的作用。

项目驱动:业务研究育人才促发展

东莞图书馆自2006年起在本馆范围实施项目研究管理,较好地提高了本馆员工进行业务研究的积极性。为更进一步引导和带动全市图书馆工作者开展实务性和专业性研究,提高业务工作水平,同时探索东莞图书馆总分馆发展路向和创新服务模式,2009年首次在总分馆范围内启动"东莞市图书馆之城建设研究项目"，2011 年后改名为"东莞市图书馆公共服务体系建设研究项目"。

2009 年自 1 月开始组织项目申报，共收到申报项目 30 项，其中分馆申报项目 12 项。4 月 9 日召开专家点评会，特邀原广东省立中山图书馆馆长黄俊贵先生对申报项目一一进行详细点评，各项目申报人与专家面对面交流，就各自项目的研究内容、研究方向、方式方法和存在问题、难点等进行沟通和探讨，这也是项目申报人员难得的学习机会。4 月底完成立项评审工作，23 个研究项目获得立项。12 月 28 日上午在东莞图书馆举行研究项目成果交流会，来自总分馆的 8 名项目负责人分别就玩具图书馆、市民学习网、基层图书馆建设、人员结构分析、特殊读者服务、市民阅读调查、读者不文明行为分析等内容作了专题发言，与会者围绕着这 8 个演讲主题进行了热烈的讨论和互动。

截止到 2019 年年底，"东莞市图书馆公共服务体系建设研究项目"已实施了 11 年，共立项 324 个，其中 317 个通过验收，被评为"优秀""良好""合格"的项目分别为 64 个、199 个、54 个，项目研究成果转化为公开的学术论文 100 多篇。"东莞市图书馆公共服务体系建设研究项目"向总分馆员工提供很好的科研平台，有效提高了图书馆队伍素质，对全市图书馆行业发展发挥较好的驱动作用。

对话基层："服务到户"推进社会阅读

在终身学习年代，图书馆彰显其社会教育和推广社会阅读职能。为推动东莞市"学习之城"建设，引导镇街图书馆服务向社区、家庭延伸，建立以服务为中心的基层图书馆长效发展机制，东莞图书馆启动了"图书馆服务到户工程"，5 月，在东莞图书馆总分馆发文；6 月，召开了"图书馆服务到户工程"馆长研讨会。

"图书馆服务到户"是 2009 年东莞市、镇(街)、村(社区)

"图书馆服务到户工程"馆长研讨会

图书馆服务到户工程示范家庭首次交流会暨"莞图俱乐部"成立仪式

三级图书馆服务网络的重点工作之一，其中中心镇（街）须建立10个"服务到户"示范家庭，其他镇街建立3~5个，计划年底全市建立100个示范家庭。内容包括：送书上门、好书推荐、活动信息预告、读书会、建立家庭网上数字图书馆等。

各分馆热烈参与"服务到户"工程项目。厚街分馆从100余个报名家庭中精心挑选了5个示范家庭，把每月5日作为"服务到户"固定服务日；麻涌分馆特意在麻涌第五届"香飘四季"读书节上向10户示范家庭代表赠送图书和读者证；虎门分馆的"服务到户"工程受到《羊城晚报》《虎门报》等多家媒体的关注和追踪报道；莞城分馆成立"莞图俱乐部"，利用自身的艺术、文史、古籍等特藏图书开展"服务到户"工作；万江分馆在理想0769社区分馆开展"服务到户"现场咨询服务，建立理想0769服务到户示范点。至2009年年底全市共建立了198个图书馆服务到户示范家庭，实现了"以点带面，以户带村（社区），推送图书馆服务到家庭"的预期目标。

专业发展：迎接全国公共图书馆评估

这一年，迎来全国县以上公共图书馆第四次评估定级。5月15日，国家文化部下发《文化部办公厅关于开展县以上公共图书馆第四次评估定级工作的通知》[5]，对全国省、市、县公共图书馆（包括少年儿童图书馆）开展评估定级工作。文化部社会文化司负责组织对省、副省级、计划单列市图书馆进行评估，各省（区、市）文化厅（局）负责组织对所属地市、县市级图书馆进行评估。[6] 评估以2008年数据为准，如果2009年的数据高于2008年数据，可取高值。

这是东莞图书馆新开馆后的第一次评估。由于新馆开馆的系列活动和宣传报道，省文化厅和图书馆业界对东莞图书馆十分熟悉和高度认可，因此东莞图书馆为这次评估的"免检"单位。但东莞图书馆仍对这次评估给予高度重视，按文件要求详细填报相关数据，并推选虎门、长安、常平、麻涌四个分馆按县级公共图书馆标准参评。10月13日至14日，广东省公共图书馆评估定级验收组分别到这4个分馆进行实地检查。

---

[5] 中国图书馆学会，国家图书馆. 中国图书馆年鉴2010[M]. 北京：北京图书馆出版社，2010.
[6] 文化部社会文化司图书馆处. 文化部通知开展县以上公共图书馆第四次评估定级 [EB/OL]. [2019-11-01]. http://www.gov.cn/gzdt/2009-06/19/content_1344678.htm.

这一次评估定级，东莞图书馆被评为市一级图书馆。虎门、长安、常平、麻涌4个分馆创新性地以乡镇图书馆参加全国公共图书馆评估，获得评估检查验收组的一致好评和认可，为推动我省乡镇图书馆参加全国图书馆评估定级奠定基础。

关爱延伸：派员远赴灾区建设"莞秀图书室"

映秀镇是2008年汶川大地震的重灾区，也是东莞市的对口援建地。地震发生的当时，东莞图书馆人就主动伸出援手，全馆100多名职工共募集3.6万多元善款，随后，馆内的党员、入党积极分子、共青团员再次伸出援手，捐缴特殊党费、特殊团费2.6万元。2009年，东莞图书馆人仍然心系灾区，为帮助当地居民疗治心灵的创伤，紧锣密鼓地筹建"莞秀图书室"。

为保障援建进度，东莞图书馆派员先赴映秀镇实地调研，向映秀镇委镇政府了解地震前后图书室建设整体概况和援建情况，决定先将映秀镇老街村农家书屋改建为"莞秀图书室"。在环境设施方面，更换书架和阅览桌椅，增购期刊架和报架，帮助老街村订购20种期刊和10种报纸，使书屋成为民众了解外界信息和阅读休闲的平台。在自动化管理方面，安装图书馆自动化管理系统，增援3台计算机、1台液晶电视机、1台DVD机和1台条码阅读器，实现"莞秀图书室"的自动化管理。在图书配置方面，根据映秀镇政府反映的实际阅读需求，有的放矢地增购有关心理治疗、农业养殖和旅游经济等方面的新书1500余册，使"莞秀图书室"真正受到当地居民的喜爱。特别是在关爱儿童方面，精心挑选一批优秀绘本，编印《儿童绘本导读书目·心灵成长系列》，并针对灾区儿童心理的特殊性，专列"灾后儿童心理重建"专题，希望灾区的儿童及家长通过阅读绘本，解答今后生活和成长过程中可能遇到的困惑和问题。莞秀图书室的建成，是我们关

莞秀图书室 logo

莞秀图书室

爱灾区、承担社会责任的具体落实,是我们从事文化援建的新探索。

学习发展:图书馆员工成长记

作为主题年为"研究年"的一年,每个员工都需要学习的压力、成长的动力、工作的执行力和集体的凝聚力。

这一年,为期两年的北京大学图书馆学研究生课程班结业。7月,北京大学给通过考核的学员颁发了结业证书。这次研究生课程班自2007年9月至2009年7月,共学习了11门课程,学员包括总分馆员工近40多人。

这一年,员工每季度学一本书,分别是《小猫杜威》《阅读疗法》《中国精神读本》《图书馆读者服务的艺术》,中层干部增加了《常识》《打造高绩效团队》等书的学习。8月,东莞图书馆组织举办2009年新员工培训班,40余名近两年入职的员工参加了培训,馆领导班子和业务部主任分别为新员工讲了不同专题的培训课。同是8月,又被定为"中层干部学习月",举办了多场的讨论会,每次讨论会由一个部门主持,引导中层干部结合工作实际,分析管理问题,交流管理心得。

作为研究年,制定《东莞图书馆专业技术人员业务研究考核办法》,开展业务研究考核,旨在根据我馆管理与发展的实际情况,通过广泛借鉴、深入研究,建立一套科学、合理、高效的研究考核与评估体系。

这一年,适逢共青团、工会换届年。9月,东莞图书馆团支部换届选举,杨建强当选团支部书记,陈家欣为副书记,杨累、刘小斌、张贺春分别为宣传委员、组织委员和文体委员。10月,东莞图书馆工会委员会换届,李映嫦、刘磊、杨晓伟、陈家欣、张宽路、魏嫔、罗婉娜、赵爱杰、彭康通当选新一届工会委员会。

11月,在东莞图书馆内举行了主题为"健康同工、快乐七场"的运动会,全馆员工分成四组进行团体赛,比赛项目有乒乓球、台球、沙狐球、跳绳、呼啦圈、五子棋、拖拉机、跳棋等项目。运动会既让员工放松紧张工作的身心,引导员工保持运动的健康生活方式,让员工互相了解促进合作,更提高了图书馆的凝聚力。

丰硕成果:多个课题和项目收官

这一年,作为"研究年"的回应,多个研究项目通过验收,广泛获得社会各界和同行的好评。

3月27日，"互联网环境下的市民学习平台研发与项目实施"和"家庭藏书网络管理与信息共享"作为国家文化部的科技创新项目，通过文化部的验收。验收委员会认为："互联网环境下的市民学习平台研发与项目实施"集成了现代网络技术，拓展了图书馆社会教育职能，创新了图书馆的服务方式，在公共图书馆利用互联网提供市民终身教育服务方面达到了国内领先水平，为构建公共文化服务体系做出了贡献；"家庭藏书网络管理与信息共享"项目以Internet网络为依托，建立方便实用的家庭藏书网络管理与信息共享系统，实现家庭藏书管理电脑化、网络化，既方便藏书家或藏书爱好者管理个人藏书，也有利于收集民间藏书信息，保护珍贵古籍文献资料，较好地解决了家庭藏书的管理问题，为民间藏书的科学管理提供了一种新的服务模式。

7月，"图书馆集群网络管理平台开发与研究"项目获"2009年东莞市科技进步奖"三等奖。"Interlib图书馆集群网络管理平台"是东莞图书馆与广州图创计算机软件开发有限公司共同研发的图书馆业务系统，是我国首个实现集群管理的图书馆自动化系统，解决了多个图书馆联合服务、图书通借通还的技术瓶颈，突破了以往图书管理系统以单馆独立运作的模式。本次获奖是东莞市政府对东莞图书馆科技研发能力的又一次肯定。

9月，又有喜讯传来。自助图书馆被国家文化部选为"国家文化创新工程"扶持项目，成为首批"国家文化创新工程"扶持项目之一。东莞图书馆在2005年新馆开放的同时推出24小时自助图书馆，2007年又推出图书馆ATM，创立图书馆无人值守、"永不关闭"的服务理念，实现"365天天天开馆、24小时时时开放"的服务新形态，使图书馆的24小时服务不再仅仅是网络上的虚拟服务。

11月，在2009中国图书馆学会年会上，东莞图书馆荣获由中国图书馆学会颁发的"全民阅读基地"荣誉称号，成

2009年东莞图书馆团支部改选

12月5日，文化部周和平副部长一行到东莞图书馆实地考察图书馆自助服务情况

东莞图书馆荣获"全民阅读基地"荣誉称号

为全国首批获此殊荣的 7 家图书馆之一，为广东省唯一的获奖单位。这是东莞图书馆继获得 2005 年度、2007 年度"全民阅读活动先进单位"后，又一次荣获中国图书馆学会颁发的全民阅读最高奖项。

2009 年，作为"3G"元年，标志着手机上网和手机阅读的新起点。东莞图书馆通过总分馆有形之网与数字图书馆无形之网纵横交织成一张覆盖全市域的服务网络，"服务到户"让图书馆服务接通小区和家庭"最后一公里"，读书节继续传递社会阅读的圣火，"全民阅读基地"实至名归，自助图书馆服务形态广受认可，多个部级课题顺利收官。这一年，东莞图书馆紧贴"研究年"主题，着实以科技和专业研究推进了图书馆事业发展。

跨越 2010

李晓辉

> 一路走来，我们一年一个主题，一年一个重点，一步一个脚印，扎实地组织、引导员工深入开展业务工作，提升业务素质，收获了硕果累累，实现了跨越发展。

21世纪已经过去十年。十年来，中国经济腾飞，国力日盛。2010年，经济危机余寒未了，全世界大多数国家尚在探索复苏之时，中国却继续奋勇前行：GDP跃居世界第二；一年内举办了世博、亚运两项盛会，并将盛会推上了各自的历史新高。中国政府对抗经济寒流的大气魄，还有它的大手笔让世界上众多的政府感到艳羡……同时，随着互联网的迅猛发展，以微博为首的新媒介兴起，"关注就是力量，围观改变中国""网络问政""网络反腐"——来自民间的网络围观显示了强大的力量。在成功地解决了人们的最初级的生存需要之后，国民已经在向着更高的需求，即对权利和尊严的需求迈进。这意味着已经持续了三十多年的改革，再次站在了一个重要的历史选择关口。"要让人民生活得更加幸福、更有尊严，让社会更加公正、更加和谐"，要达到这样的高度，仅靠经济领域的发展与改革是不够的，这需要包括政治、社会、文化在内的整体性改革。[1]

作为改革开放先行地的广东省，提出了建设文化强省新的战略目标，吹响了广东文化大发展大繁荣的时代号角，标

文化新城

"文化新城"建设十年（2001—2010年），东莞市财政先后投入20多亿元支持文化建设：新城市中心区的9大标志性建筑物中，属于文化设施的就有7座；全市32个镇（街）建成公共图书馆（室）471个，博物馆30座，文化广场511个；打造形成东莞读书节、莞产音乐剧、动漫产业等一大批"东莞创造"文化品牌活动和文化精品；全市每年举办文化活动1.7万场次，参与人次达1500万人次。

---

[1] 史哲.让每个中国人都金贵起来[N].南方周末，2010-12-30（17）.

志着广东文化发展迈入了新的历史征程。

阅读革命：行业思考

随着互联网的快速普及，网络日渐成为人们获取信息的一种重要渠道。在中国互联网史上，没有哪一年像2010年这样冲突不断。2010年1月8日，中国出版工作者协会、中国书刊发行业协会、中国新华书店协会联合发布了《图书公平交易规则》，该规则突出了悖逆互联网潮流、试图维护传统书店的目的。它的出台像一场地震一样迅速引起互联网领域的恐慌和不安。然后，社会上却激荡起近乎一边倒的反对声音。[2]

仅仅十多天后的1月27日，在美国旧金山欧巴布也那艺中心（芳草地艺术中心）所举行的苹果公司发布会上，乔布斯先生发布了一款全新的移动便携产品——iPad。有不少评论家都不太看好这款产品。当时，业内甚至对在4月正式上市的iPad全年的销售预期仅仅为200万部。然而，事实是苹果公司达到200万台的目标只用了不到2个月的时间，全世界都出现了一本难求的情况。火爆的销售，使得乔布斯在iPad发布会上大力推介的其电子书功能，成为业界关注的热门之一。

早在iPad正式发布时，它的电子书功能就令乔布斯感到自豪。发布iPad的同时，乔布斯还宣布了程序商店ibookstore上线。iPad用户只要通过其中的一个电子书阅读软件ibook，即可在ibookstore阅读、购买电子书。苹果声称，利用iPad阅读图书是一种乐趣，文字非常清晰，可以方便地翻页。《纽约时报》的一篇报道指出，见过iPad的人都认为，苹果不会仅仅把它当作看新闻和读书的工具来推出，因为它同时也为内容生产方提供了收费的模式。尽管iPad尚未上市，但已有多家出版机构开始在寻求与iPad合作的模式。iPad正式上市之际，"山寨"已悄然出现。除了平板电脑的"山寨"产品，汹涌而出的各种电子阅读器也成一景，不少厂商都希望在未来的电子阅读市场上分一杯羹。很快，国内一些出版发行机构也开始涉足电子阅读领域。[3]

2010年9月1日，中国出版工作者协会、中国书刊发行业协会、中国新华

---

[2] 郭万盛. 奔腾年代：互联网与中国 1995—2018[M]. 北京：中信出版社，2018.
[3] 钟华生，何文文. 电子书iPad功能更"可怕"[EB/OL].[2019-11-28].http://m.bookdao.com/Article.aspx?id=2576.

书店协会重新发布了《图书公平交易规则》，将涉及固定价格的条款全部予以删除。图书"限折令"从出台到取消，不到 8 个月的时间，它犹如烟花般短暂存在的背后，是互联网掀起的行业性革命浪潮。无论是图书出版行业还是社会的其他行业，原有的存在方式和利益格局正在被互联网颠覆。[4]

在这个科技腾飞、万物互联的年代，因循守旧注定被时代淘汰。当图书出版行业还在为纸质书定价、行业利益纠结之时，数字阅读战场早已硝烟四起：便捷的阅读设备、更好的阅读体验、普惠的电子图书资源价格……数字阅读时代已经来临，阅读方式逃离传统的过程将不可避免。

公共图书馆不是新技术的发明者，但向来是新技术，特别是 IT 相关技术的积极应用者。计算机、互联网、自动化系统、RFID 等技术都给图书馆带来了服务方式、服务内容和服务范围的深层变革。如今，智能手机、iPad、电子阅读器等新的阅读终端的出现，必将成为未来公共图书馆提供服务的新的亮点。但是，和以往新技术的发明和应用不同，这次新技术与数字出版业的亲密结合，要瓜分的是与公共图书馆息息相关的阅读群体，要把一部分传统图书馆的读者变成他们的数字产品的忠实拥护者。数字时代带给公共图书馆的不是只有机遇，更多的是竞争和挑战。[5]

东莞："文化新城"到"文化名城"

2010 年 1 月 4 日，电影《阿凡达》上映后迅速席卷全球。正当北京、上海的观众为了寻找一块能播放 3D 电影的 IMAX 巨幕而疯狂时，人们赫然发现，亚洲最大的 IMAX 巨幕原来在东莞。这让珠三角甚至广东省外观众专门奔着"亚

---

[4] 郭万盛.奔腾年代：互联网与中国 1995—2018[M].北京：中信出版社，2018.
[5] 刘磊.E 时代的图书馆服务 [Z].载东莞图书馆.东莞图书馆工作（2010 合订本）.东莞：东莞图书馆，2011.

《图书公平交易规则》

国内图书出版发行业的第一部行业规范。其中备受争议的条款为新书出版 1 年以内必须按标价销售，网店销售新书不能低于 85 折。此条款的实施将导致出版社、实体书店、网上书店和消费者的利益格局产生新变化。

国际金融危机

国际金融危机于 2008 年突袭而来。30 年来持续两位数增长的东莞 GDP 于 2009 年一季度史无前例地负增长 2.3%，对外出口下降了 25.9%。

洲第一幕"而来。

这是东莞先进文化设施的一个缩影。[6]刚刚过去的"文化新城"建设十年，东莞"三城一都"（图书馆之城、博物馆之城、文化广场之城、音乐剧之都）的文化发展格局逐步成型。东莞读书节、莞产音乐剧、动漫产业等一大批"东莞创造"文化品牌活动和文化精品迭出，为全国提供了"东莞经验"。

2010年，东莞进出口总额1213亿美元，增长28.8%，其中出口696亿美元，增长26.1%，增速均超全省水平，总量占广东省15.46%，不仅恢复到国际金融危机前的水平，而且创历史新高。[7]全市GDP达4200多亿元，人均GDP分别是全国、全省的1.8倍和1.1倍，在全国地级市中处于领跑行列。[8]

经济基础决定上层建筑。随着东莞经济社会双转型及城市化进程的深入、快速推进，群众的精神文化需求和文化意识越来越强烈，参与文化建设的自觉性和主动性不断增强，社会力量投入文化建设的热情不断高涨，进一步加快文化发展成为全社会的普遍共识，为东莞文化建设营造了良好氛围。于是，在广东建设文化强省的号角声中，刚刚经历十年"文化新城"建设的东莞，又率先提出建设"文化名城"，出台《东莞市建设文化名城规划纲要（2011—2020）》，着力推进"全国公共文化服务名城、国家历史文化名城、全国现代文化产业名城和岭南文化精品名城"建设。

从"文化新城"到"文化名城"，在东莞，文化的角色与标签悄然生变，正跃然成为与经济转型升级相呼应的社会推力。

东莞图书馆新馆开馆5周年

2010年，是东莞图书馆新馆开馆5周年，迎来了自新馆开馆以来的第1000万名读者。东莞图书馆从鲜为人知的市级图书馆，到平均每天4000多读者量的"闹市"；从老百姓生活中无足轻重的所在，到广大市民精神生活的良师益友；从默默无闻到荣获美国图书馆协会颁发的"国际创新奖"；从荣获东莞市"宣传思想工作创新奖""宣传思想工作特别贡献奖"和"文化新城建设标兵单位"到中国

---

[6] 吴春燕. 从"文化新城"到"文化名城"——广东东莞市开拓文化发展之路[N]. 光明日报, 2010-12-17（1）.
[7] 庞彩霞. 广东省东莞市经济社会双转型：探索发展新路[N]. 经济日报, 2011-04-12.
[8] 徐建华. 加快转型升级　建设幸福东莞　为实现高水平崛起而努力奋斗——在中国共产党东莞市第十三次代表大会上的报告[EB/OL].[2019-11-28].http://dgds.sun0769.com/shownews.asp?id=1098.

图书馆学会"全民阅读"先进单位、文化部创新奖……5年来，东莞图书馆凭借一系列管理与创新，实现了从平淡无奇到业界翘楚的美丽蜕变。[9]

2010年，东莞图书馆新馆各项业务日趋成熟，城市图书馆体系雏形已现，如何提升服务为读者带来更好的服务体验成为东莞图书馆人共同的思考。这一年，实施新书"绿色通道"项目、设立畅销图书速读专区、启用新版数字图书馆网站、启动文献编目与加工业务的外包工作，为读者带来更便捷、更高效的服务；这一年，东莞图书馆总分馆服务体系新增2个成员分馆，全市共建立起1个总馆、48个分馆、102个图书流动车服务站和5个图书自助服务站（图书馆ATM）的图书馆服务网络，将图书馆服务带到了更多市民的身边，进一步在全市范围内推动了东莞图书馆（总馆）图书资源的通借通还和数字资源的共享共用；这一年，首个"莞秀图书室"在汶川映秀老街村落成、与东莞市人民检察院"检察书友会"共同探索"小众阅读，大众分享"模式，东莞图书馆用实际行动走近社会、回馈社会。

东莞图书馆新馆从无到有的5年背后是一群东莞图书馆人近10年的亲历与见证。规划筹建、建设成型、搬迁、运作……东莞图书馆新馆承载了图书馆人太多的汗水与回忆。2010年11月15日，东莞图书馆举办了主题为"追忆往昔的奋斗与光荣，感恩员工的努力与付出，享受欢乐时光"的新馆开馆五周年联欢会。东莞图书馆大家庭用欢庆为自己喝彩，在欢庆中回忆、总结。怀感恩之心告别旧5年，携欢乐心情迎接新5年。

2010年是承上启下的一年。国家"十一五"规划、广东省"文化大省"建设、东莞"文化新城"建设结束，国家"十二五"

---

[9] 魏嫄.东莞图书馆建设的思路格局和胸襟视野——新馆五周年有感[Z].载东莞图书馆.东莞图书馆工作（2010合订本）.东莞：东莞图书馆，2011.

2010年重要荣誉

2010年1月26日，在2009年度全市宣传思想工作会上，东莞市专门设立特别贡献奖，对全市突出的文化精品进行了奖励。东莞图书馆"区域图书馆集群管理与协同发展模式"项目喜获殊荣，成为获奖的5个文化精品之一。在此次会议上，东莞图书馆还荣获由省委、省政府颁发的"省文明单位"称号和东莞市精神文明建设委员会颁发的"文明标兵单位"称号。

2010年8月30日，在全市领导干部会议上，东莞图书馆荣获了"文化新城建设标兵单位"称号。

东莞图书馆新馆建成五周年纪念套装——"城市书香"

新馆开馆五周年联欢会

规划、广东"文化强省"建设、东莞"文化名城"建设即将起步。作为城市文明的窗口、公共文化服务的重要组成部分,东莞图书馆无疑将迎来更大的挑战。按照文化名城建设中"四大名城"之一的打造全国公共文化服务名城要求,我馆结合自身"十二五"工作规划内容,提出了一批图书馆公共服务体系建设项目,包括《东莞市图书馆体系化建设完善提升计划》《东莞市公共图书馆人均藏书推进计划》《东莞地区图书 RFID 转换工程》《东莞数字图书馆扩展计划》《公共电子阅览室推进工程》《图书馆 ATM 推进工程》《东莞地区文献征集与数字保存工程》《公共图书馆志愿者服务计划》8 个重点项目。这 8 个项目涵盖了总分馆体系建设、文献资源建设、信息技术推广、人才队伍提升等方面,大大提升了东莞地区文献信息保障力,为我市加快转变经济发展方式、提升城市核心竞争力提供文化资源、文化氛围、文化动力等方面的支持。

数字阅读走进城市文化生活

由同一位导演指导、在电影史上留下浓墨重彩的两部电影——《泰坦尼克号》和《阿凡达》,除了让人感动的故事情节,让人津津乐道的还有各种逼真的电影场景。时隔多年,观众或许已经忘记了电影具体的情节和细节,但是绝对不会忘记大屏幕上巨轮倾覆深海、潘多拉星球飞龙翱翔的震撼之感。

科技与文化结合的魅力,让全球沦陷,影响力之大、传播速度之快、传播范围之广,一方面让我们意识到科技进步对文化建设的"引擎"作用,另一方面也让我们看到文化全球化、信息共享趋势的势不可挡。在今天,不再有笛福笔下可供鲁滨孙漂流的荒岛,更难觅陶渊明笔下"不知有汉,无论魏晋"的桃花源,先进的电子信息技术和全球覆盖的传媒网络,已冲破各种障壁,将最新的消息、知识与最前卫的观念播发到天涯海角,拨动着每一个人的心灵。[10] 在中国共产党第十七次全国代表大会上,胡锦涛总书记所作报告中就提出要"运用高新技术创新文化生产方式,培育新的文化业态,加快构建传输快捷、覆盖广泛的文化传播系统"。图书馆作为文化建设的重要组成部分,理应贯彻落实这一精神。

"数字技术、互联网高速发展,数字阅读成为现代人学习和休闲娱乐的方式。在这样一个数字时代,图书馆能够做些什么?"10 月 28 日,在 2010 东莞第六届

---

[10] 于平,傅才武. 中国文化创新报告(2010 No.1)[M]. 北京:社会科学文献出版社,2009:005

读书节总结表彰大会上，东莞图书馆馆长李东来作了"让数字阅读走近城市文化生活"的讲话。会上，隆重推出"网上图书馆""e读卡：随身携带的迷你图书馆""手机图书馆""公共电子阅览室"四种数字阅读形式，正式开启了东莞市公共图书馆数字阅读服务的时代，让数字阅读走进市民城市文化生活。

网上图书馆：即东莞数字图书馆新网站和东莞少年儿童图书馆网站。东莞数字图书馆新网站（www.dglib.cn）通过整合资源，调整版面，突出活动信息等内容，使得页面简洁明了。东莞少年儿童图书馆网站（http://sr.dglib.cn/）也重点考虑了与实体馆的功能相结合、突出少儿分馆的主题馆建设特点、科学划分服务功能区等。此外，东莞图书馆拥有电子图书150万种、电子期刊9000多种、论文文献2300万篇、视频资源4500多部、培训课程2000多门，并实现了访问读者统一认证、单点登录方式和搜索引擎一次检索、统一输出的功能，为全市不同年龄阶段、不同需求的读者提供了更有针对性、更便捷、体验感更好的数字服务。

e读卡：一张将传统读者卡与U盘相结合的卡片，它不仅拥有借还图书、检索使用网络资源等传统读者证的一切功能，更兼备电子书、报、刊、音乐、视频在线阅读和欣赏等数字资源的载体，方便使用者随身携带，就像一个随身的迷你图书馆。

手机图书馆：据工业和信息化部电信研究通信信息研究所统计，截至2009年年底，中国手机阅读市场活跃用户数已经超过1.55亿人。开发手机图书馆，实现与手机用户的互动是图书馆继网上图书馆服务之后的新兴服务形式之一。东莞图书馆针对手机用户，推出了http://wap.dglib.cn网站手机版，顺应时代发展，满足用户需求，并在馆内开通了WIFI无线网络，为手机和笔记本用户阅读馆内电子资源提供了方便。

《泰坦尼克号》与《阿凡达》票房纪录

1997年上映的电影《泰坦尼克号》取得了18.4亿美元的票房，全球票房超过18亿美元，打破影史票房纪录，成为1997年至2010年间票房最高的电影；2010年全球上映的科幻电影《阿凡达》，全球总票房超过27亿美元，再次打破由导演詹姆斯·卡梅隆自己保持的全球影史票房纪录。

e读卡

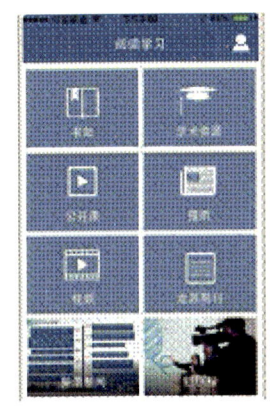

手机图书馆

公共电子阅览室：基于网络的各种服务存在一个较大的缺憾，即无法轻易实现和现实社会的对接。公共电子阅览室是提供数字资源服务的固定场所，并且提供普遍均等、惠及全民的免费服务，读者不仅可以在自己的家中、办公室或是能够上网的任何一个角落享受数字服务，也可以将公共电子阅览室作为落脚点，从虚拟步入现实，参与各种基于数字资源设置的各种培训、讲座、互动、赏析等活动。

东莞图书馆"主题年"战略工作回顾

战略规划是组织成功的关键。自 2001 年起，东莞图书馆先后制定和实施了 2 个战略规划，分别是《东莞市图书馆新馆建设与发展规划纲要（2002—2010）》、主题年发展战略。在战略规划的指引下，东莞图书馆在新馆建设发展阶段取得了跨越式的发展。其中，主题年发展战略作为一项贯穿始终的长效战略，起到了横向化整为零、纵向有的放矢的重要作用。

横向，化整为零，循序渐进。从 2003 年开始，东莞图书馆围绕《东莞市图书馆新馆建设与发展规划纲要（2002—2010）定下的"建设集传统文献资源和现代网络资源为一体、信息资源和人才资源交融的城市中心图书馆"战略目标，正式启动"主题年"发展战略工作，先后确立了 2003 培训年、2004 基础建设年、2005 服务年、2006 活动年、2007 管理年、2008 规范年、2009 研究年、2010 微笑年。每一年的主题承上启下，将时间跨度长达 8 年、任务繁重的新馆建设发展战略化整为零，循序渐进地完成新馆筹建（2003—2004 年）、新馆的基础建设(2005—2006 年)、新馆的提高发展(2007—2010 年)，实现了东莞图书馆新馆、城市图书馆服务体系从无到有的过渡，实现了东莞图书馆从地市级小馆到国内知名的城市中心图书馆的跨越。

纵向，凝神聚力，有的放矢。一年一个主题、一年一个重点。每一年，东莞图书馆各部门，根据当年主题有的放矢地开展工作，在保证各项常规业务工作的同时，策划开展各项主题工作，形成合力朝目标迈进，使得东莞图书馆团队力量充分激发，工作效能最大化，同时带动了团队每一位成员有针对性地自我提升。2003 年前后，通过公开招聘，陆续引入专业人才 26 名，为新馆奠定队伍之基；2004 年，重点进行馆藏扩充、业务系统升级等基础业务的更新提升及新业务的拓展，为新馆开馆、图书馆之城建设夯实业务基础；2005 年，新馆开馆，强化以读者为中心的服务导向，不断创新服务理念，通过提高服务质量、创新服务方式，迅速擦亮新馆名片；2006年，新馆第二个战略发展阶段的开局之年，创造性地开展了大大小小180多项读者活动，使东莞图书馆开始真正走进市民的生活，日渐成为市民日常生活中的"必需品"；2007年，总结管理经验，提高管理水平，实现从小馆到大馆、从单馆到多馆的管理方式的转变；2008年，着重"规范、示范、提升、提炼"，从高度、广度、深度三方面推进制度建设和规范执行力度，提升中心馆工作水平，抓好基层图书馆示范点，为总分馆建设做好示范；2009年，组织引导员工开展业务和工作研究，启动图书馆之城建设项目研究，将研究项目纳入年度部（室）工作目标责任制，通过国家社科基金项目和文化部科研项目提升研究水平；2010年，新馆首个8年规划的截止年。这一年，在大家的扎实工作和微笑声中圆满结束。2010是我馆"微笑年"，全馆员工按照主题年要求，紧紧围绕各项重点工作，开拓创新，奋力拼搏，在服务体系、业务研究、工作创新、项目研究、学习型组织等方面取得了长足进展。我们开展了"微笑年优秀工作项目"评选、"2010'微笑年'集体学习交流会""微笑年集体生日活动"等系列活动，取得了良好成效。微笑年，我们扎扎实实地开展服务工作，得到了众多读者的认可；我们勤勤恳恳地钻研业务工作，获得了业务上的不断提升；我们踏踏实实地组织学习活动，努力提高自我学习水平；我们更由衷地微笑过，新馆开馆五周年，全馆工作人员共同努力、共同跨越、一起向前。微笑，是圆满完成阶段重任的舒心，及迎接下一个阶段挑战的信心。

"主题年"战略工作如灯塔，为埋头全年庞杂工作的东莞图书馆各个部门、各位员工指引方向；也如风帆，牵引东莞图书馆不断向国内一流、国际知名的城市中心图书馆靠近。

学习型组织建设与员工成长

新馆建设开始，东莞图书馆馆领导班子就紧紧把握国内

主题年发展战略

2003年开始确立实施"主题年"发展战略，根据战略目标，每年围绕一个主题部署全馆工作。

2003年，培训年。招鸾引凤，人才培养，奠定新馆建设的队伍之基。

2004年，基础年。资源建设，典藏布局，总分馆试点，搭建系列新馆建设业务平台。

2006年，活动年。"天天有展览，周周有讲座，月月有亮点"百花齐放的阅读格局，带动阅读融入市民生活。

2007年，管理年。小馆变大馆，单馆变多馆，以规范的管理带动总分馆的科学发展。

2008年，规范年。"规范、示范、提升、提炼"，推进各项业务工作的更进一层。

2009年，研究年。国家、省部级、市级、馆内、个人多级次的课题研究，深化实践工作成效。

2010年，微笑年。新馆开馆五周年，微笑是对过往奋斗岁月的深感欣慰，微笑是对读者服务时最美的表情，微笑是迎接未来由衷的自信。

"微笑年"集体学习交流会

外图书馆事业的发展趋势，通过系统的学习和思考，广泛的意见征集，在原有核心服务理念的基础上，提出了"知识惠东莞"的组织使命，确立了"建设国内一流的现代化城市中心图书馆"组织愿景，初步形成了"学习成长、智慧奉献、业务创新、服务惠民"的核心价值观，引领图书馆迈入跨越式发展新阶段。其中，学习成长、智慧奉献，即以学习型组织建设为抓手，提升全体员工的业务知识和素质，获得组织、个人的不断成长。

早在2003年，我馆就派遣出一些业务骨干到全国各地图书馆学习取经，回馆后采取定期讲座的形式，与全馆员工交流、分享。自2004年起，馆领导班子又确立了建设学习型组织的目标，营造促进组织学习和员工学习的环境，多途径培养业务骨干，使员工队伍快速成长。从2006年起，我馆就坚持全馆每年共同学习四本书，每季度通过部门讨论会、学习成果汇编等方式进行学习总结，这种学习形式一直保留至今。同时，采取走出去与请进来相结合的办法，组织员工学习先进地区图书馆经验和参加学术性会议，经常邀请国内外图书馆专家来馆交流讲座；通过报销学费、调整工作时间等方式鼓励员工参加继续教育；与北京大学信息管理系合作开设图书馆学研究生课程进修班；开展业务能手竞赛及业务能手授课等活动，积极采取了多种形式来推动员工学习，提升业务素质和服务水平，在全馆形成了良好的学习氛围。

我馆还坚持开展以图书馆工作业务建设和理论研究等方面为主要内容的项目管理工作。2010年，为更好地帮助项目组成员提高项目完成质量，帮助员工在业务研究方面得到成长和提升，还开展了"传帮带"项目管理活动，特别邀请图书馆界老专家针对立项的部分项目进行专门指导。3月26日，黄俊贵、沈迪飞、潘寅生、卢子博4位图书馆资深专家在东莞图书馆对总分馆对立项的十几个项目进行点评，并对如何进一步开展课题研究提出意见和建议。7月8日，业务部组织总分馆项目成员到广州与原广东省立中山图书馆馆长黄俊贵研究馆员进行了研讨交流。黄俊贵研究馆员对参与研讨交流的各项目逐一进行了讲解，提出了许多中肯的修改意见和建议，并且对每个项目都做了详细地书面修改和批注，也为各项目组提供自己收藏的图书、报刊等相关研究参考资料。7月28日，又邀请到原深圳图书馆馆长沈迪飞研究馆员到我馆与总分馆项目成员进行了一次关于研究项目的研讨交流活动。2010年，经评审小组的严格审核，共28个"东莞市图书馆之城建设研究项目"、1个部（室）研究项目、9个工作项目通过评审鉴定，准予结项。

  此外，作为城市中心图书馆，为了提高全市公共图书馆馆长的业务素质，提升队伍专业层次，进一步提高图书馆管理水平，有效推动图书馆事业的长效发展，2010年4月11—17日，我馆在武汉大学组织举办了东莞市基层图书馆馆长研修班，全市30个镇（街）的分馆馆长和业务骨干共40人参加了学习。这次理论和实践相结合的培训，收到了良好的效果，大家一致感到获益良多，深受启发，对我市基层图书馆馆长的素质提升有很大的促进作用。

  一路走来，我们一年一个主题，一年一个重点，一步一个脚印，扎实地组织、引导员工深入开展业务工作，提升业务素质，收获了硕果累累，实现了跨越式发展。学习型组织观念深入人心，员工学习意识大为提升，组织和个人在学习中不断成长。

部门开展集体学习

东莞市基层图书馆馆长研修班

转型

2011 奚惠娟

"民生""传承""转型""创新"是国家"十二五"期间文化事业发展的主要关键词，也是 2011 年东莞图书馆重点工作反映的动向、主题。

2011 年是中华人民共和国国民经济和社会发展第十二个五年规划纲要的开局之年，也是中国共产党成立 90 周年、辛亥革命 100 周年。国家"十二五"规划纲要从两个维度规划了包括公共图书馆事业在内的公共文化建设：一是"改善民生，建立健全基本公共服务体系"；二是"传承创新，推动文化大发展、大繁荣"。

"十二五"时期也是广东深入实施《珠江三角洲地区改革发展规划纲要（2008—2020 年）》，深化改革开放，加快转变经济发展方式攻坚克难的关键时期，是全面建设更高水平的小康社会，向基本实现社会主义现代化目标迈进的关键时期，必须承前启后抢抓科学发展战略新机遇，紧紧围绕"加快转型升级、建设幸福广东"这个核心，全面开创科学发展、社会和谐新局面。

而东莞在 10 年"文化新城"建设取得文化大发展之后，提出了"文化名城"的发展战略，吹响了东莞经济社会双转型目标下城市文化从粗放式发展向规范化、精细化、优质化转型的号角。东莞的努力有目共睹，2011 年 5 月，国家文化部、财政部联合启动第一批国家公共文化服务体系示范区（项目）创建工作，东莞成为全国首批、广东唯一的示范区创建城市，城市文化建设又站在了新的起点上。由此，文化事业进一步发展的几个关键词逐渐清晰，那就是"民生""传承""转型"和"创新"，这也正是 2011 年东莞图书馆重点工作反映的动向、主题。

民生：东莞创建公共文化服务体系示范区

东莞市创建公共文化服务体系示范区是东莞市文化广电新闻出版局（今文化广电旅游体育局）牵头主抓的一项工作，东莞图书馆作为局直属单位也积极参与到了创建工作中。2011年5月东莞获批成为首批公共文化服务体系示范区创建城市后，东莞图书馆按照上级要求起草了《东莞市创建国家公共文化服务体系示范区建设规划（2011—2012）》（简称《规划》）；2011年8月，《规划》经东莞市政府通知文件下发。规划明确了东莞创建示范区的主要任务是要在公共文化设施全覆盖、增强公共文化供给与服务、加强公共文化队伍建设、开展制度设计研究破解突出问题4个方面形成示范。为创建"国家公共文化服务体系示范区"，东莞投入5亿元，启动实施"文化惠民工程"，以此打造文化服务向城乡基层延伸的"文化绿道"，努力实现文化资源下移、文化服务下沉。在具体目标中，有许多惠及百姓民生的内容，如全市32镇（街）24小时自助图书馆全覆盖；2012年100%行政村（社区）须建设面积不低于200平方米的文化活动室（中心）；图书馆、文化馆、美术馆、博物馆继续免费开放，延长开放时间；各级公共文化设施电子阅览室为社会公众提供免费上网服务等。

除了起草《规划》，东莞图书馆还积极参与到镇（街）分馆建设、文化名城示范村图书室建设工作中，按照示范区创建标准进行督导落实，并根据《规划》中24小时自助图书借阅全覆盖、公共电子阅览室建设指标制定相关推进工作方案，帮助服务场所选址、技术方案选择，协调技术实施方等工作。

2013年7月30日，东莞创建公共文化服务体系示范区正式通过验收。这标志着东莞公共文化服务均等化水平得到显著提升，其发展模式成为全国示范。在这之前，在示范区专家验收检查组对东莞示范区创建工作进行实地检查时，专家组总结了20条在区域或全国具有一定示范意义和推广价值的做法和经验，由此诞生了公共文化服务体系建设的"东莞模式"。这二十条"亮点"中，东莞图书馆的贡献占了近一半。

国家公共文化服务体系示范区

创建国家公共文化服务体系示范区（项目）是"十二五"时期政府主导构建公共文化服务体系的具体举措和工作抓手。示范区（项目）创建的目标是，2011—2016年，在全国以地级市（区）为主，分三批创建约100个网络健全、结构合理、发展均衡、运行有效的公共文化服务体系示范区，培育约200个具有创新性、带动性、导向性、科学性的公共文化服务体系示范项目。

东莞市公共文化服务体系示范区"二十大亮点":

1. 构建多终端、立体化的公共电子阅览室数字文化服务空间;
2. 在东莞图书馆建立了全国首个公共数字文化体验区;
3. 建设东莞学习中心,形成时间全天候、空间全覆盖的新型图书馆服务网络;
4. 在全市每个镇(街)实现自助图书馆或图书馆ATM的全覆盖;
5. 东莞图书馆成为国内首个获得政府质量奖的公共服务机构;
6. 建立"北京大学东莞图书馆博士后创新实践基地";
7. 建立东莞文化网,网站整合了全市文化资源;
8. 建立广东省首个地级市图书捐赠换书中心;
9. 东莞图书馆建立大陆首家漫画图书馆;
10. 推出"全民掌上阅读"活动;
11. 创新文化场馆运作模式;
12. 基本形成"政府主导、企业共建、社会参与""农民工演、演农民工、农民工看"新莞人文化工作机制;
13. 积极扶持推进民办博物馆、民办美术馆等建设;
14. 开展"百场培训、千场演出、万场电影"活动;
15. 打造"我们的节日"文化活动品牌;
16. 高标准建设镇(街)综合文化站;
17. 实行"市管、镇聘、村用"模式,共同分担文化管理员工资的办法;
18. 建立市、镇、村三级文化志愿服务队伍;
19. 开展东莞市公共文化服务体系示范镇(街)、示范村(社区)、示范企业创建工作;
20. 持续举办"文化周末",与市民进行零距离的文化交流,并荣获2009年第三届文化创新奖。

传承:《易读》的编辑与出版

收集、整理文献信息资料是图书馆的专长,把这一专长用于阅读推广就有了读者刊物的编发。东莞图书馆读者刊物编发最早可以追溯到1991年开始的自办内部刊物《图书评论》,最初通过组织部分读者撰写图书评论文章编印成册。1994年,《图书评论》改名为《图书馆与读者》,并被派送给各机关、企事业单位、学校及读者个人，在社会上产生了一定的影响。读者刊物是沟通图书馆和读者的一个桥梁，通过集中展示、传播最新的图书馆资讯、图书信息、读书心得等内容吸引读者、发展读者。在没有图书馆网站平台的年代，读者刊物是传播图书馆资讯的重要渠道，也是阅读推广的有机载体。进入21世纪后，编发读者刊物这一工作一度中断，但始终没有完全消失，而是以其他一些形式在延续，比如2003年以来馆员个人组织的书评兴趣小组，在图书馆网站（旧版）发表的个人书评，以及后来集结编印的书评小册子。

21世纪的第二个十年伊始，东莞图书馆的这项工作正式重启，并且重装组织编辑班底，由馆长李东来和副馆长冯玲领衔主编和副主编，编辑队伍除了馆内部分中层干部和业务骨干，还聘请了杨河源、唐燕两位佛山文化界的专家。经过前期的内容筹划组织和精心设计排版，2011年4月，在第16个"4·23世界读书日"到来之际，东莞图书馆与中国图书馆学会图书馆与社会阅读专业委员会共同推出了最新阅读类季刊（内刊）——《易读》第一期，并在东莞第七届读书节启动仪式上首发。全新的《易读》是一本雅俗共赏的读书类杂志，秉持原创文章与选摘相结合的定位，以倡导全民阅读，开展阅读推广，搭建图书馆与阅读界、书业界、读者之间交流的平台为宗旨，每期关注一个贴近当下的文化热点，与时代同步；设计装帧清新雅致，每期结合主题精制一枚随书书签，开本采用大32开，正是成人单手持握的宽度；内容上集普及性、知识性、可读性于一身，既关注阅读的现实话题，也追寻阅读的历史脉络；既有原创的书人、书事、书话、书评文章，也有利用图书馆丰富的文献资源和独有的检索工具方法提供的大量信息。冯玲副馆长在首期卷首语中写道，"生生之为易"，《易读》的"易"既取生生不息、长久永恒之意，也取"容易"之意，"努力让《易读》易读"，同时《易读》谐音"e读"，将紧跟阅读时代潮流，而第一

图书馆与社会阅读专业委员会

2006年4月23日，中国图书馆学会科普与阅读指导委员会成立，同时成立了6个分委会，图书馆与社会阅读委员会为其中之一。后改名为"图书馆与社会阅读专业组"，东莞图书馆作为支撑单位至今。

《易读》书签

《易读》创刊号

期主题"时代转型，阅读永恒"似乎也暗合了"易读"的这一内涵。

《易读》后续发展：

《易读》根据每期关注的文化热点，邀请知名专家、学者、作家围绕主题撰文，刊发原创文章，著名文学翻译家杨苡、作家肖复兴以及朱晓剑、黄岳年、彭国梁、安武林、潘小娴、冯传友、董宁文、子张等民间知名读书人都曾为《易读》撰稿，并以此逐渐形成了《易读》的核心作者群。《易读》每期寄送和发送2000余册，读者遍布全国25个省、自治区、直辖市，将阅读的触角延伸到全国各地，产生了一定的影响。2014年4月，《易读》荣获中国图书馆阅读推广类"十佳内刊内报"称号。除了纸本刊印面向民间读书人、图书馆同行、图书馆阅读内刊编辑部、《易读》的作者、图书馆的读者等发放，编辑部还在东莞图书馆网站增加了电子版——"网上易读"推介和宣传原创性文章，开设《易读》微信公众号等方式进行阅读推广。

随着《易读》影响力的不断提升，《易读》的阅读推广活动开始从线上走向线下。2014年6月通过改造装修图书馆四楼建成了一个相对独立的阅读空间——423空间站，内置千余册图书，环境舒适优雅，各种设施齐备，专门用于举办阅读活动和主题研讨会。2014年9月，编辑部以《易读》为基础，成立易读书友会，由业务部专人负责组织和管理，每月策划举办1~2场读书会，逐渐成为东莞图书馆的一个以骨干书友为基础、图书馆读者广泛参与的阅读活动品牌。2016年，《易读》阅读推广案例获得中国图书馆学会阅读推广委员会优秀案例一等奖。

转型：从文献信息中心到学习中心

进入21世纪后，随着信息技术的发展，人类知识信息爆炸式增长，教育领域提出终身学习理念，国家、地方政府发出建设学习型社会、学习型城市的号召。然而学习型社会不是一句口号，而应该是有相应的机制和手段去促进和保障的。社会教育是图书馆的四项基本职能之一，一直以来，公共图书馆都作为"人民的终身学校""没有围墙的大学"这样的社会形象存在。终身学习时代，图书馆的教育功能应得到进一步强化和提升，图书馆应从学习的中介机构、教育的支持者角色转向学习理念的倡导者、学习项目的策划者和学习活动的组织者、推动者，全面参与到民众的学习生活中去。另外，信息技术的突飞猛进使得通过网络人人都可以成为"知道分子"，图书馆传统的文献信息中心的形象逐渐式微，图书馆服务需要在文献阅读和知识交流的层次不断演进和提升，从而获得新的事业生长空间。因此，城市图书馆应从服务区域的文献信息中心转向学习中心。这不仅是学习型社会建设的需要，也是图书馆自身业务转型发展的需要。

基于这样的一些认识，东莞图书馆一直努力探索建立新信息环境下的以学习为中心的业务形态和服务模式，通过实体学习设施和场所与虚拟网络学习平台相结合，建设任何人、任何时间、任何地点、通过任何途径进行免费学习的阅读空间。2005年新馆开馆同时推出"市民学习网"，在几年的使用期间，该平台资源不断丰富，并在馆内和多个社区设立培训基地，在东莞学习型城市建设中发挥了积极的作用，发展了上万名用户，但随着用户需求的变化也逐渐显现出一些问题。2010年，东莞图书馆进一步提出建设学习中心的构想，与北京超星公司进行战略合作，以技术为先导，在原市民学习网和东莞数字图书馆基础上，通过"东莞学习中心"网络平台的开发应用开始了图书馆业务转型发展的全面探索。2011年6月14日，"图书馆促进学习型社会建设研讨会"在东莞召开，国内外专家、学者、图书馆界代表400余人出席了会议，会上李东来馆长同与会的9位领导、嘉宾一起启动了东莞学习中心平台，并作了题为《学习型社会需要——图书馆成为新型学习中心》的专题报告。美国斯坦福大学东亚图书馆馆长邵东方教授在接受媒体采访时指出：图书馆转化为学习中心是一个很超前的概念，跟西方一些知名大学都是接轨的。

除了技术支撑，东莞图书馆还从组织上保障学习中心转型建设的推进。启动仪式结束后，紧接着图书馆在7月初就抽调业务骨干成立了学习中心推进部，以进一步完善东莞学习中心平台功能服务，规划和拓展学习中心实体空间和业务，同时负责统筹全馆的数字资源建设、数字平台运营管理和数字服务推广工作。8月，新成立的学习中心推进部制定了《东莞图书馆数字业务规划与统筹方案》并经由馆办下发到全馆

李东来馆长在会上作专题报告

东莞学习中心平台启动仪式

各部门执行，方案进一步明确了数字业务发展的任务目标，通过明晰各业务部门的数字服务职责，推动数字服务在全馆的开展、数字项目在全馆的实施，以及数字服务与传统服务的融合。

开放的学习中心是公共图书馆业务转型发展的重要形态，是学习型社会城市学习空间构建的核心部分。学习中心建设是图书馆业务的一次整体性变革，需要从技术、资源、服务、空间、管理等多个方面进行创新、完善和提升。东莞学习中心平台的开发与应用体现了技术创新对图书馆业务转型提升，对学习中心建设的支撑和引领作用，也为图书馆以实体空间为阵地开展虚实结合的学习服务奠定了技术平台基础。

创新：新型公共电子阅览室建设

公共电子阅览室建设是国家"十二五"期间重点实施的工作计划，是构建普遍均等惠及全民的公共数字文化服务体系的重要一环。市域公共电子阅览室建设离不开公共图书馆服务体系的支撑。2002—2011年间，东莞以城市图书馆新馆建设为契机，将新馆建设与数字图书馆、总分馆体系、共享工程建设相结合，构建起了一个资源丰富、虚实结合、形态多样、满足不同需求、体系化的泛在公共数字文化服务网络，为公共电子阅览室建设打下了坚实的基础。

2010年下半年，东莞成为国家《公共电子阅览室建设计划》首批试点省（市）之一，广东省的重点试点城市。按照《文化部办公厅关于印发〈公共电子阅览室建设试点工作方案〉的通知》文件要求，东莞市文广新局统筹制定了《东莞市公共电子阅览室试点建设工作方案》和《东莞市公共电子阅览室推进工程实施方案》，由东莞图书馆具体负责实施。按照工作方案，到2013年年底全市实现镇街、社区公共电子阅览室全覆盖将建有近600个公共电子阅览室。国家为什么下这么大精力在全国进行公共电子阅览室推广工作，它有一些什么样的要求？公共电子阅览室与以往的电子阅览室有什么不同？而东莞特殊的市、镇两级行政架构决定了镇街及村社区级的业务水平相对较低，需要市级建设部门的强力统筹，如何在短期内建成这些公共电子阅览室并进行有效管理发挥良好的成本效益？带着这些问题，东莞图书馆开始了城市新型公共电子阅览室建设的探索与实践。

经过不到一年的筹备，基于现代信息技术的新型公共电子阅览室服务模式、管理模式和环境设施已基本成型，东莞图书馆建立了市域公共电子阅览室的云服务管理中心和监控中心，实现对各基层公共电子阅览室的统一管理、统一监控、统一服务和统一技术支持。截至2011年7月底，东莞已建成一个公共电子阅览室示范点（东莞图书馆馆内）和虎门、常平、莞城、麻涌、塘厦共5个镇（街）试点。2011年8月19—20日，东莞在图书馆内召开了"新型公共电子阅览室建设"专家咨询会，文化部、省文化厅领导及来自北京大学、清华大学、上海社科院等高校科研机构的学者、专家出席了会议，为东莞新型公共电子阅览室建设把脉引航。会上，专家学者对东莞公共数字文化建设服务成效和公共电子阅览室建设做出的探索给予了充分肯定。国家公共文化服务体系建设专家委员会副主任、北京大学信息管理系教授李国新把东莞新型公共电子阅览室的"新"精炼地总结为"3+1新"。2011年10月25日，中国文化报专版刊发了《打造云计算环境下的公共数字文化空间》一文，重点推介东莞新型公共电子阅览室建设情况。10月26—27日在贵阳召开2011年中国图书馆年会期间，东莞的新型公共电子阅览室整体形态参加全国文化信息资源共享工程国家管理中心"云时代背景下的文化共享"体验区展示，受到文化部原副部长、国家图书馆馆长周和平、文化共享工程国家管理中心张彦博主任、文化部社会文化司巡视员刘小琴等领导的肯定。

　　东莞新型公共电子阅览室项目的顺利推进再次证明了"技术不是最重要的，但往往是最有效的"。新型公共电子阅览室通过集群化管理有效解决了基层公共电子阅览室快速发展需要与技术、人才、资源不足的突出问题，而云计算服务为公共数字文化服务提供了新的技术支撑。

　　"3+1新"：

　　首先是形象新，它改变了传统电子阅览室"计算机排排坐"的呆板形象，以时尚、新颖、温馨、人性化的设计，建立起了公共电子阅览室的新形象；第二是设计新，将纸质资源、报刊、计

新型公共电子阅览室示范形态

新型公共电子阅览室建设专家咨询会

中央电视台《新闻联播》播出新闻《东莞：图书馆公共服务全覆盖》

算机、影像集成起来，包括固定终端、移动终端，这种理念更符合作为一个知识平台、作为一个学习平台的构建，也更符合现在整个图书馆、文化馆向公共文化空间这一方向发展的思想；第三是管理新，文化e管家以云计算、集成管理的理念，构建了分布式电子阅览室的远程集成管理系统，探索了依靠现代信息技术手段解决公共数字文化传播过程中技术支撑与维护人员缺乏的新路径，为解决公共数字文化向农村基层传播的瓶颈问题提供了新的方向与方法；这"三新"的核心是理念新，形象、设计、管理等等，实际上体现的是一种理念。

成长：东莞少年儿童图书馆试开馆

少年儿童是祖国的未来，也是图书馆服务和读者发展的重点关注对象。培养发展少儿读者就是培育终身读者。出于对少儿读者工作的重视，东莞图书馆早在1994年曾申请并短暂成立过独立建制的东莞少年儿童图书馆，准备在新芬路分馆投入使用后对原高第街馆舍进行改造作为少儿馆开放，后因种种原因政府撤销了这一建制，但当时馆员还是克服困难通过在原馆舍附近租用场地改装实现了少儿图书馆的独立馆舍开放，并通过卓有成效的服务获得了政府和社会的认可，馆舍条件不断升级改善，在2001年年底由市政府划拨莞城"文化广场"1700平方米的土地作为新馆舍使用，并于2003年年初完成装修搬馆开放。

东莞图书馆新馆建成开放后，原新芬路馆舍的用途提上议事日程。因新芬路馆舍地处莞城中心，临近多所中小学校和人民公园，地理位置优越，适合为青少年读者服务。经与上级机关沟通，决定将新芬路馆舍改建为东莞少年儿童图书馆。2005年11月，东莞市文化广电新闻出版局就东莞市城区新芬路40号原东莞图书馆改建为东莞少年儿童图书馆请示市委、市政府，经市委常委、副市长联席会议讨论通过，项目经费由市财政统一安排，改建工程由市城建工程管理局代建。2006年至2009年期间通过政府采购招标，新芬路分馆舍改造工程先后完成了设计、施工和验收。与此同时，东莞图书馆馆内成立了新芬路分馆筹建项目组，对少儿馆空间功能布局等内容展开调研与规划，重点考察了香港地区的知名少儿活动场所，并着手少儿馆开馆前的各项筹备工作，包括工程进度跟进、家具采购、设备进场及开馆活动策划等工作。2011年10月25日，东莞少年儿童图书馆试开馆仪式与2011东莞第七届读书节总结表彰大会同时举行，总结表彰大会后，市领导和其他与会领导、少年儿童代表一起为东莞少年儿童图书馆试开馆剪彩。重装开放后的少年儿童图书馆成为东莞图书馆直属分馆,根据不同年龄层次少年儿童的特点,设有玩具图书馆、亲子乐园、成长书屋、游戏互动区、多媒体中心等服务窗口;同时,突出"馆中馆"办馆特色,特别设立了老年人图书馆,营造老幼相扶、和乐融融的阅读空间。此外,还设有自助图书馆、阅读服务站、粤剧图书馆等满足更多读者需求。

改装后的新芬路馆——东莞少年儿童图书馆

从最初的 600 平方米到 1700 平方米,到 2011 年年底的 9000 平方米,东莞少年儿童图书馆作为东莞图书馆的一个重要分支,其馆舍和业务与总馆一样也在 21 世纪的前 10 年经历了跨越式的发展,并于 2011 年盛装绽放,再启新程。这既是东莞图书馆少儿读者工作的一件大事,也是总分馆体系建设中的一件大事,少儿图书馆直属分馆的管理形式是总馆继向镇(街)分馆派出馆长统抓分馆业务的又一探索。实践证明,东莞图书馆有能力在统一的领导下做好除了本馆外其他馆舍的开放和运营,这为东莞地区总分馆制实施提供了另外的可能参考。

数字账号服务开启、外文图书馆开放

2011 年 5 月图书馆服务宣传周期间,读者服务部和网络部通过项目合作,在经过一个多月的服务流程设计、业务系统功能修改调试等工作后,正式推出数字账号网上免费申请服务。市民凭本地手机号即可远程在线申请,系统审核通过后读者就可以免费使用图书馆的数字资源了。数字账号服务的开通更加方便了读者,把传统的办证服务从图书馆内延伸到了读者的手边和桌面,更好地适应了当下群众的数字阅读需求,为发展图书馆读者开辟了新路径,同时也为接下来图书馆新的数字服务和平台的推出奠定了读者管理基础。

10 月,东莞图书馆"外文图书馆"对外开放。外文图书馆面积 280 平方米,藏书 3 万余册,以英文为主,还包括法语、德语、西班牙语等十多个语种的图书。外文图书馆的

粤剧图书馆

设立开放是东莞图书馆针对东莞外商云集、外贸繁忙的对外开放城市特点开拓的一项专题文献服务，也受到了广大外语爱好者的青睐。

2011年的主题是故事年。这一年，《东莞图书馆工作》开了个专栏，员工从业以来的诸多感怀都在此抒发。正如年初的简报上员工写下的故事年寄语"轮回，启程"，一边是回忆、沉淀与成长，另一边是再出发。

2011年，东莞图书馆不仅迈出了新的步伐，推出《易读》、学习中心平台、新型公共电子阅览室、少儿图书馆、数字账号、外文图书馆等服务的新载体、新平台、新阵地、新功能，启动新一轮图书馆战略实施，开创了图书馆业务发展的新局面，东莞图书馆的努力也收获了很多荣誉和关注：5月，东莞图书馆荣获国家图书馆全国图书馆联合编目中心授予的"数据质量监督奖"，我市首个国家社科基金课题、李东来馆长主持的《区域图书馆整体协同发展模式及路径研究》（批准号08BTQ013）通过专家评审和结项审核，获评"优秀"；10月，东莞成功申办2012年中国图书馆年会暨中国图书馆学会年会；11月，中共中央政治局常委李长春在省委书记汪洋等省市领导陪同下视察东莞公共文化服务建设；12月，中央主流媒体聚焦我市图书馆公共服务实践，并给予大篇幅专题报道，在刷新改变外界对东莞传统认知的同时，也为图书馆的2011年画下圆满的句点。

2011年12月中央媒体报道东莞公共文化服务一览：

12月2日

《人民日报》头版发文《东莞 公共文化服务提升幸福指数》

12月5日

新华社发文《广东东莞：让公共文化设施发挥最大功能》

中央电视台《新闻联播》播出新闻《东莞：图书馆公共服务全覆盖》

12月6日

《人民日报》刊发《点起一盏明亮的灯——东莞打造"图书馆之城"文化资源共享纪实》《让书香扑面——走访深圳、东莞图书馆的思考》两篇文章

《光明日报》刊发《书店办得像米店一样多——东莞创建全国公共文化服务体系示范区纪实》

《经济日报》发文《"服务是最好的阅读伴侣"——探访东莞公共文化服务体系建设》

品质

2012　李映嫦

卓越绩效模式在东莞图书馆的推进以及东莞市政府质量奖的获得，不仅对东莞图书馆服务，还是对整个图书馆行业，都有着深远的影响。

机遇与挑战

2012年，是全面落实贯彻党的十七大关于"推动社会主义文化大发展大繁荣"战略部署的收获之年，也是党的十八大提出"扎实推进社会主义文化强国建设"的启动之年，党的十八大报告中关于"坚持面向基层、服务群众，加快推进重点文化惠民工程，加大对农村和欠发达地区文化建设的帮扶力度，继续推动公共文化服务设施向社会免费开放""开展全民阅读活动"及文化具有"引领风尚、教育人民、服务社会、推动发展的作用"的重要论述为我国今后文化工作确定了目标，指明的方向，我国文化建设从此吹响了新的号角。

根据省委省政府出台的《广东省建设文化强省规划纲要(2011—2020)》及东莞市委市政府颁布的《东莞市建设文化名城规划纲要（2011—2020）》，东莞文化建设站在新的历史起点上，从文化新城向文化名城建设迈进，全力打造与经济发展水平相适应的文化优势、文化地位与文化形象，全面提升东莞城市文化软实力。在此背景下，2012年，东莞市在成为我国首批"公共文化服务体系示范区"创建城市之后，把提升"公共文化服务水平"工程列入市政府"十件实事"，把示范区创建与满足群众文化需求紧密结合起来，实施文化惠民工程。创建公共文化服务体系示范区，进一步完善了地

政府质量奖

是政府设立的最高质量荣誉奖，主要授予在一定区域登记注册，有广泛社会知名度与影响力，实行卓越绩效模式管理，质量管理水平和自主创新能力在国内、省内同行业中处于领先地位，取得显著经济效益和社会效益的组织。

区公共文化服务设施建设，网络化、体系化服务的初步形成，有效提升了公共文化服务的便利性和服务水平。这一年，东莞图书馆人努力把握新的发展机遇，以创新、开放、互动服务的理念，通过探索新的管理机制和服务模式，加强质量管理，追求高品质服务，推动图书馆事业的发展，助推全市精神文明建设，获得了"全国文明单位"称号。

追求卓越：获得东莞市政府质量奖

2012年，经过新馆开馆后的第一个迅速发展阶段，东莞图书馆又站到了一个新的阶段性起点。在行业内，新加坡国家图书馆管理局先后于2004年和2011年两次荣获国家质量奖，还分别在2001年、2009年、2010年获得了卓越创新奖、卓越服务奖和卓越人才奖，包揽了新加坡国家质量奖的所有分列奖项，这些实践和成果为东莞图书馆提供了借鉴和标杆。

2011年，李东来馆长在全面考察和了解卓越绩效管理模式内涵及其在图书馆的适用性之后，深感其为公共图书馆管理提供了新的社会公认的管理手段和评价方法，其成熟的评价方式是对公共图书馆现有符合性评价体系的完善，东莞图书馆在新的发展阶段可以探索实践。图书馆领导层统一认识，全面主导并参与卓越绩效管理的全过程，确保卓越绩效模式落地生根。决定导入卓越绩效模式后，东莞图书馆组织开展多种形式的《卓越绩效评价准则》学习活动。首先，东莞图书馆业务部相关人员先行熟悉和了解卓越绩效模式和《卓越绩效评价准则》，收集有关资料，制订学习计划；其次，多次组织馆领导和中层干部集中学习和讨论《卓越绩效评价准则》和《卓越绩效评价准则实施指南》，包括准则的意义、框架、标准的内容和评价方法等，并要求每个中层干部对《卓越绩效评价准则》逐个条款进行解读，撰写自己的认识与理解；再次，派骨干参加东莞市质量协会举办的卓越绩效管理知识学习班和卓越绩效自评师培训班，进一步深入学习卓越绩效模式，并取得自评师资格，其中有些人经过多年卓越绩效管理实践之后，获得东莞市政府质量奖、广东省政府质量奖评委；最后，开展全员学习，邀请专家来馆举办讲座，宣贯卓越绩效管理知识，并以知识竞赛的方式检验全员学习效果。

为了有效推进卓越绩效模式的导入和实施，在前期成立了卓越绩效管理小组，包括领导小组和工作小组，东莞图书馆馆领导和中层干部均参与到卓越绩效管理工作中。还由业务部牵头，组建了跨部门的卓越绩效管理核心小组，具体负责东莞图书馆卓越绩效管理模式的持续推进和深入实施。

卓越绩效模式为组织管理体系的整合提供了一个非常好的框架。经过学习，在对卓越绩效模式有了较为全面认识的基础上，在专家的指导下，东莞图书馆以《卓越绩效评价准则》为框架，对原有管理体系进行整合，构建具有东莞图书馆特色的卓越绩效管理体系。

为了检验卓越绩效导入的效果，并以政府质量奖作为进一步加强质量管理、提高管理水平和服务质量的手段，2012年6月，积极申报2012年第三届政府质量奖。经过材料评审，东莞图书馆入围现场评审名单，并于6月28—30日接受了为期3天的现场评审。经过严格评审，专家对东莞图书馆开展卓越绩效管理的成效给予了充分肯定，最终以总分第一名的优异成绩获得第三届政府质量奖，成为我国图书馆界第一个获得政府质量奖的公共图书馆。

卓越绩效模式在东莞图书馆的推进以及东莞市政府质量奖的获得，不仅对东莞图书馆服务，还是对于图书馆行业，都有着深远的影响。对东莞图书馆而言，引入了成熟的评价绩效评价模式，带来了国内外公认的先进的管理理念和方法。对图书馆行业来说，东莞图书馆的经验可以为其他图书馆推行卓越绩效管理提供借鉴，为图书馆获得社会认可、提升其影响力提供了公认的方法。

扩大影响：参与承办中国图书馆年会

中国图书馆年会作为我国图书馆行业的年度盛事，2012年首次采用申办制，东莞成为国内第一个年会申办城市。承办年会，有利于促进图书馆整体服务水平的提升，也是展示东莞文化形象的大好机遇。

为承办好该次年会，东莞图书馆在文广新局局领导的带领下，多次反复与部、省、市级领导部门以及行业内专家进行协调、交流与沟通。2012年1月11日，在文化部社文司

卓越绩效模式

目前，国际上广泛认同的一种组织综合绩效管理的有效方法/工具。该模式源自美国波多里奇奖评审标准，以顾客为导向，追求绩效管理理念。包括领导、战略、顾客和市场、测量分析改进、人力资源、过程管理、经营结果7个方面。该奖标准后来逐步风行世界发达国家与地区，成为一种卓越的管理模式，即卓越绩效模式。它不是目标，而是提供一种评价方法。

政府质量奖评审现场

东莞市市长袁宝成给东莞图书馆颁发政府质量奖

召开了"2012年中国图书馆年会暨中国图书馆学会年会讨论会",会议就年会名称、主题、时间、展览会、经费预算等方面召开了讨论。会议并提出创新办会模式,借鉴美国图书馆协会年会的举办经验,在延续以往年会办会模式的基础上增设图书馆展览会。1月12日,李东来馆长邀请了北京大学信息管理系年轻教师召开座谈会,就2012年中国图书馆年会策划工作集思广益、群策群力。座谈会上,分别就如何把全国图书馆学博士论坛引入年会、是否能学习国外年会经验,在这次年会时邀请业内专家或国外专家举办会前会,吸引更多的专家人士参加等事宜进行了深入讨论。

为进一步推进年会的策划工作,1月15日,在东莞图书馆召开了2012年中国图书馆年会广东省专家咨询会。广东省立中山图书馆、深圳图书馆、中山大学资讯管理学院、广州城市职业学院图书馆、华南理工大学图书馆等省内知名专家应邀参加了会议,会上就展览会中设置广东省图书馆事业展示区、展览会招商、会务、分会场主题、志愿者招募等方面征询了意见。专家们建议,可在展览会中设置广东省图书馆事业发展展示区,作为一个宣传和展示广东图书馆岭南模式的好机会;展览会是该届年会的亮点与创新点,应该成为东莞承办年会的重点,省学会将和东莞合作,挖掘广东省相关资源,以壮大展览会的规模;东莞是年会的承办城市,会务工作是其重要的一项任务,应该多设想、多策划、争取做出"东莞会议模式"。专家们还表示,这次年会在东莞举行,希望能够加入更多的东莞特色,广东特色,充分发挥省学会、港澳台地区以及华人专家资源,设立专门分会场,让与会人员了解其他图书馆事业发展的现状,加强港澳台与内地图书馆的交流,或者邀请有影响力的华人图书馆专家做专题报告等。

2012年2月6日,文化部社文司致函东莞市文广新局,就东莞市承办2012年中国图书馆年会展览会来函,对年会筹备工作进行了分工:工作会议、年会开幕式和闭幕式由文化部社文司承担,学术会议由中国图书馆学会承担,展览会由东莞市承担。2月初,东莞图书馆从各部门抽调一批年轻馆员参与年会筹备工作,正式组建年会筹备小组。3月13日,正式对外发布《2012年中国图书馆年会展览会LOGO、吉祥物设计有奖征集》通知,征集年会LOGO,收到来自全国及加拿大地区LOGO应征作品213件,吉祥物应征作品41件。9月起,启动东莞图书馆"迎年会、战百日"百日冲刺行动,各部门积极响应号召,围绕各自管辖区域提出改造实施方案,其中包括室内绿化、学习中心建设、电子服务区改造、漫画馆改造、标识系统改造等具体项目。11月22—24日，为期3天的2012年中国图书馆年会在东莞召开。年会以"文化强国——图书馆的责任与使命"为主题，作为我国在新的历史发展时期，特别是党的十八大胜利召开后举办的一次文化盛会，共吸引了业内人士、专家、学者3000人参加，普通市民近10万人入场参观。展览会展出总面积2万平方米，144家企业应邀参展。

作为本次会议的东道主，东莞图书馆承办了"图书馆服务体系实践样本展"和"全国未成年人服务展"2个展览，及"全国图书馆学博士论坛"、中国图书馆学会年会第4分会场"技术的力量：图书馆公共服务体系建设与发展"和第16分会场"e读e学e生活——构建图书馆学习空间"等3个学术会议。

人民网高度评价了2012年中国图书馆年会："本次年会由工作会议、学术会议和展览会三大版块组成，充分发挥政府、行业组织和社会力量的积极作用，创新政府管理公共文化事业机制，实现资源整合，是一次图书馆交流与合作的盛会，也是一次推动文化事业和文化产业携手共赢的盛会。本届年会在汲取2011年年会成功经验的基础上，坚持改革创新，继续坚持政府主导与社会支持相结合、文化事业与文化产业相结合、理论研究与实践工作相结合的总体思路，动员全国图书馆界、学术界、相关产业界的积极参与，全方位、多侧面地展示我国图书馆事业、文化事业蓬勃发展的现状和光明未来。本届年会首次引入城市承办机制，注重发挥承办城市的积极性，突出承办城市的公共文化建设成果和区域文化相关产业的优势，宣传承办城市，提升城市形象，形成会展经济效应，促进当地旅游服务业发展。"

2012年中国图书馆年会 Logo

共建共享：成立东莞市捐赠换书中心

经过改革开放30多年的建设，我国经济总量位居世界第二，民众物质生活得到极大的改善，如何进而提高全民族

2012年中国图书馆年会展览会现场

素质，将经济实力转化为文化软实力成为当前和今后一个时期的任务，公共图书馆肩负着重要的责任。2011年4月23日，世界读书日当天，在广东省委宣传部、省文化厅的指导下，由广东省立中山图书馆和南方都市报联合成立的广东省捐赠换书中心，正式揭牌。广东省捐赠换书中心，定位于广大市民的公共文化服务平台。中心位于广东省立中山图书馆一楼中庭，以倡导全民阅读、推动文化广东、幸福广东为宗旨，为市民提供免费日日换书的服务。

根据省委宣传部领导的指示意见，2012年度将广东省捐赠换书中心的运作模式复制到深圳和珠三角各地，与当地文广新局合作，共同建设捐赠换书中心，共同推动"岭南书香"全民阅读活动。首批共建城市拟定名单：深圳、珠海、东莞、佛山、惠州、中山、江门、顺德。

2012年，东莞图书馆在《共建捐赠换书中心，助力"书香岭南"全民阅读》方案的基础上，组织专人研究方案，并积极联系省立中山图书馆咨询了广东省捐赠换书中心运营及相关活动的情况。在4月23日读书节开幕仪式上，正式宣布东莞市捐赠换书中心的成立，成为广东省首个成立捐赠换书中心的地级市图书馆。

东莞市捐赠换书中心由东莞图书馆和南方都市报联合承办，作为东莞分中心纳入广东省捐赠换书中心管理体系，打造成一个创新、公益的"图书资源交互及阅读推广平台"。围绕"诚信·互助·分享"理念，东莞市捐赠换书中心设置了文献交互区、特色功能区、延伸服务活动三大版块功能。通过捐赠还书换书平台，在全市范围开展捐赠换书活动，力图"换"醒沉睡的书籍，盘活、整合分散在社会各类组织、家庭、个人的闲置文献，将书籍的知识价值和社会效益推向最大化，有效推动知识传播、资源共享，形成对公共图书馆服务体系建设的有力支持，进一步推进公共文化服务名城建设。

捐赠换书中心的成立，是东莞市打造学习型城市，深入推进文化名城建设与公共文化服务体系构建，广泛开展全民阅读活动，深入创建全国文明城市的新平台。捐赠换书中心倡导人人以图书为媒，积极参与图书捐赠、漂流、交换活动，引导广大市民以读书为乐、以捐书为荣、以换书为趣，既是知识受惠者，又是文化交流者，在全市营造浓厚的阅读分享、知识交互氛围。随后的几年，立足于东莞市捐赠换书中心这一平台，每年的世界读书日期间，图书馆都会开展作家见面会、读书交流会、捐赠换书、图书捐赠系列活动，后期还陆续增加了二手图书跳蚤市场、亲子阅读会、书签动漫创意制作、图书义卖捐助、书香家庭朗诵会、整点故事会等活动内容，通过不断丰富活动的形式和内容推动东莞的捐书换书和阅读活动向纵深发展。捐赠换书中心自成立以来，参与晒书、换书、图书跳蚤市场的单位以及社会机构200多个，参与晒书、换书、捐书系列活动10万多人次，已经成为世界读书日期间东莞图书馆阅读推广活动的重要品牌。

东莞市捐赠换书中心

通过各种类型换书活动，为广大书友全面搭建读书、换书、以书会友的平台，让广大市民通过图书交换、交流读书心得、分享快乐、陶冶情操、增进友谊、增进智慧，推动全民阅读活动的深入开展，也丰富"4·23世界读书日"系列活动内容，培育城市的阅读氛围。此外，通过换书活动和图书跳蚤市场，同时也倡导环保的社会理念，更好地发挥这些图书的价值，实现图书的循环利用。

一个城市的文明程度与文化内涵体现在市民生活的方方面面，看似简单的图书互换，却是市民回归简约环保、绿色低碳生活的最好诠释，不求回报的爱心捐书，是城市厚德务实、感恩奉献精神的最好注脚。东莞市捐赠换书中心的成立，进一步倡导了文明、健康、积极的良好社会风气，巩固和扩大我市全国文明城市创建成果。

阅读推广：第十届全国民间读书年会召开

"阅读是一种生活态度，是一次次只身走天涯的旅行，若能结伴而行，则便是人生另一种情致。"东莞图书馆自新馆开馆以来，社会阅读活动取得了可喜成绩，到2012年，"东莞读书节"已连续举办8届，共计举办各类读书活动4000余项，参与群众达3000多万人次。东莞的民间阅读活动主要有书友会（东莞日报书友会、东莞检察书友会、东华书友会、东莞阳光书友会等）、民间读书刊物和阅读主题酒店以及晒书会和读书沙龙等。

第十届全国民间读书年会暨"图书馆与社会阅读研讨会"

为进一步倡导全民阅读，在全社会营造良好的阅读氛围，促进民间阅读的交流与发展，2012年11月21—23日，由中国阅读学研究会、中国图书馆学会图书馆与社会阅读委员会主办，东莞图书馆承办的第十届全国民间读书年会暨"图书馆与社会阅读研讨会"在东莞隆重召开，来自全国各地图书馆界、民间报刊界和书刊出版界，以及中国图书馆学会图书馆与社会阅读委员会委员等近百人出席了本次会议。21日上午的开幕式上，东莞市文化广电新闻出版局副局长黎寿康，东莞图书馆馆长、中国图书馆学会阅读推广委员会副主任李东来，南京《开卷》杂志执行主编董宁文和《光明日报》《博览群书》杂志社主编陈品高等领导和嘉宾分别致辞。本届年会向东莞"书香校园""农家书屋"、东莞图书馆分馆、东莞书友会等6家代表单位赠送了有关书刊读物。中国阅读学研究会会长徐雁教授代表学会向东莞图书馆颁赠了"书香东莞"荣誉匾额，以表彰和鼓励东莞在推广阅读方面所取得的成绩。这是继"书香古甲"（常熟市）、"书香暨阳"（江阴市）、"书香慈溪"（慈溪市）、"书香海昌"（海宁市）、"书香娄东"（太仓市）之后，全国第六个获此殊荣的城市，也是广东省首个获此荣誉的城市。

在这次会议上，东莞图书馆采编部主任黄文镝代表东莞图书馆分享了东莞的社会阅读成果，提出公共图书馆是市民的"大书房"、都市的"第三空间"，推动社会阅读是公共图书馆的社会责任。

漫画图书馆：从东莞动漫节到东莞动漫之夏

动漫文化空间是图书馆的特色服务空间，它本是对动漫文化的历史承载和精神表达，其服务群体对空间的环境氛围布置拥有更高层次的审美期待。不同的空间结构，承载着不同的资源和服务。2012年，为了更好地发挥漫画图书馆的阵地作用，扩大漫画图书馆的影响，漫画图书馆通过空间改造和活动设计不断地拓展服务内容。如"东莞漫画图书馆欧美漫画区"，以英雄主义漫画经典的红黑两色作为基础设计元素，并配合钢铁侠能量环的灯具造型设计，辅之以蜘蛛侠、蝙蝠侠等经典的模型展示，营造浓郁欧美漫画氛围。此外，自2005年至2009年共举办五届"东莞动漫节"后，为了更好地发挥漫画馆资源优势和平台优势，推广东莞本土动漫产业，2012年，东莞图书馆将"东莞动漫节"改版升级为"东莞动漫之夏"。首届"动漫之夏"开展动漫原创作品征集大赛优秀作品展、动漫讲座及签售会等十余项活动。"东莞动漫之夏"现在每年暑假期间举办，为本土动漫爱好者提供了展示、交流的平台，展现东莞动漫产业的发展成果。

人才培养：成立博士后创新实践基地

为进一步深化推进图书馆事业发展，培养高端文献资源管理人才，助力城市经济社会均衡发展、创新和提炼城市人文精神、打造专业人才高地，2012年11月，东莞图书馆向广东省人力资源和社会保障厅申请设立博士后创新实践基地。2012年12月被广东省人力资源和社会保障厅授予"东莞图书馆博士后创新实践基地"称号，成为国内首个可自主招收博士后研究人员的地级市图书馆，也是东莞首个人文社科类博士后创新实践基地。基地成立以来不仅仅限于为本馆工作，而是依托本馆、着眼行业、服务地方、引领发展，探索图书馆事业新机制。通过各类课题研究提升了城市图书馆的形象和水平，拓展了本土的人文社科研究，探索了网络社会图书馆的新领域。

拓展提升：学习发达国家的图书馆经验

2012年5月，由中国图书馆学会主持的"中美图书馆员专业交流项目·中文信息共享平台试点子项目"邀请美国图书馆专家贝丝女士、蒋树勇女士在苏州图书馆和长春图书馆多功能报告厅举办了中美图书馆馆员交流报告会。

为学习、借鉴发达国家和地区图书馆的先进管理理念、服务模式、资源建设和科研经验，进一步提升东莞图书馆的服务能力和服务水平，创新服务内涵，开创新的服务局面，东莞图书馆以此为契机，开展了多方位的对外交流，期望以更高标准和要求，通过加强交流学习，拓宽视野，不断提升管理和服务水平。

2012年1月31日，东莞图书馆举办了"美国图书馆简介"专题讲座，邀请了美国弗吉尼亚州劳顿县公共图书馆馆长刘

"东莞动漫之夏"活动现场

广东省人力资源和社会保障厅授予"东莞图书馆博士后创新实践基地"称号

畅女士开展题为"美国公共图书馆简介"的主题讲座，从机制、管理、科技及服务等多方面讲解了美国公共图书馆的建设情况，对中美图书馆的体制建设、职业理念、总分馆管理等问题有了大体的认识和对比。座谈期间，刘畅女士还对今后东莞图书馆的工作提出了指导性意见。会后，业务部也整理了有关美国图书馆协会及年会的一些简介材料，供馆员进一步了解美国图书馆界的行业动态。

6月7日，为了更好地实施卓越绩效管理，申报政府质量奖，东莞图书馆邀请新加坡国家图书馆管理局执行总裁办公室执行董事李玉嫔，新加坡国家图书馆管理局知识、生产率和质量管理局副董事林国光来馆开展"新加坡国家图书馆卓越绩效管理"学习交流会。双方就新加坡国家图书馆卓越业务体系的构成、组织、管理和实施等内容进行了讨论。这次交流，也为东莞图书馆持续推进卓越绩效管理增添了动力和信心。

5月21日，加拿大多伦多公共图书馆Pape/Danforth部高级处长Suk Yin来我馆开展业务交流，并举办了题为"图书馆客户服务"的讲座，从"图书馆的以前和现在；为什么图书馆要有客户服务；图书馆面临的挑战以及客户服务四个关键因素；客户服务的十个秘诀"等方面向大家普及了图书馆的历史以及图书馆服务的相关知识。

通过这一年不断与发达国家与地区的交流与学习，为东莞图书馆的办馆理念与发展思路提供了更多的启示，为今后相关工作的开展拓宽了思路，也对图书馆如何更好地开展创新和特色服务工作提供了借鉴。

效益

2013　蔡　冰

以"效益年"为先导，将绩效管理实践与理论研究有机融合，让卓越以及对卓越追求的思想渗透于服务与管理的肌体之中，让"效益"之花，开遍东莞图书馆服务与管理工作的方方面面。

2013 年，是全面贯彻落实党的十八大精神的开局之年，是习近平总书记提出共同建设"一带一路"的倡议之年，是"把培育和践行社会主义核心价值观融入国民教育全过程"的谋篇布局之年，是广东省全面贯彻落实习近平总书记视察广东重要讲话精神、再上新台阶扬鞭奋进之年，更是东莞图书馆将以上重大精神和重大事件全面贯彻落实于服务与管理之中，全面提升服务与管理的效益之年。

战略规划的力量

2013 年，东莞图书馆强化卓越绩效管理的导入与实施，迈进了"效益年"的门槛，希望通过卓越绩效管理模式，挖掘问题，实现效益，促进成长，这与当年党和国家把文化发展、文化改革等事项纳入绩效考核的国家战略要求高度吻合。《2013 年国务院政府工作报告》提出："把文化改革发展纳入经济社会发展总体规划，列入各级政府效能和领导干部政绩考核体系，推动文化事业全面繁荣、文化产业快速发展。"2013 年 11 月 9 日，中国共产党第十八届中央委员会第三次全体会议通过的《关于全面深化改革若干重大问题的决定》也指出："根据不同文化事业单位功能定位，建立法

一带一路

"丝绸之路经济带"和"21 世纪海上丝绸之路"的简称。2013 年 9 月和 10 月由中国国家主席习近平分别提出建设"新丝绸之路经济带"和"21 世纪海上丝绸之路"的合作倡议。依靠中国与有关国家既有的双多边机制，借助既有的、行之有效的区域合作平台，旨在借用古代丝绸之路的历史符号，高举和平发展的旗帜，积极发展与沿线国家的经济合作伙伴关系，共同打造政治互信、经济融合、文化包容的利益共同体、命运共同体和责任共同体。

人治理结构，完善绩效考核机制，推动公共图书馆、博物馆、文化馆、科技馆等组建理事会，吸纳有关方面代表、专业人士、各界群众参与管理"。2013年8月，全民阅读立法已列入2013年国家立法工作计划，《全民阅读促进条例》初稿已完成。该"条例"不仅对"全民阅读服务""重点群体阅读保障"等进行了明确规定，而且还对全民阅读的实施效果和服务效能进行了专门的规定。2013年6月7日，财政部、文化部联合印发了《〈中央补助地方美术馆 公共图书馆 文化馆（站）免费开放专项资金管理暂行办法〉的通知》（财教〔2013〕98号），不仅为美术馆、公共图书馆、文化馆（站）免费开放提供了资金保障，更是为公共文化服务效益提升保驾护航。

如果说以上多重国家文化发展战略是我国公共图书馆发展机遇的叠加，那么，2013年文化部颁布的两个文化发展规划则成为"十二五"时期东莞图书馆乃至全国公共图书馆发展的催化剂和效益的增长极。2013年1月30日，文化部印发了《全国公共图书馆事业"十二五"发展规划》（文公共发〔2013〕8号）和《全国文化信息资源共享工程"十二五"规划纲要》（文公共发〔2013〕7号），分别指出了"十二五"时期公共图书馆事业发展和文化信息资源共享工程的总体思路、发展目标，以及工作重点和发展方向。"两个规划"颁布后，东莞图书馆认真学习贯彻落实，因地制宜创新发展，使其成为驱动目标效益实现的强大力量。

此外，2013年4月至7月，文化部开展了第五次县以上公共图书馆评估定级工作。东莞图书馆与全国公共图书馆同行一样，高度重视，精心组织，以最好的"状态"迎接文化部的大检阅。

先行先创的典范

2013年，东莞图书馆积极参与东莞创建国家公共文化服务体系示范区验收工作。东莞自2011年成功申报成为全国首批、广东省唯一的国家公共文化服务体系示范区创建城市后，秉承同创共享、文化惠民理念，高标准建设文化设施，全方位打造文化品牌，多途径推动文化创新，基本建成了全覆盖、高效能、保基本、保公平的现代公共文化服务体系。2013年6月，文化部委派专家前来东莞实地检查，认定东莞创建国家公共文化服务体系示范区有20个示范亮点，其中，有8个亮点与东莞图书馆有关，具体内容如下："构建起了理念新、形象新、设计新、管理新的新型公共电子阅览室""建立起全国首个公共数字文化体验区"

"建立起虚实结合的市民教育平台——东莞学习中心,形成时间全天候、空间全覆盖的新型图书馆服务网络""实现全市每个镇(街)自助图书馆或图书馆ATM的全覆盖""积极导入卓越绩效模式,成为国内首个获得政府质量奖的公共服务机构""建立国内图书馆界首个博士后创新实践基地""建立广东省首个地级市捐赠换书中心""建立大陆首家漫画图书馆,每年举办东莞动漫节"。2013年11月6日,喻丽君副市长代表东莞市委、市政府在上海浦东接受了文化部颁发的"国家公共文化服务体系示范区"牌匾,标志着东莞成功创建全国首批、全省第一个国家公共文化服务体系示范区。

2013年,东莞市共建成公共图书馆(室)641个,博物馆31座,文化广场769个,"农家书屋"589家,实现了各镇(街)文广中心达广东省"特级文化站"标准和东莞市村(社区)文化设施达"五个有"标准。[1]

绩效管理的魅力

2013年,东莞图书馆携带着"东莞市政府质量奖"的激励和鼓舞,以"效益年"为先导,继续奋进在卓越绩效管理的道路上,将绩效管理实践与理论研究有机融合,让卓越,以及对卓越追求的思想渗透于服务与管理的肌体之中,让"效益"之花,开遍东莞图书馆服务与管理工作的方方面面。

一方面,科学规划,将卓越绩效管理模式应用于目标管理、过程管理、结果管理等环节。为了加强卓越绩效目标管理,2013年年初,东莞图书馆将全年工作目标按照绩效指标进行量化分解,印制了《东莞图书馆2013"效益年"工作手册》《员工月度工作绩效表》《重点工作(活动)记录表》等,

---

[1] 东莞市文化广电新闻出版局.完善设施建设 强化服务管理 保障文化民生——东莞市积极创建国家公共文化服务体系示范区 [N].中国文化报,2013-07-03(5).

"五个有"

2011年5月24日,东莞市人民政府办公室印发了《2011年落实"文化惠民"工程实施方案》,其中,目标任务中提到了实现全市村(社区)公共文化服务设施达到"五个有"的标准:即有一个总面积不少于200平方米的综合文化活动室;有一个不少于60平方米的公共图书阅览室;有一个建筑面积在1000平方米以上的文体广场;有一个面积不少于40平方米的文化信息共享工程服务网点(公共电子阅览室);有一批文化活动和体育健身器材。

2013东莞第九届读书节暨"南国书香节"东莞书展开幕

旨在形成全馆有目标，部门有计划、工作有落实的良好局面，逐步建立起分工、考核、问责的目标管理机制。

为了推进卓越绩效过程管理，自2013年3月开始，东莞图书馆以部门绩效分析会为抓手，着力推动服务与管理精细化和规范化。绩效分析会以业务部、采编部作为先期试点，馆领导班子、全体中层参加会议。部门主任围绕重点绩效指标，部门员工围绕自身岗位工作，对完成情况、存在问题、改进措施等进行深入分析后，馆领导对部门工作进行点评，部门主任对员工工作进行点评。自此以后，东莞图书馆建立起了部门月度绩效分析会的管理模式。

为了强化卓越绩效管理结果运用，2013年年底，对全年各部门绩效完成情况进行审核和等级评价，表彰绩效目标完成好的部门、项目和个人，以及"卓越绩效管理知识竞赛"成绩优异的员工。

为了强化卓越绩效理论研究，2013年，东莞图书馆承担了广东省哲学社会科学"十二五"规划项目——"公共图书馆卓越绩效管理模式研究"课题，《图书馆卓越绩效管理的驱动——领导力与战略管理》等5篇研究论文相继在《图书馆建设》《图书馆论坛》等核心专业刊物上发表。

另外，务实进取，对外抓服务，对内抓管理，服务效益和管理效益全面提升。全年接待读者241.62万人次，书刊文献外借册次191.24万；新办理读者证28864个；加工图书58269种159022册，加工音像资料3874种10707件。除常态性地承办东莞第九届读书节、南国书香节东莞书展外，还举办各类读者活动300余次，累计参与读者60万余人次。其中，承办文化部公共文化发展中心《第一届"文化共享杯"全国群众摄影艺术作品征集大展》，以及市纪委《东莞市第二届"却金杯"廉政书画大赛获奖作品展》等展览70场，观展人次35.78万人次。"市民学堂"举办公益讲座82场，累计参与听众17160人次；"市民空间"举办公益讲座44场，累计参与听众4708人次；学习中心举办粤语、摄影等公益培训122场，培训学员2162人次；"儿童天地"举办绘本分享等活动168场；"漫画图书馆"承办第五届漫博会分会场，策划了"动漫中国风""动漫东莞""动漫知识学习""动漫互动体验"等活动23项，吸引了17家动漫周边商家和13家东莞本土原创动漫公司，以及50164位动漫爱好者参与活动。东莞少年儿童图书馆举办了亲子故事会等少儿活动255场，还组织参加中国图书馆学会举办的全国少年儿童摄影大赛，荣获10个全国性奖项。

与此同时，2013年，李东来馆长荣获"2013中国图书馆榜样人物"，东莞图书馆荣获中共东莞市委员会、东莞市人民政府授予的"东莞市先进集体"，荣获东莞市人民政府授予的"2012年度东莞市级预算管理工作先进单位"，荣获东莞市档案馆授予的"2012年度档案工作先进单位"，荣获广东省中心图书馆委员会授予的"2012年广东省文献资源共建共享服务贡献奖三等奖"，荣获国家图书馆全国图书馆联合编目中心授予的全国图书馆联合编目中心2012年度数据质量监督奖，荣获广东省图书馆学会"广东最美十大图书馆建筑"称号。2013年9月，"市民学堂"被中共东莞市委宣传部评为"东莞市十大学习品牌"。

"单打冠军"的荣光

2013年，东莞图书馆按照"效益年"的目标管理要求，知雄守雌，倾力追求，在深入建设1个总馆、51个分馆、102个图书流动车服务站、40个24小时自助图书馆的基础上，着力培育"专、精、特、新"的"单打冠军"，进一步展现在推动公共图书馆服务体系建设中的新作为和新担当，从而提升行业影响力和核心竞争力。

创建国家公共文化服务体系示范区课题研究成绩名列前茅。自2011年始，东莞图书馆承担了文化部"创建国家公共文化服务体系示范区制度设计研究课题——公共电子阅览室建设与服务"，该课题是成功创建国家公共文化服务体系示范区的先决条件。为了"做专""做精""做新"该项课题，东莞图书馆确立了"产学研结合，标准同步，制度保障，技术支撑，实践检验"的研究思路。

在"产"方面，制定了"统一标识、统一风格、统一技术、统一服务、统一管理"的"连锁店"式公共电子阅览室建设与服务体系规划。为了实现这一规划，2011年至2013年，出台了《东莞市创建国家公共文化服务体系示范区建设规划》

第一届"文化共享杯"全国群众摄影艺术作品征集大展

4月23日，"第一届'文化共享杯'全国群众摄影艺术作品征集大展"与东莞市"4·23世界读书日"系列活动开幕式同时在东莞图书馆一楼大堂举行，文化部全国公共文化发展中心主任李宏，广东省文化厅党组成员、巡视员杜佐祥，文化部公共文化司文化馆处处长白雪华，市委常委、宣传部部长潘新潮，副部长叶泽驹，中国群众文化学会及中国艺术摄影学会有关领导，以及全国文化共享工程各省级分中心、各省（自治区直辖市）文化馆、群众艺术馆负责人，媒体代表、文化爱好者等共200余人参加活动。

第一届"文化共享杯"全国群众摄影艺术作品征集大展暨东莞市"4·23世界读书日"系列活动开幕式

等 7 个配套政策文件和公共电子阅览室建设、标识系统、家具配置、服务、运营管理 5 项标准规范，为快速推进公共电子阅览室建设保驾护航。截止到 2013 年年底，全市建成 588 个覆盖市、镇、村三级的公共电子阅览室服务体系和覆盖城乡的数字文化服务网络，在技术、形态、管理等方面形成了"东莞模式"。

在"学"方面，主动与高校、计算机企业合作，与同行、专家保持密切联系。通过广州图创计算机软件开发有限公司研发的"文化 e 管家"和"公共电子阅览室云管理平台"，解决了公共电子阅览室技术支撑、远程监控与统一服务管理瓶颈。

在"研"方面，2013 年年初，撰写了《公共电子阅览室建设与服务课题研究总报告》以及《国内公共电子阅览室调研报告》《东莞市公共电子阅览室调研报告》《东莞市公共电子阅览室建设技术报告》《东莞市公共电子阅览室建设实践报告》等。2013 年 3 月 17 日，组织召开了由 8 位国家公共文化服务体系建设专家委员会主要专家参加的研讨会，对课题进行把脉会诊。2013 年 5 月 7 日，组织召开了由潘新潮常委、喻丽君副市长及局领导班子出席的模拟答辩会，对课题正式评审进行预演。2013 年 5 月 13—14 日，文化部在北京举行了研究课题评审会。"公共电子阅览室建设与服务研究课题"得到了与会领导和专家一致好评，认为该课题以"五个统一""三级管理"总体规划解决了公共电子阅览室体系化建设及布点问题；以"文化 e 管家 + 云管理平台"技术方案解决了基层缺人才、少资源的现实问题；以"新型公共电子阅览室"整体设计解决了建设形态和新技术、新媒体应用问题；以"标准同步、制度保障"方式快速实现了公共电子阅览室全覆盖，具有很好的针对性和示范性。最终，该课题在全国 31 个创建示范区城市中名列第一，为东莞顺利通过示范区验收奠定了坚实的基础。

首个"国家公共数字文化体验区"运行顺利。为了加大文化科技创新研究和成果应用，2013 年，东莞图书馆与文化部签订了国家文化创新工程项目"公共数字文化体验区的模式研究与示范"合作协议。该项目旨在文化信息共享工程和公共电子阅览室建设成果的基础上，集成应用文化与科技最新成果，建设面向社会公众的集知识性、趣味性、娱乐性、实用性于一体的公共数字文化体验环境——公共数字文化体验区。本着"先行先试、边建设边服务"的原则，东莞图书馆紧紧围绕"数字""文化""体验"等关键词，计划用 3 年时间将 3000 平方米的电子服务区打造成为集文化共享、数字阅读与欣赏、休闲娱乐、数字制作为一体的互动体验中心；集课件制作、体验展示、学习培训为一体的教育培训中心和研发中心。通过开辟新型公共电子阅览室样板间、U 互动体验区、移动阅读区、新技术新产品展示区等，积极探索公共数字文化服务的新形态和新机制。2013 年，读者凭本人有效二代身份证即可在首个"国家公共数字文化体验区"自助利用台式电脑、ipad、智能手机、数字留声机、高清互动电视等多终端设备，欣赏影视、音乐、看视频、学课程，享受高品质的学习体验服务。

全市统一形态的公共电子阅览室

2013 年 5 月，东莞市文化广电新闻出版局发布《关于印发〈2013 年"基层文化服务月"工作方案〉的通知》，要求全市公共电子阅览室、24 小时自助图书馆"活跃"起来，文献资源"流动"起来，为此，东莞图书馆派出 5 个工作组对全市 32 个镇街的公共电子阅览室和 24 小时自助图书馆送宣传、送内容、送培训、送指导。印制发放东莞图书馆数字文化服务、东莞学习中心等宣传资料 4 万份，挑选 10 余个信息素养教学课件供基层培训使用，在全市公共电子阅览室建立了 275 个培训点，开展培训 442 场，参训人员 7780 人次。

国内首个地级市图书馆博士后创新实践基地挂牌成立，首位博士后如期进站。 2012 年 12 月，东莞图书馆被广东省人力资源和社会保障厅授予"博士后创新实践基地"称号后，制定了基地科研和人才发展规划，以及基地组织管理、科研管理、考核评估、人才队伍建设和后勤保障等制度，与北京大学、中山大学确立了合作关系，联合招收博士后共同培养。与此同时，还通过东莞市博士后人才交流与项目洽谈会、北大博士后网站、中国博士后网站、东莞图书馆网站等平台积极发布招收博士后信息。2013 年 7 月，成功招收了 1 名博士后，成功申请建站资助经费 20 万元和进站研究人员资助经费 10 万元，并于 2013 年 8 月 16 日顺利开展了创新实践基地揭牌仪式和博士后进站暨开题报告会。进站博士后刘平主要研究东莞地方文献，参与《伦明全集》校对，撰写了《东莞图书馆地方文献研究报告》《〈辛亥以来藏书纪事诗〉研究报告》等。2015年又招收了2名博士后，为图书馆人才培养机制做出了前瞻性地引领和探索。

全国公共图书馆第五次评估定级蝉联"国家一级图书馆"称号。根据广东省文化厅《转发文化部办公厅关于开展县级以上公共图书馆第五次评估定级工作的通知》（粤文社〔2012〕196号）要求，以及《东莞市公共图书馆第五次评估定级工作方案》部署，东莞图书馆以评估定级作为促进我市创建国家公共文化服务体系示范区验收，以及推进各项业务工作的动力和抓手，积极部署，稳步实施。2月至5月，对照评估标准自评；6月，完成并提交了《东莞图书馆第五次评估定级自评分析报告》以及相关佐证材料；7月顺利通过广东省文化厅评估专家实地考察和评审；11月2日，根据《文化部〈关于公布第五次公共图书馆评估定级上等级图书馆的通知〉》（文公共发〔2013〕52），东莞图书馆蝉联"国家一级图书馆"称号。

与此同时，东莞图书馆还按照《东莞市公共图书馆第五次评估定级工作方案》要求，积极协助长安、虎门、莞城、东城、常平、塘厦等镇街分馆参与评估定级。7月6日至8日，广东省文化厅评估定级专家对以上6个分馆进行了实地评估。12月17日，根据《广东省文化厅〈转发文化部关于公布第五次公共图书馆评估定级上等级图书馆的通知〉》（粤文社〔2013〕168号），虎门镇图书馆、塘厦镇图书馆、莞城镇图书馆、常平镇图书馆、长安镇图书馆、东城镇图书馆分别荣获"广东省乡镇公共图书馆一级图书馆"称号。

人才建设的硕果

2013年，东莞图书馆按照"效益年"人才价值实现、人才培训提升等相关要求，创新机制，高端引领，着力打造一批具有敬业精神、创新意识的图书馆专业队伍，从而全面推动服务水平和服务效能的升级提速。

第二轮中层干部竞聘顺利进行。为了适应高标准服务与管理人才需求，努力形成人尽其才，才尽其用，充满生机和活力的用人机制，按照《东莞图书馆第二轮中层职位竞聘工作方案》，该工作于2013年1月9日启动。按照公布职位、接受报名、资格审查、演讲答辩、民主测评、综合评议、拟定人选、组织考察、公示通告等工作环节，此次竞聘共拿出5个正职、6个副职岗位进行公开竞聘，有20名员工报名参加竞聘，最后莫启仪、奚惠娟、钟敬忠、罗婉娜、黄群娣、张利娜、赵爱杰、杨累、叶少青、李晓辉、杨晓伟脱颖而出。

两项业务能手竞赛如期开展。为了营造"比、学、赶、帮、超"浓厚的学习氛围，激励员工苦练内功，更好地服务读者，2013年7月26日，"电子资源服务业务能手竞赛"如期举行。此次竞赛共有17名选手报名参加，陈惠标、银晶、刘小斌、廖元兴、张宽路、张贺春、陈伟华、黄燕秋8位选手经过初赛闭卷考试脱颖而出，进入决赛。在决赛过程中，选手结合岗位工作中疑难、容易混淆的问题，相互向对方提问。最后银晶摘得桂冠，陈惠标和张贺春分别位列第二名和第三名。

2013年8月9日，东莞图书馆举行"课件制作业务能竞赛"。此次竞赛共有9名选手报名参赛，非现场作品以"爱上图书馆"为主题，按总分30%计入竞赛总成绩。现场制作要求选手在2.5小时内围绕"向读者推荐一本你喜欢的书"制作PPT，得分按70%计入总成绩。最终陈锦富荣获第一名，王可儿、严丽洁分别位列第二名和第三名。

以上获得"业务能手"称号的同志在任期享受业务津贴的同时，还需承担业务培训、业务咨询、业务研究等工作任务。

"请进来""走出去"培训学习收获满满。2013年，着力员工业务能力全面提升，东莞图书馆采用"请进来"的方式，为员工培训讲座。4月8日至18日，东莞图书馆特邀美国俄亥俄州立大学教授、图书馆中韩文部主任李国庆先生举办了为期10天的图书馆专业英语培训，通过34人报名考试选拔，最后邱建恒、张利娜、杨累、王可儿、梁银艳、叶嘉维、严丽洁、银晶、赖丽玮、李晓辉10人参加了专业英语培训班。期间，还开展了"美国图书馆发展概况"等专题讲座。

2013年，东莞图书馆创造条件让员工"走出去"学习。9月8日至14日和10月13日至19日，先后组织两批员工共95人赴武汉大学信息管理学院业务培训，这是我馆新馆开馆以来组织的最大规模的员工培训学习活动。此次培训得到了武汉大学信息管理学院的高度重视，从课程设计到授课

"课件制作"业务能手竞赛现场

东莞图书馆电子资源服务业务能手竞赛

武汉大学东莞图书馆业务培训班

老师都是精心安排。学习期间，还参观了武汉大学图书馆、湖北省图书馆、武汉图书馆和武汉市少年儿童图书馆。此外，2013年，东莞图书馆还选派杨晓伟、赵爱杰、马迎、温慧仪4人赴北京大学脱产学习；推荐陈本峰、彭康通分赴国家图书馆、上海图书馆跟班学习。

业务研究硕果累累。为了提升东莞图书馆工作人员的研究能力，2013年度，东莞市图书馆公共服务体系建设研究项目、工作项目经过专家评审，共有25个项目获得东莞市图书馆公共服务体系建设研究项目立项，10个东莞图书馆工作项目获得立项。此外，3月结束的广东省图书馆学会的科研课题评审中，东莞图书馆有2个项目获得批准。4月，东莞市哲学社会科学科研课题评论结果已公示，东莞图书馆有3个项目获得立项。2013年，全馆共发表学术论文42篇，其中，刊发专业核心刊物18篇。

推广 2014

李正祥

2014年东莞图书馆的展览活动全面开花，规模大小不一，内容丰富多彩，形式各种各样，每一处有效的空间，都有可能成为一场展览的所在。

国内：改革与平稳发展

2013年11月9日至12日，中国共产党十八届三中全会在北京召开，会议通过了《中共中央关于全面深化改革若干重大问题的决定》。2014年是党的十八届三中全会提出全面深化改革的元年，这一年来，改革在各个领域全面展开，一大批重大改革方案相继出台，并在重要领域和关键环节向纵深推进。特别是经济领域里的一些改革措施，推进了经济结构调整和发展方式的转变，并按照宏观政策要稳、微观政策要活、社会政策要托底的总体思路推进各项工作，经济社会发展在新常态下保持总体平稳。[1]《中共中央关于全面深化改革若干重大问题的决定》提出："构建现代公共文化服务体系，建立公共文化服务体系建设协调机制，统筹服务设施网络建设，促进基本公共文化服务标准化、均等化。"为此，从中央到地方，对公共文化服务体系建设都给予了高度重视，如"中央财政调整优化支出结构，进一步加大资金投入力度，2014年一般公共预算安排公共文化服务体系相关资金208.07

全面深化改革

党的十八届三中全会通过了《中共中央关于全面深化改革若干重大问题的决定》，提出全面深化改革的指导思想、目标任务、重大原则，描绘全面深化改革的新蓝图、新愿景、新目标，合理布局了深化改革的战略重点、优先顺序、主攻方向、工作机制、推进方式和时间表、路线图，汇集全面深化改革的新思想、新论断、新举措，是我们党在新的历史起点上全面深化改革的科学指南和行动纲领。

---

[1] 国家发展和改革委员会.关于2014年国民经济和社会发展计划执行情况与2015年国民经济和社会发展计划草案的报告[EB/OL].[2019-10-22].http://www.npc.gov.cn/wxzl/gongbao/2015-05/07/content_1939088.htm.

亿元，比 2013 年增加 26.39 亿元，增长 14.53%。"[2]

我国经济社会的平稳，为图书馆事业创造了一个良性的发展环境，特别是关于深化改革的要求，激发了各个图书馆在日常服务和业务工作追求创新的热情和动力。而随着公共文化服务体系建设的全面开展，公共图书馆作为公共文化服务体系的一个重要组成部分，迎来了全面发展的大好机遇。

东莞：质量增速

自 2008 年以来，东莞采取各种措施，推进经济转型升级。2012 年 9 月，东莞成为全国首批共 25 个、全省第一个成功获得创建"全国质量强市示范城市"资格的地级市，并积极推进"质量强市"创建工作，于 2014 年 1 月顺利通过验收。质量强市的核心理念，以及质量强市的各项举措，对东莞市的产业结构调整和转型升级发挥着引领作用，并促进了东莞经济的发展。2014 年，东莞经济发展逐步迈向中高速增长阶段，经济发展质量提升令人眼前一亮——战略性高新技术产业、进出口贸易等一系列经济发展质量指标均持续向好，且增速明显高于经济总量，东莞经济迈进"质量增速"时代。[3]

在质量强市和大质量观的背景下，东莞图书馆导入和实施卓越绩效管理，并获得 2012 年东莞市第三届政府质量奖。之后，东莞图书馆继续深入推进卓越绩效管理，深化质量意识，推动着服务质量和水平不断提升。而 2014 年所开展的一系列质量管理行动，既是东莞图书馆自身发展的主动追求，也是对东莞质量增速现实的一种积极回应。

公共图书馆行业：服务体系建设全面推进

2011 年 5 月，文化部、财政部联合启动第一批国家公共文化服务体系示范区（项目）创建工作，全国 28 个城市成为国家公共文化服务体系建设示范区。经过两年的创建，所有示范区均达到要求，顺利通过验收。2013 年 11 月，文化部、

---

[2] 陈燕. 中央财政 2014 年安排资金 208 亿元支持构建现代公共文化服务体系 [EB/OL].[2019-10-22].http://news.hexun.com/2015-02-11/173271290.html.
[3] 黄少宏.2014 年东莞经济发展迈进"质量增速"时代 [EB/OL].[2019-10-22].
https://www.chinanews.com.cn/cj/2015/01-12/6958730.shtml.

财政部在上海浦东新区为第一批国家公共文化服务体系示范区举行命名授牌仪式，并宣布第二批32个示范区创建城市名单。至此，以文化惠民为核心的我国公共文化服务体系建设迈入了一个新的发展阶段。

2014年是全面完成"十二五"战略规划的关键之年，也是第一批国家公共文化服务体系示范区进一步开展公共文化服务的重要时期和第二批示范区创建与全面推进的重要阶段，公共文化服务体系的概念和思想逐渐深入人心。公共图书馆作为城市或地区公共文化服务体系的重要组成部分和生力军，在推进公共文化服务体系建设的实践中发挥着举足轻重的作用。在推进公共文化服务体系建设的过程中，公共图书馆不断加强自身的体系建设，越来越多的城市图书馆在探索和实施"一卡通"服务技术和总分馆、流动图书馆等多种形式的图书馆体系建设模式，探索图书馆公共服务体系建设的标准化，并在实践中取得显著的成效，使得我国公共图书馆服务体系建设得到进一步完善。

展览：东莞图书馆的营销推广风生水起

2014年，东莞图书馆将主题年设为"推广年"，欲通过整合设施空间、服务活动、优势资源，立足行业特色，开发系列营销推广的产品和活动，让东莞图书馆在社会上产生更大的影响。而推广的路径主要有四个方面：一是设施推广：以展览为抓手，活化空间，用好阵地，改善环境；二是活动推广：紧抓活动节点，通过密集的活动引领突出节庆效应；三是宣传推广：通过"两微、三网、三刊"，将传统文献资源和数字资源虚实结合起来，形成实体和虚拟宣传相互渗透；四是社会力量参与：通过壮大志愿者群体，加大与社会媒体合作，调动基层馆参与推广的积极性，发挥社会力量参与推广的效应。其中，展览的策划与制作最有特色、最具规模，成为2014年主题年的最大亮点。

两微、三网、三刊

"两微"指东莞图书馆微信、微博；"三网"指东莞数字图书馆网站、东莞少年儿童图书馆网站、东莞学习中心网站；"三刊"指《易读》《东莞图书馆工作》《连线》。

自行车休闲文化图文展

马志海立体漫画展

展览作为公共图书馆的一项基本服务内容,在满足读者求知和休闲需要方面发挥了重要作用。随着公共文化服务体系建设的不断深入,图书馆在公共文化服务中的作用越来越显著,展览的重要性也日益凸显。东莞图书馆的展览工作主要由读者服务部统筹和管理,并以一楼大堂为基地,自办和承接各种展览,以满足读者不同的文化需求。然而,2014年的展览工作却是非同寻常,展览活动不再是读者服务部一个部门的事,而成为全馆各个部门必须完成的任务。于是,2014年东莞图书馆的展览活动全面开花,规模大小不一,内容丰富多彩,形式各种各样,每一处有效的空间,都有可能成为一场展览的所在。而从目的来看,2014年的展览工作承载了更多的使命,它是东莞图书馆开展推广年主题工作的重要抓手,通过展览来宣传和展示图书馆的形象,并以展览来美化、活化图书馆的空间和阵地,改善服务环境,为读者提供优质空间资源。

2014年,各部门齐上阵,策划、制作了40场展览活动,取得较好的宣传成效。这些展览,呈现出三个特点:一是形态多样。既有大型展板展出、图文与实体书结合的展览,又有利用立体造型、玻璃墙、视频设备、各类展示板推出展览。二是主题多元。有展现部门特色服务的动漫类主题、古籍与地方文献主题、数字阅读推广、资源导读主题;有与生活息息相关的自行车休闲文化主题、读书雕塑主题、世界特色图书馆、名人与图书馆、热点图书主题;也有展现市民读书学习热情的读书会风采、读书节精彩活动回顾、少儿读经典主题等。三是互动性强,其中不少展览通过现场留言墙、微博、微信互动,也有通过延伸活动进一步扩大展览的影响。

东莞图书馆还对所有展览进行了评比,按照"空间装饰的美观性""展览内容的新颖性""展览的经济性""展览的效果与反馈"的评选标准,评选出一等奖3项,二等奖12项,三等奖12项。

空间改造:创新空间,拓展服务

现代图书馆的场所功能日益凸现,空间资源成为图书馆的一项重要资源。一方面,要持续完善图书馆空间,营造舒适的学习和阅读环境;另一方面,要根据读者不断变化的需要和服务功能的拓展,对现有空间资源进行整合、改造,拓展服务领域,创新服务手段。2014年,东莞图书馆按照"推广年"的主题要求,在空间上大做文章,设计和创建了三个全新空间,即423空间站、录播室、创意工作间，策划和开展新的服务活动，为读者提供全新的活动场所。

423空间站。423空间站位于图书馆四楼展厅南侧，原为一处堆放展览材料及其他杂物之地。从2013年下半年开始，业务部按照阅读分享与专题研讨的功能要求对该空间进行开发、设计，并于2014年4月正式完工，命名为423空间站，取意"4·23世界读书日"，从位置上看又呈凌空而立之势。423空间站面积200余平方米，西面和南面面向中心广场公园，视野开阔。室内设计典雅大方，休闲舒适。内藏图书1000多册，主要包括中外经典著作、中国最美图书、历届文津图书奖图书、名家名作以及各类热门读物。

423空间站集读书分享和主题研讨功能于一身，在为东莞图书馆组织举办各种读书会、主题研讨活动和小型专题讲座提供空间场所的同时，还向社会开放，为社会读书组织提供交流平台，成为图书馆与社会阅读活动联系的纽带。6月20日，423空间站举办了第一场活动，业务部和办公室联合举办《图书馆的故事》学习分享会。之后，东莞市东华医院东华书友会、东莞市设计师协会先后在这里举办读书会和论坛活动。更重要的是，423空间站的建成，直接推动了东莞图书馆易读书友会的成立，并以读者为对象，先后组织开展了4场读书活动。从此，423空间站成为易读书友会的活动基地，并为其他读书会开展读书活动提供了平台。

录播室。为了更好地发挥图书馆的文化教育功能，适应新形势下公共数字文化多媒体制作发布的需要，给读者提供一个通过声光色影的形式录制、传播文化知识的渠道，东莞图书馆在二楼学习中心区域精心规划改造装修了录播室，并于7月16日正式对读者开放使用。录播室面积110平方米左右，功能区包括演播室、录音室和控制室三个部分。演播室装修时尚、大方、专业性强，有很好的隔音功能，配备了专业音响、高色彩对比3D投影仪、大尺寸投影幕、专业灯

423空间站

读书分享活动

录播室

光和调光调音设备，在这里观影，读者可以享受到电影院的效果，做访谈、发布活动、录制教学课程也不失专业演播厅的效果；录音室则按照专业的声学原理改建，环境舒适，配备专业桌椅、MAC（苹果电脑）、Mbox 专业声卡、protools 专业录音软件、blue 电容麦克风，读者在这里可以自由发挥录制自己喜欢的语音类节目。

录播室空间集音视频录制、影音欣赏、会议发布等功能于一体，读者可以通过手机移动图书馆客户端以及在东莞学习中心的网站上免费预约使用。录播室开放之后，学习中心推进部以《西游记》为开篇，策划开展了"声光色影读经典活动"，以导读、讲解、讨论、演绎、赏析等多种方式对经典作品进行从文本到影视的全媒体解读和传播。第一场活动于 7 月 16 日举行，图书馆员从文本到影视进行经典作品的推荐，并在学习中心网络平台和声光色影读经典 QQ 群推送导读资料。第二场于 7 月 30 日举行，邀请文艺评论专家、家庭教育专家、关心家庭教育的家长以《西游记》中孙悟空的成长为借鉴，探讨家庭教育中遇到的问题。

创意工作间。为了多维度、多层次、多方式开展公共数字阅读推广，为微电影、MV 制作爱好者及创意设计工作者提供音频、视频及图像的后期处理、制作所需的软硬件设备及纸本、影视、数据库等参考资源，我馆设计和推出创意工作间。创意工作间位于二楼电子服务区，通过书架的自然隔断开辟出相对独立的空间，于 2014 年 11 月正式投入使用。在硬件资源配置方面，提供了高配置的运行平台以及 wacom 手写板，轻松满足用户对素材处理的性能需求；在软件资源的搭建方面，安装了美图秀秀、会声会影 X5、Adobe Dreamweaver CS6、CorelDRAW X5、Adobe Photoshop CS6、EDIUS pro 7 等处理软件，全面满足各层次用户群体的实际使用需求。

创意工作间免费向读者开放使用，读者可通过微博、邮箱等方式进行预约，无预约用户也可在创意工作间有多余分配空间时到服务台凭读者证或有效身份证现场提交使用申请。同时，不定期邀请志愿者老师开展音视频及图像制作处理的技能培训，定期组织相关活动，集创意作品制作、展示交流等功能于一身。2014 年，创意工作间先后举办了"会声会影轻松学会""会声会影视频""彩色平面广告设计""成长之路——美图秀秀应用技巧"等讲座活动，受到读者欢迎。

法人治理结构改革：成立东莞图书馆理事会

2014年2月28日，中央全面深化改革领导小组召开第二次会议，审议通过了《深化文化体制改革实施方案》，新一轮文化体制改革开始进入全面实施阶段。"广东是全国文化体制改革的综合试点省份之一。广东文化体制改革和发展文化产业所进行的一系列实践探索，集中展现了中国文化体制改革和文化产业发展的一个缩影。"[4] 公益性文化事业单位的改革重点主要通过优化内部管理和运营机制，增强其发展活力。从提高效能着眼的劳动、人事和分配制度的改革入手，以提升公共文化服务水平为目标，推进公共文化服务方式创新。

按照《中共东莞市委关于全面深化改革的实施意见》（东委发〔2014〕1号）的要求，东莞图书馆积极探索和实施法人治理结构改革，建立理事会制度。为此，办公室认真组织学习相关政策，领会文件精神，分别向深圳图书馆、深圳宝安区图书馆、东莞市博物馆、东莞市康复医院等已经开始实施法人治理结构改革的单位学习相关经验。在此基础上，拟订《东莞图书馆推行法人治理结构改革工作实施方案》，制定《东莞图书馆理事会章程》。

经过深入调研和精心筹备，东莞图书馆第一届理事会成立，成员11名，由主管部门代表、教科文卫界代表、图书馆界代表、工商企业界代表、基层图书馆代表、读者代表、东莞图书馆代表组成，分别是东莞市文化广电新闻出版局副局长王旭辉，东莞市文化广电新闻出版局公共文化科科长许垂龙，东莞东华医院有限公司董事会董事、院长助理、市政协委员杨海龙，东莞市委党校文化教研室主任、教授刘建中，深圳图书馆原馆长、研究馆员吴晞；东莞城市候机楼总经理、

声光色影读经典活动现场

创意工作间

东莞图书馆理事会成立大会

---

[4] 吴向红. 广东文化体制改革回顾与文化产业发展模式评述[J]. 新经济, 2014 (28)：31-35.

广东省和东莞市质量奖评审专家王尚武，虎门图书馆馆长、副研究馆员苏燕玲，《东莞日报》记者赵水平，东莞图书馆馆长李东来、副馆长冯玲、业务部张利娜。理事长由东莞市文化广电新闻出版局副局长王旭辉担任。

2014年10月24日，东莞图书馆理事会召开成立大会暨第一届理事会第一次会议。会议通报了《关于印发东莞图书馆开展事业单位法人治理结构改革工作实施方案的通知》（东机编办〔2014〕36号）有关精神，介绍了图书馆基本情况、图书馆理事会成立情况，审议通过了《东莞图书馆章程》。理事们重点对东莞图书馆"十三五"发展规划进行了讨论，包括"十三五"时期我市图书馆事业发展的环境变化分析、"十三五"时期应解决的主要问题和途径、"十三五"时期发展的重点、"十三五"时期如何进一步发挥东莞图书馆的中心馆作用以及"十三五"时期可能的服务创新点和业务创新点，并在很多方面达成共识。

质量管理：质量意识进一步提升

2012年，东莞图书馆获得东莞市政府质量奖之后，继续深入推进卓越绩效管理，质量意识得到深化和强化，并开始渗透到图书馆工作的方方面面。东莞市经过一年多的全国质量强市示范城市创建工作，逐步进入质量增速时代，质量观念深入人心。2014年，东莞图书馆在有序推进卓越绩效管理的同时，进一步构建质量管理体系，创建企业管理标准化，其中有二项工作对宣传图书馆形象、提升管理水平大有裨益，值得书写。

质量强市示范城市示范点验收

2012年9月，东莞市成为全国首批"全国质量强市示范城市"。经过一年多的创建工作，2014年1月16—17日，由国务院参事张纲任考核验收组组长，中国设备监理协会副理事长钱仲裘、广东省质监局副局长程学源、质检总局质量司副司长尹江川等组成的专家组对东莞市创建全国质量强市示范城市进行现场检查验收。东莞图书馆作为2012年东莞市政府质量奖的获奖单位，在创建质量强市示范城市的工作中发挥了重要作用，被指定为本次现场验收的示范点考察对象。

1月17日上午，国家验收组专家一行12人实地检查了东莞图书馆质量管理工作情况。东莞图书馆是此次质量强市示范城市验收的唯一一个公共服务示范点，专家们兴致很高，先后考察了24小时自助图书馆和图书馆ATM、漫画图书馆、一楼展览大厅、玩具图书馆、礼仪之家、公共电子阅览室、学习中心体验区等，并听取了现场汇报。验收组对图书馆的各项服务设施和服务质量给予了充分认可，对东莞图书馆实施卓越绩效管理所取得的成绩给予了高度肯定，并对图书馆进一步开展质量管理需要改进和提高的地方提出了意见与建议。东莞图书馆作为东莞市质量强市示范城市验收点，是对东莞图书馆质量管理工作的肯定，也是对管理工作的一次检验和审视，对提高质量管理工作水平有着极大的促进作用。

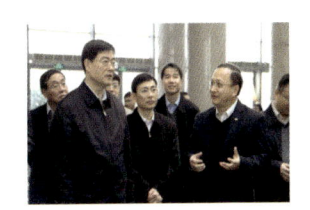

质量强市示范点验收现场

ISO9001：2008质量管理体系认证

为进一步规范内部管理，丰富管理手段，提升管理效益和服务质量，在全面推行卓越绩效模式的基础上，2014年，图书馆开始构建ISO9001质量管理体系，并根据《ISO9001：2008质量管理体系要求》，于2014年6月编写并发布了《东莞图书馆质量手册》。经过半年的运行，质量管理体系效果良好，申请ISO9001:2008质量管理体系审核认证。

2014年11月17日和20—21日，北京中大华远认证中心的质量管理专家先后对我馆ISO9001：2008质量管理体系进行了全面、严格审核。经过考核，审核组认可了我馆的几个优势：一是基础设施好，读书环境好；二是服务意识强，创新意识强；三是管理规范，文件准备充分，实际操作到位；四是资质齐全，拥有较强的专业研究能力；五是成效显著，获得了各种荣誉。对服务提供部门，审核组专家提出了存在的问题，并对我馆的具体管理工作提出了一些建议。经评审，专家组一致认为东莞图书馆ISO9001质量管理体系已建立，满足审核准则的要求，运行有效，通过ISO9001：2008质量管理体系认证。

创建标准化良好行为企业

标准化是质量管理和业务建设的保障。我馆高度重视管理制度和业务规范建设，建立了各项服务标准，并先后于2004年、2009年编印《东莞图书馆规章制度》和《东莞图

ISO9001质量管理体系

ISO9000族标准所包括的一组质量管理体系核心标准之一。ISO9000族标准是国际标准化组织（ISO）在1994年提出的概念，是指由ISO/TC176（国际标准化组织质量管理和质量保证技术委员会）制定的国际标准。

质量管理体系认证证书

书馆规范管理工作手册》，作为开展图书馆工作的指导性文件。经过多年的积累，东莞图书馆建立了一系列制度与规范，形成了完善的标准化体系。2014年3月，东莞图书馆开展"标准化良好行为企业"创建工作，完成了标准体系的建立，包括通用标准、服务提供标准、服务保障标准，并投入试运行。运行半年多来，在标准化体系的指导下，各项工作取得了良好效果。2014年9月，东莞图书馆正式向广东省质量技术监督局提出"标准化良好行为企业"的确认申请。

2014年12月18日下午，来自广东省WTO/TBT通报咨询研究中心及东莞市质量技术监督局的专家对东莞图书馆"标准化良好行为企业"进行现场确认评审。经过实地考察和材料审核，评审专家肯定了东莞图书馆"标准化良好行为企业"的创建工作，并提出了几个需要进一步完善的问题，如体系中对现行的图书馆行业的国家标准的收录不够全面，未对文献借阅数字资源服务过程工作内容输入输出制定规范及实施方法标准等。专家组一致认为东莞图书馆建立了完整的标准体系，标准体系符合国家标准要求，文件齐全，达到AAAA级"标准化良好行为企业"标准。

漫路花开：东莞漫画图书馆十周年

2004年，东莞图书馆创建漫画图书馆，开展动漫文献借阅服务，成为国内第一个漫画专题图书馆。此后，东莞漫画图书馆开拓进取、推陈出新，每年举办丰富多彩的活动，并逐渐发展为东莞图书馆的一个重要的服务品牌，成为东莞动漫爱好者的精神家园和展示舞台。2014年，正值东莞漫画图书馆十周年，东莞图书馆重点策划开展了一系列活动，提升东莞漫画图书馆的形象和品质，向东莞漫画图书馆献礼。

一是举办东莞漫画图书馆十周年专题活动。利用8月21—25日东莞图书馆作为第六届中国国际影视动漫版权保护和贸易博览会分会场的平台，策划和组织开展了多场专题活动，如"漫画馆的时光之旅"主题展览，让广大市民了解东莞漫画图书馆十年发展历程；面向行业征集"漫画馆十周年贺画"63幅，扩大漫画图书馆在行业内以及漫画艺术界的影响；制作漫画馆十周年专题视频，包括介绍漫画馆的沙画表演、知名漫画家对漫画馆十周年的祝贺、cosplay表演等；展出漫画馆十周年3D画，吸引广大读者拍照留念等。通过这些专题活动，进一步宣传东莞漫画图书馆的资源与服务，以及十年的发展历程，扩大了东莞漫画图书馆的社会影响。

二是设计东莞漫画图书馆吉祥物。经过十年的发展与创新，东莞漫画图书馆的形象深入人心，在图书馆行业和动漫行业都产生了广泛的影响。为了更好地推广东莞漫画图书馆的资源与服务，深化形象，东莞图书馆设计制作了东莞漫画图书馆吉祥物，并在8月21—25日第六届中国国际影视动漫版权保护和贸易博览会东莞图书馆分会场正式亮相。吉祥物包括3个，由汉字的"竖、折、点"衍生而来，加上代表"求知"的护目镜，不仅体现了动漫与阅读文化的相融，更体现了易于与文字进行融合的特点。深蓝的Mic，挂着拐杖，代表的是漫画图书馆里的老年人；紫色的Coco，活泼可爱，代表的是漫画图书馆里的小朋友；浅蓝的Li，儒雅成熟，代表的是漫画图书馆里的青年人。

三是编辑出版《漫画文献总览》。以东莞漫画图书馆的馆藏资源为基础，发挥图书馆的专业优势，收集、整理、编辑《漫画文献总览》，并于2014年8月正式出版。全书6卷12册，主要收录从1949年至2013年国内及港台出版的动漫专题中文文献书目3万余条，按主题分为中国漫画卷、日韩漫画卷、欧美漫画卷、连环画卷、动画卷、综合卷进行编排，系统、全面地反映了1949年以来中国大陆及港台地区中文动漫专题文献的概貌，是我国第一部动漫专题文献书目大全。本书的出版，为广大读者和漫画研究人员了解漫画专题文献、开展动漫研究提供了重要参考，对夯实动漫产业发展的文化基石，促进我国动漫文化创意产业的发展也发挥着积极作用。

此外，为推动东莞漫画图书馆可持续发展，我馆对漫画图书馆十年发展的实践进行思考和总结，提炼并正式确立了东莞漫画图书馆发展的四大定位和三大模式。四大定位，即东莞漫画图书馆是动漫文献信息中心、动漫创意活动场所、动漫产业服务基地、动漫发展研究平台。三大模式，一是"资

标准化良好行为企业

按照《企业标准体系》系列国家标准的要求，运用标准化原理和方法，建立健全以技术标准为主体，包括管理标准、工作标准在内的企业标准体系，并有效运行；生产、经营等各个环节已实行标准化管理，且取得了良好的经济效益和社会效益的企业。

标准化良好行为证书

漫画图书馆吉祥物

源+活动"模式，即以静态文献资源为基础，辅之以动态的读者活动，通过文献阅读提升活动创意，通过活动提升阅读兴趣，切实促进动漫文化的传播；二是"公众+产业"模式，即突破传统服务局限，实现跨界服务，以动漫产业展示区为阵地，以合作共赢方式，推广动漫企业文化和产品，促进公众与产业之间的良好互动；三是"推广+研究"模式，即发挥馆员专业知识力量，开展动漫文献研究、动漫名家研究、动漫产业研究，探索图书馆动漫服务新领域，发挥学术引领作用，促进行业服务水平的提升。

读书会：图书馆阅读推广如虎添翼

2009年，中国图书馆学会阅读推广委员会换届更名，图书馆与社会阅读专业委员会继续挂靠东莞图书馆，冯玲副馆长担任主任。图书馆与社会阅读专业委员会立足图书馆与社会的结合，在理论研究、学术活动、阅读组织、阅读刊物等方面开展了一系列卓有成效的工作，其中，对读书会给予了重点关注，并在2014年围绕读书会组织开展了多项活动。

为发挥图书馆引导阅读、组织阅读的作用，2014年3月，图书馆与社会阅读专业委员会和东莞图书馆联合开展"图书馆'书友会'优秀案例征集"活动，面向全国各级各类图书馆，包括书友会、书友社、读书会、读者俱乐部及其他等各种形式的阅读组织征集读书活动案例，以进一步促进书友会等阅读组织及活动深入持久地开展。本次活动共收到来自全国52个图书馆、社会机构和行业组织提交的书友会案例78份，经专家评审，43个读书会案例分别获得一、二、三等奖。

图书馆与社会阅读专业委员会在开展读书会案例征集活动的基础上，申请并获准承办2014年中国图书馆学会年会第12分会场——"图书馆读书会与阅读推广"，并于10月11日上午在北京建国国际会议中心3号多功能厅顺利举行。会上，冯玲、赵俊玲、钱军三位专家对读书会的阅读、分享、交流价值，图书馆对读书会的服务策略，以及读书会活动策划等内容进行阐述，来自浙江省图书馆文澜书友会、天津泰达图书馆滨海读心书友会、南阳师范学院绿茵读书会、广州图书馆"爱绘本·爱阅读"亲子读书会、苏州独墅湖图书馆思客读书会分享各自读书会开展读书活动的生动案例。"图书馆读书会与阅读推广"的主题引起参会代表的高度关注和浓厚兴趣，会场气氛热烈。

在关注国内图书馆读书会现状的同时，东莞图书馆稳步推进自身读书会的建设。2014年4月落成的423空间站，作为一个阅读交流空间，率先为读书会的建设提供了活动平台。2014年9月，在中秋节来临之际，东莞图书馆成立以成年人读者为对象的读书会——易读书友会，并举办首场读书活动。易读书友会取名东莞图书馆的阅读推广内刊——《易读》，宗旨是"好书共享，以书会友，交流知识，分享智慧"，策划三大类型读书活动：共读一本书、专家谈读书、美文诵读。易读书友会以《易读》的读者为基础，面向图书馆的所有读者开放。按照计划，易读书友会每个月举办1~2场读书活动，由业务部负责组织、管理。易读书友会还密切关注东莞地区各种书友会和民间读书组织，联合东华书友会、阳光书友会、东莞日报书友会、城南诗社等阅读组织开展读书活动，或为其提供活动平台，共同推进城市阅读。易读书友会的成立到有规律地开展读书活动，为东莞图书馆的阅读推广注入了新的活力，从此，东莞图书馆的阅读推广因为有了易读书友会这支生力军而如虎添翼。

《漫画文献总览》

图书馆服务体系：助力公共文化服务体系建设

东莞图书馆以总分馆建设为抓手，稳步推进和不断完善东莞市公共图书馆服务体系，助力东莞市公共文化服务体系建设。2014年，东莞图书馆开展图书馆服务体系建设的总目标是完善基层，让基层更稳，提升镇级图书馆带动基层发展的能力；同时，发挥总分馆整体优势，丰富基层服务资源，形成联动效应。在实践中，在相关政策的指导下，办刊物，建图书中转站，开展培训，图书馆体系建设与服务开展得有声有色。

2014年中国图书馆学会年会"图书馆读书会与阅读推广"分会场

"1+4"政策文件：2011年5月，东莞市入选第一批国家公共文化服务体系建设示范区，成为广东唯一的示范区创建城市。为此，东莞深入实施"文化惠民""提升公共文化水平"工程，着力构建全方位、多层次、广覆盖的公共文化

易读书友会第一场读书会

服务体系，公共文化服务水平、供给能力突飞猛进，并于 2013 年顺利通过验收。为推动东莞市公共文化服务体系建设的稳步发展，巩固示范区建设成果，2014 年，东莞市政府又出台了多项政策，为我市公共文化服务体系建设保驾护航。首先，东莞市人民政府常务会议审议通过了《东莞市构建现代公共文化服务体系实施意见》，与之相配套，又先后出台了《东莞市公共文化服务体系绩效评估办法》《东莞市公共文化服务社会化发展促进办法》《东莞市加强村（社区）公共文化服务实施办法》《东莞市进一步引导企业加强文化建设实施办法》等文件，称之为"1+4"政策文件。根据"1+4"文件，东莞将继续提升文化设施的硬件水平，到 2020 年，每万人拥有公共文化设施面积（按常住人口计算，不含室外文化设施面积）达到 1800 平方米的标准，人均藏书达到 1.2 册以上。

《连线》： 为充分发挥东莞图书馆知识信息集散地、地区图书馆（室）中枢的优势，整合总分馆活动资源，2014 年 2 月，辅导部编辑出版读书活动介绍和预告为主要内容的出版物《连线》，在东莞图书馆和 32 个镇街分馆的服务窗口向读者免费派发。《连线》的出版很好地帮助了读者了解市、镇、村三级图书馆的活动动态以及各类阅读资源情况，以便选择性地参加，成为总分馆综合服务信息平台。《连线》主要栏目分为"总分馆活动""图书馆资源推荐""图书馆的人和事"等，并根据版面需要灵活增加公共电子阅览室影视播放预告和总分馆服务地址与服务电话等栏目，为读者提供更多的图书馆服务信息。"总分馆活动"向读者公告公益讲座、图书流动车、展览、图书漂流、少儿故事会、手工等多种多样的读者活动；"图书馆资源推荐"主要推介图书、数字资源、公共电子阅览室影视等内容；"图书馆的人和事"包括馆员、读者的个人故事以及图书馆建设信息等方面的内容。

阅读与健康：从悦生活到悦读

随着社会的发展和生活节奏的加快，"阅读、健康、环保"成为城市再造、引领城市文明生活的主旋律。从全球性的"世界读书日"，到全国各地如火如荼的"书香城市"和"读书节"，从"世界地球日"到城市绿道、绿色交通的建设，无不在倡导人们健康生活，绿色出行。4 月 12—13 日，东莞图书馆举办"悦生活，从图书馆出发"——首届骑行文化系列活动，以"融入城市脉动——阅读、健康、环保"为主题，聚焦时尚、健康、环保的自行车骑行，引领广大市民在八小时工作之外，走进图书馆、利用图书馆，享受文化休闲生活，养成文明的生活方式。骑行文化活动内容丰富多彩，包括自行车休闲文化图文展、骑友沙龙、骑行与健康讲座、自行车主题电影展播、自行车图书展、自行车知识问答、品牌自行车展、自行车竞技活动等，吸引了近2万人次走进图书馆，并参与其中，感受文明、健康、环保的生活理念。

作为对文明、健康生活的宣传和推广，"悦生活，从图书馆出发"骑行文化系列活动被坚持下来，并每年举办一次，成为东莞图书馆一项重要活动品牌，不仅受到广大市民欢迎，也吸引了越来越多的东莞市自行车品牌企业的兴趣和热情。2017年，第四届骑行文化活动对骑行文化资源进行整合，并以"悦读·在路上"为主题，更多的阅读元素开始融进了骑行活动中，并向广大读者倡议：让阅读成为生活的一部分，让图书馆成为心灵的家园，让绿色出行成为日常习惯，让图书馆成为一条直线上的另一个端点。

2014年，东莞图书馆围绕"推广"主题，在空间整合和展览推广上进行了深入探索，加大对图书馆宣传与营销，提升图书馆形象。同时，在法人治理、阅读推广、质量管理、体系建设等方面不断创新，推动着东莞图书馆持续向前发展。

《连线》

"悦生活，从图书馆出发"骑行文化系列活动

共生

2015　罗婉娜

　　2015年东莞图书馆的工作重点开始回归读者，主题年为"读者年"，围绕主题年部署和开展各项工作，组织策划了展览、读者交流会、专题文献编辑等一系列活动。

　　2015年是"十二五"规划收官和"十三五"规划开局之年，总结"十二五"、规划"十三五"工作成为这一年从国家到省、地市的头等大事，多个重量级的文件相继出台。在文化建设方面，构建现代公共文化服务体系工作上升到国家层面。这一年，也是东莞图书馆新馆开馆十周年，东莞图书馆新馆经历了由孕育到破茧而出的新生，由探索成长到日渐成熟。2005年开馆"十一黄金周"10万人次到馆的盛况空前，2007年荣获美国创新奖，2012年获东莞市政府质量奖……春华秋实，硕果累累。在经历了一次又一次发展机遇和重大转折后，东莞图书馆新馆需要一个总结以往、规划未来的梳理与沉淀，以整理行装、再向高处出发。读者是图书馆的根本和一切工作的中心，在新馆开馆十年之际的2015年，东莞图书馆的工作重点回归读者，将主题年设为"读者年"，围绕读者策划了一系列活动，既是感谢读者，建立与读者的良好关系，也是谋求与读者同生共舞，共同发展。此外，这一年，东莞图书馆"十三五"战略规划编制工作也以馆校合作的方式完成，24小时自助图书馆重新改造后以崭新的形象出现在读者面前。

编制《东莞图书馆"十三五"战略规划》

　　东莞图书馆"十三五"战略规划编制工作于2014年年底启动，与南开大学信息资源管理系以馆校合作的方式开展。2015年4月12—14日，南开大学信息资源管理系柯平教授带领战略制定小组前往东莞图书馆莞城分馆、莞城分馆东正社区服务点、东莞少年儿童图书馆、万江分馆、新科分馆、长安分馆、长安榕树下文化空间及虎门分馆开展实地调研，认真了解东莞市图书馆公共服务体系建设的具体情况。期间，组织召开东莞图书馆读者焦点小组访谈会、战略制定小组专题研讨会以及东莞图书馆部门主任及馆员代表反馈会，面对面了解不同读者群对东莞图书馆"十三五"战略方向的反应、对东莞图书馆的满意度、服务改进以及期待等，同时征求东莞图书馆馆领导班子、中层干部及馆员代表对东莞图书馆"十三五"战略目标体系的意见建议。经过科学分析当前基础，审慎确立未来战略方向，形成了科学性、可操作性较强的整体方案。战略规划小组于11月在南开大学召开研讨会，对规划进一步修订。12月，"十三五"规划通过东莞图书馆理事会审议。

东莞图书馆"十三五"战略规划目标体系包括五个战略方向：

一是提升体系公共服务能力，包括三个目标，即：全面推行图书馆均等化；加强图书馆法规与标准建设；完善总分馆建设。

二是助推东莞社会建设，包括五个目标，即支持创新型城市建设；提供城市文化休闲空间；建构中文漫画基地；支持城市建设与对外宣传；全媒体多渠道促进公共文化宣传。

三是规范管理、专业成长，包括四个目标，即质量管理升级；提升组织效能；完善图书馆管理运行机制；发挥研究优势，促进业务发展。

四是全面促进城市阅读，包括三个目标，即推动东莞读书节活动常态持续开展；促进城市阅读新生活；加强少儿阅读推广。

五是丰富资源、创新服务，包括五个目标，即让用户成为资源的创造者；加强资源服务一体化；专题文献建设与发展；完善东莞学习中心建设；新技术驱动型的创新服务。

申报广东省政府质量奖

为进一步推进卓越绩效管理，提高管理效益，展示管

"十三五"规划

中华人民共和国国民经济和社会发展第十三个五年规划纲要，简称"十三五"规划（2016—2020年），规划纲要依据《中共中央关于制定国民经济和社会发展第十三个五年规划的建议》编制，主要阐明国家战略意图，明确政府工作重点，引导市场主体行为，是2016—2020年中国经济社会发展的宏伟蓝图，是各族人民共同的行动纲领，是政府履行经济调节、市场监管、社会管理和公共服务职责的重要依据。

《东莞图书馆"十三五"战略规划》

成效，2015年5月，东莞图书馆以公共服务组织的身份申报广东省政府质量奖，并编写、提交《2015年东莞图书馆实施卓越绩效管理自评报告》。经过严格材料评审，东莞图书馆顺利入围现场评审，并于9月14日—16日接受了广东省政府质量奖评审专家的现场评审。

评审专家从领导、战略、顾客与市场、资源、过程管理、测量、分析与改进及结果7个方面对东莞图书馆实施卓越绩效管理的实践进行全面评审，包括听取汇报、询问、查看证据材料、中层座谈、员工座谈等。我馆领导和中层干部共有14人先后登台进行了汇报，并较好地回答了专家的各种提问。材料组成员坚守现场，及时、准确地提交专家所需要查阅的材料。

通过为期三天的严格现场评审，评审组对东莞图书馆卓越绩效管理的实施及其结果给予了肯定，并在16日上午的末次会议上宣读了东莞图书馆卓越绩效管理的六大"优势"和两大"改进"之处。李东来馆长代表东莞图书馆全体人员，对专家的辛勤劳动和敬业精神表示敬佩，也对专家给我们提出的意见和建议表示感谢，希望通过本次评审活动能进一步完善东莞图书馆的卓越绩效管理，提高管理水平，提升服务能力，推进东莞图书馆全面发展。

24小时自助图书馆改造后重新开放

2015年2月，东莞图书馆24小时自助图书馆经过重新装修扩容后开放，从原来的100多平方米增加到近700平方米，藏书从原来的1万多册增加到近5万册，在春节假期的10天时间内就吸引了4万多人次市民，外借图书1万多册。自助借还机增加至5台，并对环境进行了优化改造。潘新潮常委等领导视察时给予充分肯定，并多次受到媒体报道。2015年自助图书馆共接待读者571664人，占总流通人次7.8%，服务效益明显。

24小时自助图书馆项目调研于2004年12月启动，目的为完善新馆各项功能，满足广大群众对图书馆服务的需求，形成以自助服务方式实现图书馆无间断服务。2005年3—9月，形成必要性分析报告，确立建设自助图书馆的总体方案，与专业图书智能设备公司合作，制定自助图书馆技术方案，完成对图书自助借还设备、图书检测与防盗设备、门禁系统、视频监控系统等技术的集成开发工作基础上，实现与图书馆业务系统无缝链接，在对自助图书馆进行功能测试和修改、场地、书库、家具等环境布置后，全国首个24小时自助图书馆于9月底正式推出使用。

　　自助图书馆实现服务时间的延伸，深受广大市民好评，在此基础上又借鉴银行 ATM 的理念，初步形成研发图书馆 ATM（图书自助服务站）的构思，并对新加坡类似的科研项目"RFID 自助借书机"跟踪研究。2006 年 2 月，新华社莅莞采访 24 小时图书馆自助服务，并刊发题为《东莞图书馆在国内率先实行全年无休 24 小时开放》的报道文章。9 月，《人民日报》刊发文章《东莞打造"图书馆之城"》，介绍包括 24 小时自助服务在内的各项设施及服务，认为"人性化服务开全国先河"。2007 年年初，与专业的图书智能公司联合制定了图书馆 ATM 的研发方案。8 月，生产出图书馆 ATM 第一台样机，开始进行借还书软件开发与调试。12 月，东莞图书馆启用国内第一家图书馆 ATM（图书自助服务站），用现代技术拓展服务能力。12 月，美国图书馆协会（ALA）主席 Loriene Roy 博士来到东莞图书馆考察，认为东莞图书馆的图书自助服务即使从世界范围来看也是领先的。

　　2010 年参与实施"广东城市 24 小时自助图书馆试点实施方案"项目被列入广东省文化厅"珠三角地区文化共建共享实施项目"（粤文办〔2010〕83 号）。2011 年东莞市人民政府印发了《关于印发〈2011 年落实"文化惠民"工程实施方案〉的通知》（东府办〔2011〕64 号）要求："实现全市镇（街）24 小时自助图书借阅全覆盖"。12 月 5 日，文化部副部长周和平在省文化厅厅长方健宏，东莞市委常委、宣传部部长王道平的陪同下，对东莞的社会文化设施建设进行了调研。他听取东莞图书馆对图书馆自助服务系统的介绍，对东莞的文化建设取得的成就给予了充分肯定。中央电视台 CCTV-1《新闻联播》栏目刊播题为《东莞：图书馆公共服务全覆盖》的新闻，对东莞市推动图书馆数字化建设，实现遍及全城的 24 小时图书馆服务等进行了报道。"无人值守'永不关闭的图书馆'"项目获得广东省中心图书馆委员会授予

省政府质量奖评审现场

改造后的 24 小时自助图书馆

改造后的 24 小时自助图书馆

"首届广东省图书情报创新服务奖"。

新馆开馆十周年系列活动

2015年是东莞图书馆新馆开馆十周年。在这十年里，东莞图书馆经历了由孕育到破茧而生，由摸索成长到如今的日渐成熟，春华秋实，硕果累累。东莞图书馆抚育了一代读者的精神，这一代读者也见证了东莞图书馆生机的勃发。为庆祝新馆开馆十周年，东莞图书馆把2015年的主题定为"读者年"，围绕主题年部署开展各项工作，策划组织了一系列庆祝活动。

东莞读书节暨市民学堂"拾光之约"

8月14日，与广东省南国书香节开幕同步，2015东莞第十一届读书节暨市民学堂"拾光之约"系列活动启动仪式在东莞图书馆报告厅举行。2015年，东莞读书节踏入了第二个十年，累计举办各类读书活动4300余项，受众3400余万人次，已成为锻造东莞精神和东莞追求的生动有效的载体。"东莞市十大学习品牌"之一的"市民学堂"也迎来了与广大市民的"拾光之约"，十年耕耘，坚持每周末常态开展各类主题讲座、沙龙累计达1500余场，受众300余万人次，每年出版《市民学堂》文集以飨读者。当天，中央电视台著名节目主持人敬一丹亲临作客市民学堂，与读者畅谈"阅读与快乐"，并举行其新书《我遇到你》读者见面分享会等，她感叹："我今天来到东莞图书馆，这应该是我见到的感觉最舒服的图书馆……东莞市民是幸福的，对他们来说，可能已经习惯（24小时自助图书馆）这样便利的阅读体验，但对很多其他地方的人来说，这都还是明天的事儿。"

东莞图书馆总分馆读者证展览

读者证是广大读者与图书馆之间联系的桥梁与纽带，是读者利用图书馆的一种物理记录载体。随着时代的进步，读者证无论外形、功能还是内涵都发生了深刻的变化，不同年代的读者证刻下了特色各异的时代烙印，反映了那个时代的图书馆为读者所提供的服务及社会功能。9月1日，一个以"'我'不仅仅是一张卡"为主题的读者证展览在一楼大堂展出，东莞图书馆自1967年建馆至今的形态各异的读者证呈现在读者面前。数十张不同年代、新旧不一的读者证引导广大读者共同回顾东莞图书馆的办证历史，并从一张张版面各异的读者证中发现其背后的故事。从高第街老馆（1967年3月—1993年）到新芬路馆（1994—2004年），再到2005年开放至今的新馆，东莞图书馆的读者证管理不断升级换代，历经手工办证、电脑办证、电脑办证即办即取、办证借阅一体化、服务功能多样化这五个阶段。读者证的历史演变过程见证了东莞图书馆一路走来的变化，见证了读者服务的发展与进步，同时也折射了整个社会文化发展的概况。"看到这张读者证想起以前的图书馆，地方小，书也不多。我是看着我们的图书馆一步一步走到现在，就像看着自己的孩子一天天长大，非常开心。"一位读者如是感慨。在东莞图书馆之城的建设进程中，如果说总分馆的实施，将读者服务辐射至镇（街）、村（社区），不断向基层延伸，那么，读者证则打通了分布于各个角落的图书服务中心，实现了"通借通还"，为广大市民提供更丰富便利的服务。

新馆开馆十周年主题展览

十载风雨兼程，东莞图书馆人步步坚实，环环生辉；十载文化引领，东莞图书馆人笔耕不辍，感发心怀。为迎接东莞图书馆新馆建成十周年这个盛大的节日，9月14日，我馆在一楼服务大厅分别举办了"一缕书香"——东莞图书馆新馆开馆十年编辑著作与内刊，以及"十载情怀"——东莞图书馆新馆开馆十周年"主题年"图文展这两个展览。"一缕书香"展出了东莞图书馆2005年到2015年间正式出版的著作23种，内部出版物30种。这些凝结了图书馆人心血的著作，展现了他们严谨治学、孜孜不倦的职业精神。历经十年的打磨，"一缕书香"更像是一座标志性的里程碑，让东莞图书馆人能更坚定、更坚实、更坚信地昂首阔步，奋勇向前。"十载情怀"图文展展出了2005年至2015年间10个不同的"主题年"，以动态、鲜艳的波浪型线穿插于每一年的主题，展现出东莞图书馆活泼、亲和的新形象，以丰富的图文详细描述了每一个主题年的具体活动，展示了东莞图书馆"以服务为立馆之本"的精神。"十载情怀"的"主题年"是一种文化传承，是东莞图书馆宝贵的历史积淀，激励着东莞图书馆人不断回首过去，展望未来，继续承载这个时代赋予图书馆

东莞图书馆总分馆读者证展览

东莞图书馆编辑著作与内刊展

东莞图书馆主题年图文展

的责任与使命。

《十年》——2015年《易读》特刊

图书馆与社会阅读委员会是中国图书馆学会阅读推广委员会的专业委员会，挂靠于东莞图书馆，旨在通过组织学术研讨、编辑阅读刊物、开展阅读调查、参与阅读行动，积极推进图书馆与社会阅读的良性互动。《易读》是中国图书馆学会图书馆与社会阅读委员会的会刊，创刊于2011年，由东莞图书馆主办，以全民阅读和阅读推广为己任，努力搭建图书馆与阅读界、书业界、读者之间交流的平台。

东莞图书馆作为"全民阅读基地"，致力于全民阅读推广，策划和举办了一系列阅读推广活动，2014年还获得首届"伯鸿书香奖"组织奖提名奖。作为阅读推广刊物，《易读》关注东莞图书馆的阅读推广实践，在东莞图书馆新馆十年之际，以"十年"为题，推出2015年特刊。本特刊内容包括三部分："图书馆"从图书馆十年发展掠影、读书节、图书馆公共服务体系建设、东莞漫画图书馆、24小时图书馆自助服务等方面展现了东莞图书馆十年来的发展概况、主要服务品牌和业务成就，向大家展示了一段城市阅读历程；"读者"收录了东莞图书馆的读者、志愿者、社会人士等书写的对东莞图书馆发展、相关服务活动以及自身在图书馆学习与阅读中的书香记忆，表达了对东莞图书馆的感念与祝福；"馆员"则从员工的角度，记录了员工与图书馆的共同成长，既有对图书馆所提供的良好发展环境与成长平台的感激，也有自身成长经验的总结。东莞图书馆历史悠长，十年，也许不是一段特别值得书写的岁月。但2005—2015年的十年，却是值得珍藏和纪念，东莞图书馆成功实现了转型与超越，它所经历的一次次发展机遇和重大事件，围绕它所发生的一则则感人故事，无不让人铭记。《十年——2015年〈易读〉特刊》的编辑与出版，从一个侧面记录和展示了东莞图书馆十年历史片段，为东莞图书馆的历史留下一个清晰的记忆。

寻找10年前匿名留言读者

2005年新馆开馆时，一位读者在我馆留言本上写下一则留言："图书馆对公众完全开放，没有烦琐的进馆程序，对各种人员的包容，体现了人性的关怀、博爱。不但是图书馆，我希望其他所有的公共设施都能够完全敞开大门，没有障碍。不要问籍贯，不要问年龄，不要问教育程度，不要问进来的目的，不要问姓名……"这则留言一直鞭策着图书馆，以包容性和开放性理念开馆办馆，为广大读者服务。在开馆10年之际,我馆发起了寻找这名匿名留言读者的活动,并在媒体上发出了"寻找10年前留言的您"的"寻人启事",邀请该位读者到馆参加10周年庆。"留言感动了我们,我们也将这个故事告诉大家,感动更多的人。"[1]

"阅读达人是怎样炼成的"交流分享会

3月15日,图书借阅部与易读书友会共同开展"阅读达人是怎样练成的"交流分享会,由东莞图书馆的6位阅读达人向读者讲述了自己的读书故事和阅读智慧。这6位阅读达人都是东莞图书馆的忠实读者,喜欢阅读,每年的借阅量较大。会上,他们以自己的阅读经历,告诉大家一个真实的阅读世界,以及与东莞图书馆一起走过的日子。朱宇读者讲述了自己与图书馆相识、图书馆伴她成长的故事,谈到了东莞图书馆丰富的藏书与人性化、智能化与信息化服务,还倾力推荐了《寻路中国》一书;班晓华读者讲述了10年来自己以及女儿先后成为东莞图书馆的忠实读者,并与图书馆一起成长的过程,表达了对图书馆的深深谢意,还向现场的书友和读者特别推荐了《目送》《观花植物的1000钟图鉴》和《带我回去》三本书,分享了自己的读书感悟;贺立杰、陈日维、谭小泉三位阅读达人,分别从自己的成长经历中体会到阅读的价值,以及东莞图书馆在他们学习、阅读过程中所扮演的重要角色。阅读达人的阅读故事告诉我们,要想将自己练就成阅读达人,必须爱学习,爱阅读,爱图书馆;而作为图书馆的阅读达人,还要充分利用图书馆提供的资源和环境。一个人的成长与成熟有很多途径,阅读或许就是其中一种方式,因为阅读可以"救自己"。

寻找阅读的印迹 分享成长的快乐

4月12日,报刊部策划组织了"寻找阅读的印迹,分

《十年——2015年〈易读〉特刊》

寻找10年前匿名留言读者活动

阅读达人分享会

---

[1] 李金健. 东莞图书馆寻找10年前匿名留言者[N]. 东莞日报, 2015-01-07(A08).

享成长的快乐"读者分享会,邀请15名来自各行各业、不同年龄层次并与东莞图书馆新馆共同成长的读者参加,并为他们准备了精美的个人"十年期刊阅读账单"。读者分享了十年间与图书馆报刊部相伴而行的故事与阅读感受,畅谈了对图书馆服务的理解与建议,感恩与快乐之情溢于言表。其中,分享人吴毓淇是一位88岁高龄的退休老教师,人称"吴伯",他在发言时说:"如果图书馆是一个海洋,我就是这个海洋的一条小鱼,在知识的海洋里畅游;如果图书馆是太阳,我就是太阳下面沐浴阳光的小草;如果图书馆是一座学校,我就是这座学校里的小学生……",他的真诚感动了现场所有人。

创新探索服务新形式

"创新"是2015年当之无愧的关键词。3月5日习近平在参加第十二届全国人大三次会议上海代表团审议时讲话指出,创新是引领发展的第一动力。3月13日中共中央、国务院印发《关于深化体制机制改革加快实施创新驱动发展战略的若干意见》。2016年1月18日,中共中央、国务院印发《国家创新驱动发展战略纲要》。10月29日习近平主席在中共十八届五中全会第二次全体会议上阐述新发展理念,强调坚持创新发展、协调发展、绿色发展、开放发展、共享发展是关系我国发展全局的一场深刻变革。4月5日东莞市委常委会议召开,强调把创新驱动作为核心战略。自2005年新馆开馆以来,东莞图书馆创新的脚步从没停歇。2008年被ALA授予"国际创新奖",成为首个获奖者开创先河;在地级图书馆中率先成功导入卓越绩效管理模式;2012年在中国图书馆年会中成为年会采取申办制以来的首个承办城市。

2015年1月试水"真人图书馆"服务,让"书本"能说、会演,与读者生动地进行面对面交流。活动效果不俗,吸引众多读者参与。今年共举办4场阅览活动,收集真人图书23本,接待读者184人次,阅读次数达297次。首次推出与《东莞日报》影迷俱乐部合作推出"书·影"沙龙活动,共同打造影视赏析、评论、展示活动。第一场活动于5月9日正式举办,全年共举办8期,深受读者的喜爱;9月在东莞图书馆新馆开馆十周年暨悦读积分卡首发仪式上推出。此卡是"悦读护照"的升级版,只面向青少年儿童发行。它在普通读者证的功能基础上增加了积分管理功能,并且提高了可借阅的册次。通过积分和扣分相结合的方式,既要求读者遵守相关的借阅规则和爱护图书,又鼓励读者多阅读,多参与图书馆的活动，培养孩子的阅读兴趣。

开展"三严三实"专题教育活动

11月6日，东莞图书馆党支部召开"三严三实"专题教育组织生活会。馆领导高度重视本次专题组织生活会，提前安排党务人员收集整理习近平总书记8月14日以普通党员身份参加所在党支部组织生活会时的重要讲话，以及9月11日在中央政治局第二十六次集体学习时的重要讲话等讲话精神，并发送给各组主持人分组学习，并进行讨论，结合实际工作领会讲话精神。

在专题组织生活会上，支部全体党员根据人员数量分为三个小组进行，其中馆班子领导以普通党员身份参与各小组的组织生活会。每个党员在认真学习听取主持人关于习近平总书记系列重要讲话精神文件后，围绕"三严三实"（严以修身、严以用权、严以律己，谋事要实、创业要实、做人要实）主题，结合讲话精神和岗位工作实际，针对自身各方面的不足和缺点，认真查摆"不严不实"问题，深入剖析了个人存在问题产生的思想根源，切实找准差距、找到压力、找出动力，提出改进措施和办法。各位党员踊跃发言，大家认真剖析，深刻分析，民主生活会形成了严肃、认真、坦诚、团结、和谐的良好氛围，起到了发现问题、互相促进、改进不足的良好效果。从各位同志的发言分析来看，不同程度存在着以下三方面的薄弱环节：1.严以修身方面不够深刻，表现在工作欠缺进取意识，开创精神还有待加强；2.理论学习抓得不够紧，对党的方针政策的理解还不够透彻全面；3.严以律己方面不够到位，对个人要求不够严格，一些工作不够认真细致。通过本次专题组织生活会，各位党员干部对"三严三实"的内容有了更清晰的认识，党员们结合习近平总书记讲话精神和本职岗位工作实际，畅谈了自身的不足，

寻找阅读的印迹，分享成长的快乐

真人图书馆活动

三严三实

2014年3月9日，习近平总书记在中华人民共和国第十二届全国人民代表大会第二次会议安徽代表团参加审议时，关于推进作风建设的讲话中，提到"既严以修身、严以用权、严以律己；又谋事要实、创业要实、做人要实"的重要论述，称为"三严三实"讲话。2015年4月10日，中共中央办公厅印发《关于在县处级以上领导干部中开展"三严三实"专题教育方案》，对2015年在县处级以上领导干部中开展"三严三实"专题教育作出安排。2015年5月25日，"三严三实"专题教育网开通。

也明确了今后努力的方向，干事创业的热情和斗志得到了激发。党员干部也明确表示了将认真对照查摆出的"不严不实"问题，提出整改措施，特别对工作中存在的进取精神不足、组织纪律性不够强等作风问题，要制定相应的整改措施，落实整改，确保转变作风。

承办2015年中国图书馆年会学术会议会前会

2015年中国图书馆年会在广州召开。近年来，信息技术的迅猛发展，极大程度上推进了图书馆事业的发展，新技术的不断出现更为我们提高服务水平和拓展服务范围提供了契机。为此，东莞图书馆申请并承办了以"信息技术助推图书馆社会化"为主题的中国图书馆年会学术会议会前会，并于12月15日在四楼报告厅举行。北京大学信息管理系化柏林博士，浙江省图书馆副馆长、浙江省图书馆学会学术委员会主任刘晓清，深圳大学城图书馆馆长赵洗尘，以及来自全国各地图书馆界同仁、公共文化行业代表300余人出席了会议。会上，化柏林博士、刘晓清副馆长、赵洗尘馆长三位专家分别作题为"大数据、'互联网+'与智能时代的图书馆社会化""图书馆开放互联：技术与壁垒""数据让图书馆贴近读者"专业学术报告。化柏林博士从新时代技术驱动图书馆发展的角度，分析了大数据、"互联网+"、智能时代等新媒体、新技术发展为图书馆带来的挑战与影响，通过大量的实践案例说明在新环境下图书馆服务和业务正走向社会化，技术驱动新时代图书馆发展。刘晓清副馆长提出"互联网+"为图书馆带来新机遇，利用先进技术进行整合与开发，打破图书馆系统的壁垒，实现图书馆各系统开放互联，这是图书馆未来发展的方向。赵洗尘馆长从未来十年图书馆技术应用趋势引申出数据对图书馆发展的重要性，运用大数据技术，发挥"数据驱动"作用，可以更好地了解读者，让图书馆服务更接近读者。

东莞图书馆走技术立馆之路，充分利用现代信息技术推动图书馆的发展，并取得了骄人成绩。这次会前会，是一次展示东莞图书馆科技创新的一次机会，杜燕翔副馆长在大会上介绍了东莞图书馆近年科研发展概况，并组织代表进行实地参观。

提升

2016

赵爱杰

东莞图书馆以首个战略方向"提升体系化公共服务能力"为发力点,将2016年主题定为"体系提升年",并制定《2016"体系提升年"工作方案》。

"十三五"时期是全面建成小康社会决胜阶段,也是促进文化繁荣发展关键时期。2016年是我国"十三五"规划的开启之年,在新的历史起点上,东莞市政府颁发了《东莞市文化事业发展"十三五"规划》,明确提出:以均等化、标准化、数字化、社会化建设为重点,巩固深化国家公共文化服务体系示范区创建成果,全面提升我市公共文化服务水平。力争到2020年,基本建成设施先进、分布均衡、产品丰富、服务优质、保障充分,全国一流的公共文化服务体系。

人口动态

2016年1月1日,全面二孩政策正式实施,在中国实施了30多年的独生子女政策正式宣告终结。当前我国的人口形势发生了转折性变化,人口总量增长的趋势减弱,人口结构性问题突出,劳动年龄人口开始减少,老龄化程度加深,出生人口性别比居高难下,人口均衡发展的压力增大,严重制约和影响未来社会和经济的发展。遵循人口发展规律,"全面实施一对夫妇可生育两个孩子政策",这是对计划生育政策进行重大的调整和完善,未来几年出生人口总量必然会有一定程度的增长,这是政策调整的预期效应。以东莞市为

全面二孩

是指所有夫妇,无论城乡、区域、民族,都可以生育两个孩子的政策,是生育政策的进一步调整和完善,这是中央基于我国人口与经济社会发展的形势而做出的重大战略决策。

户籍制度改革

《东莞市关于进一步推进户籍制度改革的实施方案》提出,到2020年,基本建立与全面建成小康社会相适应,有效支撑社会管理和公共服务,依法保障公民权利,以人为本、科学高效、规范有序的新型户籍制度。

例，户籍人口"二孩"出生数量 2015 年为 6625 人，2016 年则为 11372 人；户籍人口出生率分别为 11.34‰、13.92‰；在"二孩"出生占新生儿比例上分别为 30.2%、41.2%，这预示着未来东莞儿童的数量和比例将明显增长。儿童时期是培养儿童阅读习惯，提高阅读能力的黄金时期，这是公共图书馆开展阅读推广活动所面临的机遇和挑战。

此外，2016 年东莞市出台了《东莞市关于进一步推进户籍制度改革的实施方案》，涵盖户口迁移政策调整、创新人口管理、解决户口迁移重点问题、保障农业转移人口及其他常住人口合法权益等户籍制度。改革核心内容：对于本地户籍人群，取消农业与非农户口界限，统一登记为居民户口，实行城乡户籍"一元化"登记管理；对于广大外来者，只要在东莞稳定就业满 5 年且参加社会保险满 5 年，其本人及家人均可入户东莞。推进户籍制度改革，将有利于加快推进农业转移人口市民化进程，加速东莞城市人口流入速度，这必将考验公共图书馆的服务能力。图书馆也必须提升图书馆公共文化服务体系的服务效能，与全面建成小康社会相适应，有效满足市民对公共服务的需求，保证保障公民基本文化权利。

文化立法

文化立法是我国法制体系的重要组成部分。然而，改革开放以来，经济、行政管理等方面的立法比较完善，而文化立法一直处于薄弱地位，文化法律总量偏少，这与当前我国蓬勃发展的文化事业和文化产业现状也不相协调。2016 年 12 月，《中华人民共和国公共文化服务保障法》获得通过，并将于 2017 年 3 月 1 日起施行。这是文化立法的一个重大突破，特别是明确了提供公共文化服务是现代政府的基本职能，强化了我国公共文化服务体系建设中的政府责任和主导作用。但在公共文化领域，与博物馆相关的法律比较完备，曾经有国务院部门规章《博物馆管理办法》和《文物保护法》等相比之下，图书馆立法一直存在一个空白。2008 年文化部正式起草《中华人民共和国公共图书馆法》立法文本；2015 年 12 月，国务院法制办面向社会公众征求意见的《中华人民共和国公共图书馆法（征求意见稿）》。2016 年，由北京大学国家现代公共文化研究中心、文化部公共文化研究基地、中国图书馆学会图书馆法律与知识产权研究专业委员会等单位联合举办"《公共图书馆法（征求意见稿）》研讨会"。公共图书馆立法势在必行，它通过法律手段保障公民的基本文化权益和充分享有、利用图书馆的权利，为全面推动我国公共图书馆事业健康、可持续发展提供有力保障。

启动规划：提升体系化公共服务能力

《东莞图书馆"十三五"战略规划（2016—2020）》确定了"提升体系化公共服务能力""全面促进城市阅读""助推东莞社会建设""丰富资源 创新服务""规范管理 专业成长"五大战略方向、二十项目标，从战略方向、目标到策略、行动计划四个级次展开，全方位提供城市图书馆公共文化服务水平。基于东莞是以总分馆为基础的区域协同发展模式，以及中心馆在图书馆服务体系建设中的重要地位和作用，东莞图书馆以首个战略方向"提升体系化公共服务能力"为发力点，将 2016 年度主题定为"体系提升年"，并制定《2016"体系提升年"工作方案》。

增强"对口服务"意识，实现总馆各部门对基层分馆对应业务职能的辅导（服务），提升基层业务开展、发展能力，激活各镇分馆的职能。网络部制定系统 Interlib2.0 到 Interlib3.0 系统全面升级和优化的工作计划，包括前期调研，制定系统功能提升工作方案；采购业务服务器、交换机、防火墙等硬件设备，提升硬件性能，优化和调整网络架构；召开专题研讨，全面测试与试用；组织 4 场以集中授课的形式，结合案例讲解、系统操练、业务交流等内容的系统培训，落实推广；建立总分馆 Interlib3.0 业务 QQ 群，为相关业务人员提供一个业务咨询、问题答疑、信息反馈的交流平台。读者服务部在 2016 年 3 月、4 月、8 月共推选《叶纯有约——女性魅力说》《阅读的力量》《中国传统文化的焦虑》《孔子这样读书学习》《"耕读传家久，诗书继世长"——家训的智慧与家教的魅力》《阅读与经典同行》7 场优秀讲座走

《中华人民共和国公共文化服务保障法》

是为加强公共文化服务体系建设，丰富人民群众精神文化生活，传承中华优秀传统文化，弘扬社会主义核心价值观，增强文化自信，促进中国特色社会主义文化繁荣发展，提高全民族文明素质制定。由全国人民代表大会常务委员会于 2016 年 12 月 25 日发布，自 2017 年 3 月 1 日起施行。

进镇街、学校，服务全市，让我馆的文化服务、文化大餐更加贴近民生、贴近生活。通过"市民学堂"公益讲座激荡思想、启迪智慧，促进文化知识的传播，进一步推进城市阅读，让更多的人享受到文化盛宴。报刊部积极开展分馆公共电子阅览室及报刊相关业务培训工作：一是与龙源期刊数据库供应商合作，在厚街、东坑、常平、樟木头4个分馆进行龙源电子期刊借阅机的现场推广、应用培训活动，推广龙源电子期刊借阅的体验使用；二是对万江分馆馆员陈文辉进行为期3天的公共电子阅览室业务培训，培训内容包括公共电子阅览室日常业务、e管家管理系统等。

强化对镇（街）分馆的统筹职能，以镇街分馆为中心带动村（社区）分馆共同发展。（1）加强镇统筹村（社区）图书馆职能，进一步完善总分馆体系。全年共发展基层服务点10个，全市现有村（社区）基层服务点达320个；松山湖分馆于3月正式向总馆报送各项业务报表，图书采购加工工作纳入分馆图书采购流程，服务体系建设得到进一步完善和巩固。（2）启动"十二五"重点工作2016年服务到户工程。2016年，项目已登记服务到户示范家庭333个，开展服务915次。（3）加强总分馆之间的业务沟通和交流。增进总分馆的业务协调和合作，推动全市总分馆整体业务水平提高，于3月21日、10月24日先后召开两次馆长例会，期间进行了任务布置、业务培训、经验交流会等。

制定《东莞市公共图书馆管理办法》

2001年，东莞市提出实施"文化新城"战略，作为文化新城"三城"建设之一的"图书馆之城"建设在全市铺开，图书馆事业得到了快速发展，并取得了显著成效，实现了全市32个镇（街）24小时自助借阅服务全覆盖，形成了"一馆办证，多馆借书；一馆借书，多馆还书"的服务模式，较好地实现和保障了公众的基本文化需求。自此，东莞图书馆迈入了国内一流图书馆的行列。但随着经济社会的进一步发展，东莞市图书馆事业发展也出现了一些新情况、新问题，如镇街投入经费不均衡，持续发展保障不稳定；公共图书馆藏书基础薄弱，藏书质量参差不齐；基层图书馆人员素质不高，制约图书馆服务水平的提升；图书馆总分馆体系统筹管理力度不够，基层图书馆建设相对薄弱等问题，较大影响了公共图书馆服务的普遍性和均等化，制约了图书馆事业的进一步发展。由此，东莞图书馆较早启动了立法筹备工作：2007 年，聘请原甘肃省图书馆潘寅生馆长作为指导，带领馆内起草小组成员形成了最初的《东莞市公共图书馆管理办法》（以下简称《办法》）初稿；2008 年，组织召开了《办法》专家咨询会，咨询会共邀请了来自省内高校、公共馆的 8 位图书馆界的专家出席；2015 年东莞市获得地方立法权，《办法》被市政府列为"政府规章"预备项目之一，正式启动了公共图书馆立法工作；2016 年 3 月，形成《办法（草案）》的正文、注释稿文本和起草说明等系列文本，邀请广东省立中山图书馆、广州市图书馆、深圳图书馆、深圳宝安区图书馆及中山大学图书馆、华南师范大学图书馆共 6 位图书馆界的专家召开了专家论证会；12 月 30 日，东莞市人民政府令第 146 号公布了《东莞市公共图书馆管理办法》，宣布了自 2017 年 3 月 1 日起施行。2017 年 1 月 20 日，中国文化报第 6 版刊登《〈公共文化服务保障法〉颁布后首个出台的地方性图书馆政府规章 3 月 1 日将实施——广东东莞：图书馆事业迈入法制化轨道》一文。

《办法》共分五章、五十七条，除按照立法惯例设置了总则、法律责任和附则外，重点就公共图书馆的设立与管理、公共图书馆的服务与用户权益等方面进行了规范。《办法》起草体现出四方面东莞特色：一是根据东莞外来人口多、流动性大、素质参差不齐的现状，《办法》在"公共图书馆服务与用户权益"方面充分体现了"普遍、平等、免费"服务的先进理念；二是根据东莞特殊的行政架构，《办法》明确了市、镇（街）、村（社区）三级架构的公共图书馆总分馆体系，进一步强化了镇街分馆的统筹职能，在指标设定上，从"每千人建筑面积""人均图书藏书量""年人均入藏文献"等方面分市、镇两级设定目标值，有效促进镇级图书馆带动村（社区）图书馆的发展；三是有别于其他图书馆法规，《办法》单列提出并强调了"数字公共空间服务"和"延伸

《东莞市公共图书馆管理办法》专家讨论会

服务"等特色、亮点服务，符合现代公共图书馆发展的趋势；四是《办法》强调公共图书馆应当通过服务点、图书流动车、24小时自助图书馆以及图书自助服务站等多种方式提供延伸服务，不断满足公众日益增长的知识信息需求。《东莞市公共图书馆管理办法》的出台，进一步明确具体地规范了公共图书馆设立、管理、服务和体系建设，在地方公共文化领域立法上先行一步，必将有力促进东莞市公共图书馆事业发展，推动基本公共文化服务标准化均等化，切实保障人民群众的基本文化权益。

承担中国图书馆学会阅读推广委员会职能

提倡阅读、推广阅读是图书馆的基本使命。我国图书馆界在全民阅读活动中，尤其是21世纪以来的书香社会建设高潮中，发挥了先导作用，展现了职责担当，进而体现出了图书馆的社会价值，扩大了图书馆的社会影响。阅读推广成为图书馆的重要的基本性工作，也是最为活跃的工作领域，生机勃勃。2005年，中国图书馆学会决定成立科普与阅读指导委员会，并于2006年"4·23世界读书日"期间在东莞召开了成立大会。2009年，科普与阅读指导委员会换届并更名为阅读推广委员会，以更好地突出其作为全民阅读指导组织的属性。2016年委员会迎来换届，经过中图学会遴选和批准，第三届阅读推广委员会挂靠在东莞图书馆，李东来馆长担任主任，下设的专业委员会再增加至21个，委员扩充至约500人，规模日益壮大。在中国图书馆学会领导下，阅读推广委员会自广泛吸收来自全国各级各类图书馆及阅读推广相关组织的力量，大力促进全国图书馆的阅读推广工作，创建全民阅读活动品牌，丰富阅读推广实践，培养阅读推广专门人才，工作开展卓有成效，为建设学习型国家和书香社会做出了贡献，在全国产生了深远的影响。

2016年4月20—21日，中国图书馆学会阅读推广委员会换届成立大会暨第十届"全民阅读论坛"在东莞图书馆举办。本届委员会增加了6个专业委员会，兼顾东中西部图书馆事业发展，新增内蒙古自治区、贵州省等地图书馆作为挂靠单位；加强理论研究，新增阅读推广理论研究、阅读史研究等专业委员会；加强与高校图书馆合作，新增华东师范大学信息管理学系、北京大学图书馆为挂靠单位；重视与社会资源的结合、重视图书馆界青年骨干的作用和培养，设立专家咨询委员会、青年工作委员会，搭建起新的组织架构，主要的工作内容包括：

1. 组织召开论坛和研讨会。持续打造全民阅读论坛品牌，2016年起，先后在东莞图书馆、长沙市图书馆、合肥市图书馆、太原市图书馆举行"全民阅读论坛"，在业界、举办地、社会公众中产生了广泛的影响；推动跨界合作，2018年参与组织第三届"水滴奖"全国科幻作品征集大赛。

2. 策划开展图书馆界整体性影响的项目。2016年，阅读推广委员会启动了"扫码看书，百城共读"阅读推广公益行动，全国29个省、自治区和直辖市的304个机构参与了此项活动；2018年举办全国首届"图书馆杯主题海报创意设计大赛"，大赛覆盖全国32个省级行政区，共计1168个图书馆报名作为组织单位参与大赛，共有17796名读者报名，通过审核作品13925件；推广阅读活动和普及艺术结合，举办"阅读之美 美若初见"——全民阅读与图书馆公共教育活动推广项目系列展览。

3. 夯实理论基础。策划推出系列调查与研究报告，编撰完成《图书馆阅读推广理论进展（2005—2015）》《阅读推广委员会2017年工作报告》《阅读推广委员会2018年工作报告》《"扫码看书，百城共读"活动研究报告》《政府组织的全民阅读工作中公共图书馆角色调查报告》《一书，一社区》和最新版《美国国家艺术基金会（NEA）"大阅读"项目预算指南》《新世纪未成年人阅读推广理论研究进展》；开展阅读推广课题立项工作，2016年9月开展了首次阅读推广课题项目申报活动，共收到来自全国27个省市自治区图书馆工作者的近250份申请。2018年收到合格课题有316份，经专家评审，最终共立项10项重点课题，70项一般课题。对已立项的2016年50项首批课题，实行前、中、后全程管理服务工作，结题46项，结题率92%；开展文化行业标准

中国图书馆学会阅读推广委员会

作为中国图书馆学会在全国范围内负责规划、指导、协调、组织阅读推广及相关学术研究活动的工作机构，阅读推广委员会的宗旨和使命是以全国图书馆为立足点，开展阅读推广的实践与研究，促进全社会的阅读氛围建设。

阅读推广青年论坛

第十届全民阅读论坛

化研究项目研究，承担的文化行业标准化研究项目《图书馆阅读推广标准调研及标准体系框架研究》和《公共图书馆阅读服务标准化研究》均于 2018 年 12 月顺利结项。

4. 专业委员会活动精彩纷呈。经典阅读推广专委会承办的"公私藏书与经典阅读论坛"、社区与乡村阅读推广专委会承办的"书香城市（区县级）"论坛、大学生阅读推广专委会承办的"大学生阅读推广高峰论坛"和"2018 年全国大学生中华经典美文诵读大赛"、民族文献阅读推广专委会承办的"民族图书馆用户服务创新与阅读推广学术研讨会"、儿童与青少年阅读推广专业委员会承办的"全国少年儿童国学经典故事大赛"、科普阅读推广专业委员会承办的"科普阅读推广案例征集活动"、图书评论与阅读推广专业委员会承办的"馆员书评"征集活动、"我的书房故事"征集活动和"阅天下·邂逅图书馆之美"活动，以及阅读推广理论专业委员会承办的"阅读推广金点子"作品征集都引起了较大的社会反响。

5. 图书馆与社会阅读专业委员会。从 2016 年开始，换届后图书馆与社会阅读专业委员会仍然继续挂靠在东莞图书馆，冯玲副馆长担任主任。先后组织了"书友会"优秀案例征集活动；"阅读刊物的阅读推广实例"征集活动，收到来自全国 51 个图书馆的 55 份阅读刊物的阅读推广实例；与安徽省图书馆合作承办"茶文献特色资源建设与茶文化推广专家研讨会"；开展阅读调研，撰写"政府组织的全民阅读工作中公共图书馆角色调查报告"；与其他专业委员会合作承办了 2016 年中国图书馆年会第 22 分会场——书目书评与图书馆阅读共享空间建设；立足图书馆实际，编辑阅读刊物《易读》；以"易读书友会"为平台，开展了丰富多彩的读书活动等。

东莞漫画图书馆：空间改造，服务升级

美国社会学家 Ray Oldenburg 认为家庭居住环境为第一空间，职场环境为第二空间，城市的咖啡厅、音乐厅、酒吧、公园、广场、图书馆、博物馆、美术馆是第三空间。2016 年，上海图书馆馆长吴建中提出"第三代图书馆"的概念，认为第一代图书馆以藏书为中心，第二代图书馆突出开放借阅，第三代图书馆以人为本，注重人的需求、可接近性、开放性、生态环境和资源融合，并致力于促

进知识流通、创新交流环境、注重多元素养和激发社群活力。图书馆越来越重视空间价值，进行空间的布局调整与再造，以优化图书馆的服务。

2016年，经过一年半的筹备，东莞漫画图书馆终于迎来了空间升级改造再开馆。新的馆舍空间，由原来的一楼搬迁至三楼，面积由600平方米拓展至1200平方米，新增了漫画走廊、动漫研究室、漫画家创工坊、动漫产业展示区、参考阅览区等特色区域，营造了浓郁的动漫文化空间，2018年被评为"广东十大最美粤读空间"。漫画馆的空间营造特色，主要体现在以下几方面：

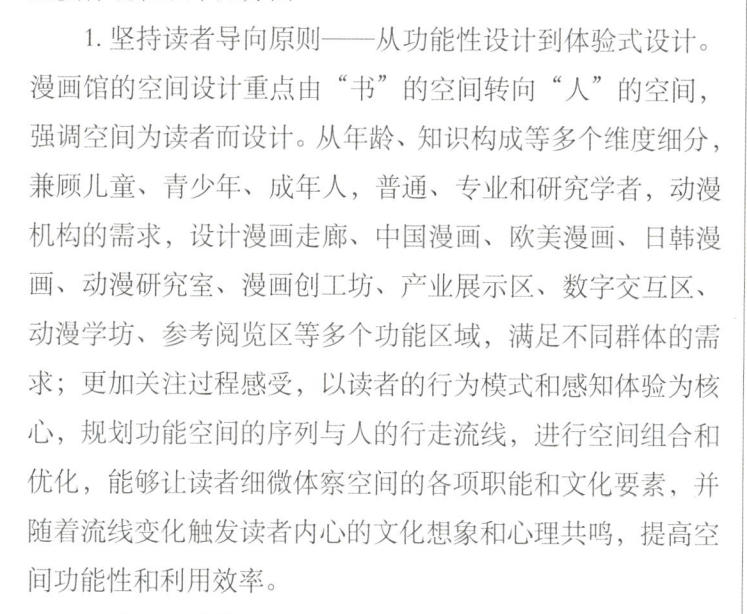

1. 坚持读者导向原则——从功能性设计到体验式设计。漫画馆的空间设计重点由"书"的空间转向"人"的空间，强调空间为读者而设计。从年龄、知识构成等多个维度细分，兼顾儿童、青少年、成年人，普通、专业和研究学者，动漫机构的需求，设计漫画走廊、中国漫画、欧美漫画、日韩漫画、动漫研究室、漫画创工坊、产业展示区、数字交互区、动漫学坊、参考阅览区等多个功能区域，满足不同群体的需求；更加关注过程感受，以读者的行为模式和感知体验为核心，规划功能空间的序列与人的行走流线，进行空间组合和优化，能够让读者细微体察空间的各项职能和文化要素，并随着流线变化触发读者内心的文化想象和心理共鸣，提高空间功能性和利用效率。

2. 采用开放性空间布局。打破了图书馆将读者与图书分离的传统，强调人的主体地位，采用"人在书中，书在人旁"的布局方式，书架的排列方式迎合读者的行为习惯，改变以往直线并行式排列的呆滞感和延阻，采用富有变化和动感的曲线式排列方式，激发读者探索的欲望；引入路径概念，通过曲线书架的导向，读者犹如散步一般，可自由选择、随意行走，不断与书、与人、与环境进行对话和交流，营造资源

改造后的漫画图书馆

日韩漫画区

动漫研究室

与读者之间的和谐关系，强调人、资源和空间的融合，让读者从被动等待到主动探寻，不断与空间环境进行对话，从而自由地获取资源和服务。

3. 创造空间性格。空间对于特定的使用者具有环境效应，即人在不同的空间内，通过解读环境信息，触发相应的场所感受并引导做出适当的环境行为。漫画馆的空间营造，强调空间的场所精神表达，创造独具审美意象的空间性格，深化人对于环境的认知和对空间构成的感受。空间性格创造的关键就在于主题策划，结合空间的资源特点和服务功能，提炼空间主题；其次，是元素设计，包括图像元素、灯光色彩、装置艺术、手办模型等，营造与主题匹配、极具个性的环境氛围。欧美漫画区，以英雄主义漫画经典的红黑两色作为基础设计元素，并配合钢铁侠能量环的灯具造型设计，并辅之以蜘蛛侠、蝙蝠侠等经典的模型展示，营造浓郁欧美漫画风情；动漫学坊空间营造时，通过"阶梯教室"的场景设计，呈现动漫学习活动主题，并辅之以动漫技法和教学参考类书籍的陈设，使得静态文献和动态活动相互补充，通过阅读激发活动创意，通过活动提升阅读兴趣。这种空间性格的创造，不仅提升了空间环境的品质，展现了空间的特色化与归属感，触发使用者与空间的情感链接，容易诱发用户相应的空间行为；同时，这种空间性格本身就是对空间资源和功能的最好揭示，有利于资源、环境和用户之间的协调。

8月20日，第八届中国国际影视动漫版权保护和贸易博览会东莞图书馆分会场系列活动暨漫画馆新馆启动仪式举行，东莞市委常委、宣传部部长潘新潮，广东省新闻出版广电局（版权局）副局长陈晓建，原国家新闻出版广电总局副总编辑、宣传管理司司长金德龙，东莞市文广新局局长陆世强，广东开放大学动漫学院院长范旭，上海美术电影制片厂党政负责人、制片人郑虎，动画电影《大鱼海棠》导演梁旋等领导和嘉宾出席开馆仪式。

期间，东莞图书馆与广州美术学院版画系合作的"图像阅读与创作实验室"项目落地漫画图书馆；奥飞动漫体验馆正式入驻漫画图书馆；"机器人+绘本馆"凡豆未来书院落地东莞图书馆，凡豆科技与东莞图书馆共同启动了"3年1000"阅读计划。

为推进图书馆动漫资源建设和服务的合作交流，由中国图书馆学会阅读推广委员会图书馆与社会阅读专业委员会主办，东莞图书馆承办的"动漫资源建设专家研讨会"也于8月20日上午正式举行。到会的嘉宾包括北京大学信息管理系教授王余光，中国图书馆学会阅读推广委员会顾问、原深圳图书馆馆长吴晞，广州美术学院教授、广东省美术家协会漫画委员会主任朱松青，武汉大学管理学院副院长黄如花，华南师范大学图书馆馆长高波，中国传媒大学教授魏晓阳，南京动漫图书馆馆长唐亦玲，中版集团数字传媒有限公司动漫事业部主任杜都，深圳少年儿童图书馆馆长宋卫等。会议由高波教授主持，武汉大学黄如花教授、广州美术学院朱松青教授、东莞图书馆李东来馆长分别作了"国外图书馆动漫资源建设与服务对我国的启示""独行与交互——谈动漫资源的规格与整合""公共服务平台与动漫文化传播——东莞漫画图书馆实践探索"三个主旨报告。

此外，由东莞市文化广电新闻出版局、桐乡市文化广电新闻出版主办，东莞图书馆、桐乡市丰子恺纪念馆承办的"在人间·再情味——丰子恺艺术展"，致敬中国漫画大师；由广东省美术家协会漫画艺委会主办的"《坏老头》对话《卡先生》——朱森林、刘宏双个漫画展"，极具生活气息和审美意象，展示了当代漫画作者的风采。

在人间·再情味—丰子恺艺术展

动漫资源建设专家研讨会

求变 2017

余爱嫦

> 保持城市中心馆文献基础优势和核心业务竞争力"不变",通过业务创新积极求"变"以适应发展需求,在"变"与"不变"之间找到契合点,直面新常态。

2017年10月18日,举世瞩目的中国共产党第十九次全国代表大会胜利召开,吹响了全面建成小康社会、实现中华民族伟大复兴的进军号角。同时,2017年是巩固发展"十二五"良好开局的关键一年,也是落实文化强国、文化强省战略,推进文化名城建设的关键阶段。"十三五"时期,是东莞率先全面建成小康社会决胜阶段,2017年,为进一步引导和加快东莞文化产业发展,根据《东莞市国民经济和社会发展第十三个五年规划纲要》精神,制定了《东莞市文化产业发展"十三五"规划》。

2017年,城市品质三年提升计划开始实施。市委副书记、市长梁维东做工作部署,要求要进一步加大统筹力度、理顺机制体制,确保各项工作任务落实到位,推动三年行动计划进入"快车道",形成加快城市品质提升的"自动波"。按照东莞市委、市政府关于城市工作的部署,我市需要加强全市城市建设项目统筹,打造高品质的空间环境,吸引高素质人才与高端产业,以提升城市核心竞争力。实施城市品质三年提升计划,在文化设施建设方面,需要落实《东莞市基本公共文化服务实施标准》,推进基层综合性文化服务中心建设,新建市博物馆新馆,完善图书馆总分馆体系,推进数字文化馆总分馆体系、数字文化资源库建设。东莞图书馆根据《东莞图书馆"十二五"战略规划》及《城市品质三年提升计划》,制定"阅读促进年"工作要点,以强化图书馆公共服务体系建设、参与全国第六次公共图书馆评估定级等重点工作为抓手,稳步开展各项工作。

对接国家2020年全面建成小康社会的目标要求,东莞图书馆注重服务均等与服务质量,全面提升公共文化服务体系建设水平。东莞图书馆充分认知新环境,保持城市中心馆文献基础优势和核心业务竞争力"不变"，通过业务创新积极求"变"以适应发展需求，补充工作中存在的短板，在"变"与"不变"之间找到契合点，直面新常态。

体系建设：完善总分馆服务体系

2017年2月，文化部等五部委联合印发意见，推进县级文化馆图书馆总分馆制建设。针对县级馆服务能力不强、县域内公共文化资源缺乏整合、城乡公共文化服务发展不均衡等突出问题，经国务院同意，文化部、国家新闻出版广电总局等5部委联合印发《关于推进县级文化馆图书馆总分馆制建设的指导意见》，提出到2020年，全国具备条件的地区因地制宜建立起上下联通、服务优质、有效覆盖的县级文化馆、图书馆总分馆制。如浙江嘉兴、重庆大渡口区、广东佛山、新疆克拉玛依、陕西铜川等地推行的文化馆、图书馆总分馆制建设，都取得了显著成效。

自新馆开馆十几年以来，以东莞图书馆为总馆，全市已构建起52个分馆、102个图书流动车服务站，各类活动遍地开花，各项业务开展如火如荼。面对当前的盛况，李东来馆长敏锐地捕捉图书馆未来发展的重要信息，要求大家不要满足于现有的成果，应在保持文献基础优势和核心业务竞争力"不变"的情况下，再通过业务创新积极求"变"。2017年，东莞图书馆在2016"体系提升年"基础之上，借"两法"宣贯之东风，在深化和完善总分馆服务体系方面做出一系列举措。

这一年，在探索总分馆专项工作深化新领域方面，东莞图书馆依托总分馆服务体系，按照总分馆工作模式，拟定《绘本馆体系建设项目工作方案》，搭建全市绘本馆服务网络。2017年7月22日，东莞图书馆首家绘本馆在万江分馆试开馆。万江绘本馆面积为146平方米，首期购入世界各国经典、优秀绘本3000余种，其中英文绘本400余种。馆内布置温馨

城市品质三年提升计划

2017年7月21日上午，东莞市召开城市品质三年提升计划工作动员会，全面部署城市品质三年提升计划各项工作，动员全市上下进一步加大工作力度，掀起提升城市品质的热潮。

两法

是指《中华人民共和国公共文化服务保障法》和《东莞市公共图书馆管理办法》。两法的出台，标志着我国公共图书馆事业有了根本法律保障，充分彰显国家对公共图书馆事业的高度重视。

东莞图书馆万江绘本馆

舒适、色彩明亮、充满童趣。之后，石龙绘本馆、塘厦绘本馆、大朗长塘绘本馆、南城中心幼儿园绘本馆等第一批绘本馆也陆续建成开放。

温州自 2014 年 4 月开始建立"城市书房"，提出"城市书房"概念并建设实施。2017 年 4 月，烟台市委、市政府举行提出"开展全民阅读，建设书香烟台"的倡议，并启动"城市书房"与"田园书房"建设。2017 年 10 月，河北沧州图书馆探索打造"阅读空间临街、服务功能打包、资源众筹共享、多种业态结合"四位一体的"城市书吧"创新服务模式，晓岚阁分馆、隐酌城市书吧、7+ 城市书吧等 9 个城市书吧相继建成开放。东莞图书馆为拓展公共图书馆的服务范围，满足民众就近享受图书馆服务的文化需求，吸取其他城市馆经验，以"城市阅读驿站"阅读点建设为契机，探索与茶室、咖啡馆等社会力量合作开展新形态服务模式，丰富我市图书馆公共服务体系。

这一年，东莞图书馆选址在东莞市城市规划展览馆、莞城中天创意园和万江泰库文创园内建设"城市阅读驿站"。2017 年年底，东莞市城市规划展览馆"城市阅读驿站"挂牌成立，部分功能对外开放；莞城中天创意园和万江泰库文创园"城市阅读驿站"于 2018 年春节前完成建设并对外开放。阅读驿站与阅读驿站之间、阅读驿站与全市总分馆之间均实现图书文献的通借通还，同时集传统文献信息服务与图书馆新功能于一体，环境典雅温馨，人文气息浓厚，受到读者青睐。

此外，东莞图书馆通过培训指导、搭建业务交流平台等方式来强化分馆业务的管理。采用"示范活动 + 培训"的方式，通过组织分馆业务骨干到总馆参加业务专题讲座以及总馆工作人员前往分馆现场培训指导等方式，开展镇村图书馆读者活动系列业务培训。依托总分馆馆长例会、《连线》刊物、总分馆三三连线等平台，加强总分馆业务沟通和交流，推进了总分馆活动上下联动。开展分馆图书采购督导工作，确保我市公共图书馆的藏书体系科学化和藏书目录规范化。2017 年完成了对麻涌等 32 个分馆及服务点的图书采购工作进行审核并跟进处理相关流程。强化分馆业务管理，做好公共电子阅览室的监控及 24 小时自助图书馆的业务指导，完善公共电子阅览室、24 小时自助图书馆的规范管理。

图书流动车作为创新服务方式的一种，在深入企业、军队、社区（村）内部服务以方便企业员工、军人、村民阅读具有良好的效果。2017 年东莞图书馆充分发挥图书流动车服务优势，加强图书流动服务工作，合理调整更换了一批服务站点，并加强规范化管理和宣传力度，在服务效果方面有了明显的提升。

完善公共文化服务体系、提高服务效能是新时代公共文化服务的新要求。东莞图书馆体系化建设的逐步深化和整体协同发展需要图书馆从更大的范围、更新的视角审视自身的职责与任务、服务内容与方式，充分认识并有效结合当下社会的发展与需求，从而形成新的发展战略。

强化服务：迎接第六次全国公共图书馆评估定级

"县级以上公共图书馆评估定级工作"是中国图书馆学会有序承接政府职能转移工作的重要尝试，并列入中国科协所属学会有序承接政府转移职能试点培育项目。2017年2月，文化部在全国开展第六次全国公共图书馆评估定级工作，文化部、广东省文化厅、东莞市文广新局先后下发《关于开展第六次公共图书馆评估定级工作的通知》，要求评估范围是省立中山图书馆，副省级、地市级、县（市、区）及30万人口以上乡镇（街道）公共图书馆和少年儿童图书馆。凡是开馆接待读者的省级、副省级、地市级、县（市、区）公共图书馆（少年儿童图书馆）均应参加评估。各地级以上市要按照新印发的评估标准，逐项对照，组织所辖地市级、县(市、区) 及30万人口以上乡镇（街道）公共图书馆做好自评数据录入"全国公共图书馆评估定级管理服务平台"工作，并根据工作安排，做好实地评估和指导工作。

在评估定级准备阶段，东莞图书馆提早规划，责任落实。早在2016年10月14日，东莞图书馆就召开了中层务虚会，对第六次全国县以上公共图书馆评估定级工作进行部署。

2017年1月，成立以馆长为组长，副馆长为副组长并作为三大部分的统筹人，各部门负责人作为一级指标责任人的评估定级小组，制定了本次评估的"工作进度表"。3月1日，召开指标填写说明会，对自评分填写、佐证材料收集等内容提出了具体要求。同时，办公室制定"自评分填写案例表"，

城市阅读驿站

城市阅读驿站是东莞图书馆与社会力量合作共办的、就近便民的服务新形态，选址都是位于市民身边的、环境宜人的休闲场所（如咖啡店、茶饮店、文创基地和展览馆等），配以书刊和"一卡通借通还"设备，为市民提供一种高品质的休闲阅读服务。

中天·联丰创意谷城市阅读驿站

要求各一级指标负责人规范填写。在资料完善阶段，对照标准，认真总结。根据评估细则要求，逐一对照各项指标内容，重新梳理内容，整合资源，针对不足之处，逐项分析、查找原因、弥补不足。同时，按照进度安排，各级责任人根据实际在"全国公共图书馆评估定级管理服务平台"上将各项指标填写完整，并逐一查漏补缺，力求尽善尽美。

在正式评估定级考察阶段，全馆动员，迎接考查。东莞图书馆坚持"以评促建，评建结合，重在建设"的原则，以"提高图书馆服务质量、办馆水平"为目标，有效推动了馆内业务提升、人员教育、对外宣传等工作的开展，以饱满的热情和充分的准备迎接评估的到来。

8月15日，广东省第六次全国公共图书馆评估定级专家组在广东省文化厅公共文化处副处长柳静洪的率领下来到东莞图书馆开展实地评估工作，对东莞图书馆的服务设施、业务建设和服务保障等情况进行了实地考察，认真查阅了相关证明材料和原始资料，开展评估并反馈意见。

专家组对东莞图书馆"以读者为中心"的体系化服务理念给予了充分肯定，认为东莞图书馆从读者需求和实际情况出发，不断地调整和拓展服务内容和服务方式，为读者提供完善的服务设施、温馨的服务环境、多元的服务内容和坚实的服务保障，引领着中国图书馆事业的潮流。专家组也对东莞图书馆提出了"进一步加强《公共文化服务保障法》的宣传""进一步巩固完善公共图书馆服务体系""进一步利用非物质文化遗产服务大众""进一步完善特殊群体服务""进一步加强专业协会建设，完善员工激励机制"等意见和建议。

这一年，在全市公共图书馆评估定级的工作中，东莞图书馆发挥总馆作用，参与组织开展对分馆评估定级，带领镇街分馆协同发展。4—6月，我市各镇（街、园区）开展了图书馆自查自评工作，并在前期准备的基础上，6月28日—7月5日，由市文广新局牵头开展全市公共图书馆实地评估工作。根据《广东省文化厅关于开展第六次公共图书馆评估定级工作的通知》（粤文公〔2017〕19号）要求，结合文化部开展的"县以上公共图书馆第六次评估定级工作"，推荐莞城、虎门、长安、东城、常平、塘厦、石龙、麻涌8个镇图书馆参加全省评估定级，同时首次开展对全市33个镇（街、园区）图书馆进行评估定级，采取成立工作组，分组对各镇（街）进行评估和指导的方式进行。

东莞市文广新局成立了由局分管领导、相关科室人员、东莞图书馆总分馆专业技术骨干组成的评估定级工作组，分组对各镇（街）进行评估。工作组的主要任务是对各镇（街）图书馆进行评估定级，包括评分、实地检查和形成评估结论，并指导参加省公共图书馆评估定级的镇（街）填报资料。实地评估采取看、查、问、听的形式进行：看——参观馆舍和设施设备，了解服务情况；查——查阅资料和佐证材料原件；问——发放调查问卷，进行读者满意率调查；听——听取镇街文广中心负责人的工作汇报。根据评估资料的查看情况以及实地检查情况，东莞市评估工作组对评估镇（街）进行最后打分，并对各镇（街）图书馆形成评估定级工作反馈意见。市文广新局综合各评估工作组的意见，评出我市镇（街）图书馆一、二、三级图书馆。特别值得提出的是，《关于各镇（街）图书馆评估定级工作情况的通报》，市文广新局以文件的形式下发到各镇（街）文广中心，不仅包括评估定级各镇（街）图书馆的得分和排名情况，还包括一份针对各镇（街）实际情况拟写的《各镇街图书馆评估定级工作反馈意见》，指出各镇（街）图书馆的优势与亮点、存在问题以及意见和建议，这些都是各评估工作组从专业的角度认真负责拟写的，目的是希望通过这次政府发文的形式反馈意见，提高各镇（街）镇委、镇政府对公共图书馆的重视程度，从而保障反馈意见的真正落实，包括保障经费加大投入，完善图书馆各项设施功能，保障公共图书馆人才队伍配备等，以进一步提升镇（街）图书馆的服务能力，促进我市公共图书馆事业的全面发展。

规范管理是推进图书馆事业持续健康发展的重要保证，不仅标志着规章制度的健全和完善，还体现着图书馆的发展方向、战略决策和运行机制。此次评估工作以"以评促建、以评促管、以评促用"为目的，有效地促进全国各级公共图书馆基础设施、业务建设、服务水平和办馆效益的提升。改革开放以来，我国公共图书馆事业取得了巨大的进步，特别是在服务和资源等方面，成效显著，管理上也有进步，实现

第六届全国公共图书馆评估定级现场评审

评审专家在石龙图书馆进行现场评审

了从经验管理到科学管理的跨越。但总体来说，图书馆的管理包括业务管理、服务管理、人力资源管理、战略管理等还存在着低水平低效率等问题，直接影响图书馆服务效能的发挥。因此，东莞图书馆从2009年就将发展规划、任务和目标，按照科学管理规范要求，推出《东莞图书馆规范管理工作手册》，2015年又进行修订，其中对组织文化、制度管理、业务规程、绩效测评都进行了规定，是图书馆事业发展与管理机制的集中展示，也是图书馆员工的行为规范和工作准则。通过评估定级，我们又更新管理观念，应用管理理论，创新管理模式，提高了图书馆的整体管理水平。

第六次评估在理论结合实践的基础上，标准参考ISO11620国际标准，依据我国公共图书馆服务实践，结合构建现代公共文化服务体系的发展要求，将公共图书馆绩效评估划分为三个维度：即政府投入、图书馆内部效率及社会大众外部满意。经过深入学习和研究，东莞图书馆导入卓越绩效模式，先后设立卓越绩效管理推进办公室和卓越绩效核心小组，从领导力打造、战略发展、用户服务、资源激活、过程管理、绩效考核和评价、服务效益输出等方面全面实施卓越绩效管理，各项业务工作逐步得到提高和改进，服务质量和服务效果也不断提升。东莞图书馆的卓越绩效管理，是"科学的改进工具"和"系统的评价方法"，极大地弥补了以往绩效改进与绩效评价手段和方法的不足。实施绩效管理的目的是让馆员明确任务、落实责任、强化过程、关注结果，而评估中又有明确的服务绩效作为考核指标，同时，员工的绩效考核表可作为评估工作资料保存下来。通过评估，及时发现问题、纠正偏差，形成科学决策。

评估定级圆满结束，但在过程中也发现东莞图书馆在部分工作中的不足。东莞是一个劳动密集型制造业城市，外来人口远超户籍人口，2016年常住人口高达826.14万人，截止到2017年6月10日，东莞图书馆持证读者量为533436个，持证读者占比为6.44%，年读者人均到馆量为0.32次，均离指标基本分满分还有差距，这意味着东莞图书馆读者发展工作有待加强。2013年至2016年，东莞图书馆年数字资源借阅总次数为42.84万册次，只占年各类文献借阅总册次的16.12%，这意味着数字阅读仍需引导。截至2017年6月中旬，微信、微博用户7.98万，占持证读者的24%，未达到最高70%的指标要求，这意味着微信、微博用户仍需拓展。东莞图书馆自建数字资源总量为2.368（TB），与满分指标值15（TB）

的指标相比，还有一定的差距，这意味着自建数字资源总量不足。同时，东莞图书馆建有专门的古籍阅览室，收藏古籍8000余册，古籍文献底子较薄弱，未能被国家级、省级主管部门列为古籍保护单位，古籍与特藏保护工作也需要加强。

评估不是终点，只是一种手段，一个过程，其最终目的是通过评估肯定成绩、发现差距、分析问题、找出原因、制定发展规划和目标、选择和做出发展对策，推动图书馆工作的开展。

东莞图书馆理事会开展调剂书库建设调研

提升效能：启动全市性智慧型调剂书库调研工作

为解决全市总分馆藏书增长需求与书库可用面积不足的矛盾，在参考上海、苏州、深圳相关经验基础上，东莞图书馆在《东莞图书馆"十三五"战略规划》中提出开展全市性智慧型调剂书库建设。该调剂书库整体定位是以现代信息技术和智能物流系统为支撑，集文献储存保障、智能流转、加工整理、数据管理等功能于一体的东莞市图书馆总分馆体系中图书储存调剂中心和文献资源保障基地，从而提升体系服务效能。东莞图书馆在延续2016年对国内同行相类似项目实地调研后，2017年开展对全市总分馆的现状以及国内外调剂书库现状与趋势进行分析调研，聘请深圳市华伦投资咨询有限公司编制调剂书库项目建议书，对项目建设背景及必要性、需求分析及建设规模、项目建设方案、专业设备、信息化工程、环境影响评价、投资预算及资金筹措等项目内容进行多次讨论，先后完成三稿。针对调研书库选址意向与发改局、规划局、国土局土地储备中心等相关部门多次沟通，并到各镇街实地调研书库候选地址后，初步确定谢岗为调剂书库预选址。形成第三方可行性研究报告《东莞图书馆调剂书库——东莞市图书智能流转中心项目建议书》，并上报市文广新局，等待领导批示后继续下一步工作。

委托管理：统筹松山湖图书馆建设工作

2017年，东莞图书馆根据《松山湖图书馆委托管理方案》安排，派出核心管理团队进驻松山湖图书馆，围绕委托管理筹备、图书馆功能布局规划等重点开展各项工作。

在委托管理工作方面，一是建立起松山湖管委会、市文广新局、控股公司等方面联系，起草了《关于开展松山湖图书馆委托管理有关工作的函》《关于对〈关于开展松山湖图书馆委托管理有关工作的函〉的回复》《工作沟通函》等。二是积极参与推进协议签订工作，起草了《松山湖图书馆委托管理协议》（以下简称《三方协议》），并由松山湖宣传文体局转发园区相关单位广泛征求意见。5月9日，园区党工委委员、管委会副主任曾莉同志在管委会主持召开了松山湖图书馆委托管理协调会，李东来馆长、冯玲副馆长、余爱嫦主任、徐黎、麦志杰等管理团队成员参会。各方充分讨论并敲定了三方协议各项内容，并形成了会议纪要。8月，控股公司正式确定其协议执行单位为"东莞市松科文化教育发展有限公司"。三是着手规划馆内管理规程。形成了《松山湖图书馆各部室职责》《松山湖图书馆人员配置》等制度草案9份。

在做好协商沟通委托管理事物的同时，管理团队着手规划松山湖图书馆的空间布局。一是调研、收集设计素材，先后赴深圳大学城图书馆、中国图书馆学会学术研究委员会图书馆建筑与设备专业委员会"图书馆空间再造与功能重组转型"研讨会、苏州独墅湖图书馆、上海浦东新区图书馆、松山湖创客和互联网产业园等地进行交流、调研，掌握大量资料，形成《松山湖图书馆业务空间规划（草案）》。二是为设计方提供大量参考资料，先后与设计方东莞宏图设计公司沟通修改方案7稿，提供参考图片1191张。三是着手规划重点服务区域设备、设施、资源配置，重点围绕一楼儿童区域、二楼数字服务区等进行规划，并就信息系统、相关产业重点数据库采购等进行调研。四是推动松山湖图书馆户外阅读空间建设，松山湖图书馆户外阅读空间建设设计得以单独立项推进，并出具了《关于开展松山湖图书馆环境标识设计及形象识别系统应用设计的请示》。五是图书馆数字化建设，针对松山湖图书馆数字化建设升级改造（自动化、信息化建设）进行调研及规划，掌握了馆内数字化软硬件设施基本情况，规划图书馆数字化建议方案，并积极与行业专家、馆内骨干沟通，形成了《松山湖图书馆智能化建设方案》《数字众创空间平台建设解决方案》《松山湖图书馆整体网络规划拓扑图及信息化情况》等材料。

另外，管理团队建立对馆内业务工作指导机制。一是指导松山湖图书馆员工参加2017年东莞市公共图书馆评估定级工作，指导其完成了《2017年东莞市公共图书馆评估定级评分表》填报、佐证材料收集、现场汇报筹办等，圆满完成迎评任务。二是协助开展文明城市创建相关工作，根据《市文明委成员单位督导检查情况通报》等反馈情况，积极做好松山湖图书馆相关工作完善、改进，包括核心价值观宣传氛围营造、服务先锋模范岗位设置等。三是指导提升读者服务，策划推出"2017年松山湖图书馆首届捐、赠、换书活动"、《书的艺术》主题展览等"4·23世界读书日"活动；以及创意手绘课程、"机器人制作小体验""浮水画亲子创意手作"等活动，还探索创新活动模式，以"展览+分享"的形式举办了"《跨限》当代艺术摄影展暨《摄影艺术创作的内功心法》公益讲座"，引入"《味道东莞》新书分享会"等。四是完善微信宣传平台建设，完成"东莞松山湖图书馆"公众号认证，形成每月微信活动预告及信息定期发布机制，微信粉丝量逐步增长。

松山湖图书馆

增强活力：调整组织架构

弗雷德·钱德勒在《战略与结构》一书中指出，企业的经营战略要适应环境的变化，而组织架构要随着战略的变化而变化。近年来，伴随着知识经济的兴起，东莞图书馆开展了多种多样的读者活动去满足读者信息需求，但面对读者需求与社会需求的更加多样化，对图书馆提出了新的挑战，所以图书馆需要依据外部的变化而做出自身形式和业务的变化。因此，为适应新的业务发展需要，根据"十三五"规划工作要求，东莞图书馆对现有12个部门进行调整和细化，划小为19个管理单元，并调整领导分工，以推进图书馆功能的完善和提升。

2017年松山湖图书馆捐赠换书活动

调整前，东莞图书馆 12 个部门为：办公室、编目部、辅导部、图书借阅部、业务部、报刊部、网络部、读者服务部、少儿部、物业管理部、学习中心推进部、参考咨询部。图书馆作为保存文献的重要场所，已经出版的正式文献理所当然要保存，但相对"白色文献"和"黑色文献"来说，灰色文献是指介于白色文献与黑色文献之间的文献，虽然已经发行但很难从一般图书销售渠道和常规方式获得。灰色文献通常指不受营利性出版商掌控，而由各级政府、科研院所、学术机构、工商业界等所发布的非秘密的、不作为正常商业性出版物出售而又难以获取的各类印刷版与电子版文献资料。于是，东莞图书馆决定将现有的辅导部分出一个管理单元——灰色文献项目组，专门负责收集灰色文献，包括预印本、工作论文、专题论文与学位论文、研究与技术报告、会议论文集、部门及研究中心的时事通讯与公告、基金申请报告、提交给基金机构的反映项目进展的阶段性报告、委员会报告与备忘录、统计报告、技术文件、调查报告、工具手册及宣传册等。阅读推广委员会是中国图书馆学会设置的在全国范围负责规划、指导、协调、组织阅读推广及相关学术研究活动的专门工作委员会，新一届阅读推广委员会自 2016 年起挂靠东莞图书馆。东莞图书馆将业务部分出一个管理单元——阅读推广委员会秘书处，专门负责阅读推广委员会的日常运作，包括收发文、组织活动、起草通知、制订计划总结等。近年来，随着网络时代电子书的发展，越来越少的人选择进入图书馆看纸质报刊，另一现象是少儿的教育与活动越来越受到社会的重视，因为，东莞图书馆将少儿部划分为四个管理单元，将报刊部与少儿部的一个管理单元合并。建立文献保障中心，立足于本馆图书典藏，负责全馆各部门下架图书的查重调配、综合阅览室等书库管理等工作。建立儿童和报刊服务部，主要负责开展少儿读者服务工作，承担儿童天地图书的外借、阅览服务工作，组织少儿读者活动，以及承担本馆报刊的组织、书目数据建设、文献管理，为读者提供报刊阅览、外借等工作。少儿馆主要负责全市少儿活动的统筹与组织及馆内少儿活动的策划与组织工作，承担少儿馆文献外借、阅览和少儿文献的典藏等工作。东莞图书馆 2004 年设立大陆第一家漫画馆，设立漫画馆管理单元主要负责开展和组织漫画图书馆各项业务工作。绘本馆管理单元以绘本专题项目为主，主要承担绘本专题文献的收集与整理、绘本专题数据库的建设、绘本分馆的建立与活动统筹。参考咨询部分支出地方文献开发部，承担地方文献开发、地方文献数据库"东莞文库"建设、古籍整理与保护等。

在领导分工方面，李东来馆长主持东莞图书馆全面工作，分管办公室；冯玲副馆长统筹负责业务规划和研究工作，分管业务部、阅读推广委员会秘书处、松山湖图书馆；李映嫦副馆长统筹负责党务工会、安全保卫、文献资源建设等工作，分管采编中心、综合服务部、儿童和报刊服务部、少年儿童图书馆、绘本馆；杜燕翔副馆长统筹负责技术和总分馆工作，分管网络中心、学习中心推进部、漫画图书馆、分馆发展部、灰色文献项目组；蔡冰副馆长统筹读者服务和文献开发工作，分管文献保障中心、读者服务部、图书借阅部、地方文献开发部、参考咨询部。

组织结构调整后对于东莞图书馆的发展有很多积极作用：一是有利于东莞图书馆战略落地，在功能方面更加完善；二是有利于人才的整合，释放资源能量；三是有利于管理的提升，提高组织绩效；四是有利于人才的培养，支撑东莞图书馆未来发展。

灰色文献

灰色文献品种繁多，包括非公开出版的政府文献、学位论文；不公开发行的会议文献、科技报告、技术档案；不对外发行的企业文件、企业产品资料、贸易文件（包括产品说明书、相关机构印发的动态信息资料）和工作文件；未刊登稿件以及内部刊物、交换资料，赠阅资料等。灰色文献流通渠道特殊，制作份数少，容易绝版。虽然有的灰色文献的信息资料并不成熟，但所涉及的信息广泛，内容新颖，见解独到，具有特殊的参考价值。

赋能

2018　熊剑锐

> 在创新中求进步，在转型中求发展，图书馆人要抓住机遇为事业发展赋能，同时也要实现自我赋能，促进公共文化事业繁荣发展。

2018年，是贯彻党的十九大精神的开局之年，是改革开放40周年，也是决胜全面建成小康社会、实施"十三五"规划承上启下的关键一年。这三个"年"是中国经济发展轨迹的时间节点，"我们要以庆祝改革开放40周年为契机，逢山开路，遇水架桥，将改革进行到底。"2018年新年贺词中，习近平总书记发出号召，并指出，中共十九大描绘了我国发展今后30多年的美好蓝图。九层之台，起于累土。要把这个蓝图变为现实，必须一步一个脚印，踏踏实实干好工作。1月10日人民网发文："2018年，中国踏踏实实干。"[1] 改革、创新、实干成为时代最强音。

2018年对图书馆界也是一个不平常的年份。《中华人民共和国公共图书馆法》（以下简称《公共图书馆法》）的实施坚定表明了国家对公共图书馆事业的永续支持；文化与旅游部机构的调整，加速了文旅等多个行业的深度融合，馆社店三方你中有我，我中有你；互联网新业态的快速发展改变了人们的阅读方式和阅读内容，人们文化消费需求的提高促进了文化内容提质升级……多种选择方向与发展道路，同时也造就了一个机遇与挑战、希望与风险并存的时代。在创新中求进步，在转型中求发展，图书馆人要抓住机遇为事业发展赋能，同时也要实现自我赋能，促进公共文化事业繁荣发展。

法制：为图书馆事业发展赋能

《公共图书馆法》于2018年1月1日开始施行。这是党的十九大之后出台

---

[1] 陈振凯.2018年，中国踏踏实实干[EB/OL].[2019-11-19].http://world.people.com.cn/n1/2018/0110/c1002-29755518.html.

的第一部有关文化方面的法律，也是公共文化领域继《公共文化服务保障法》之后的又一部重要法律，对于进一步健全我国文化法律制度、促进公共图书馆事业发展、保障人民群众基本文化权益具有重要意义。"公共图书馆法"首次以法律规定的形式把推动、引导、服务全民阅读作为公共图书馆的重要任务，将多年来推动全民阅读的经验总结上升为法律制度，为进一步推动全民阅读提供了契机，也为图书馆进行阅读推广提供了有力的法律保障。

依法办馆，提升体系

2017年3月1日《公共文化服务保障法》正式实施，同一天，《东莞市公共图书馆管理办法》也在我市施行，这是《公共文化服务保障法》颁布后首个出台的地方性图书馆政府规章。这两部具有里程碑意义的法律和政府规章，将对东莞市公共文化建设，尤其是公共图书馆事业起到十分重要的促进作用。为了做好"两法"的宣贯，我馆举办"两法"培训班，邀请了北京大学信息管理系教授、国家公共文化服务体系建设专家委员会主任李国新，中山大学资讯管理学院教授、中山大学图书馆与资讯科学研究所副所长潘燕桃重点解读了"两法"；同时制作"两法"主题展览，在全市各分馆巡回展览。

《公共图书馆法》颁布后，我馆参与了解读。受文化部文化科技司委托，国家图书馆研究院承担《公共图书馆法解读》《公共图书馆法学习问答》编纂工作，其中，第四章服务部分由上海图书馆和国家图书馆牵头负责，联合东莞图书馆和华东师范大学有关专家共同承担，我馆是全国十家参与该法解读的单位中唯一一家地级市图书馆。

2018年5月24日，我馆配合局组织召开了全市图书馆总分馆服务体系建设提升推进会暨2018总分馆馆长例会，以"法治化促进和保障全市图书馆总分馆服务体系提升"为主题，学习贯彻《公共文化服务保障法》《公共图书馆法》

全市图书馆总分馆服务体系建设提升推进会暨2018总分馆馆长例会

及《东莞市公共图书馆管理办法》"三法"新要求，加强体系建设深化及进一步推进全民阅读工作等对全市总分馆工作进行了部署。

会上市文广新局王旭辉副局长发表重要讲话，要求我们根据党和国家、省、市的新要求、新部署，统筹全市图书馆总分馆服务体系在新时期的提升规划，以"三法"为依据，进一步落实图书馆市、镇（街）、村（社区）三级管理责任，实现全市图书馆在机制和政策保障、体系架构、基础设施、管理制度、服务形态等方面的提升，使全市图书馆在更高起点上实现更高水平发展，在建设"美丽东莞"过程中实现图书馆自身提升，为更好地满足广大市民群众"过上美好生活"的新的文化需求，提供有力保障。

李东来馆长结合"三法"的实施以及全市图书馆的具体情况，以"法治化促进和保障全市图书馆总分馆服务体系提升"为主题，详细阐述了以文化立法促进文化发展的背景、"三法"的主要规定以及东莞的差距与提升要求。他表示，经过体系构建、体系夯实阶段，东莞公共图书馆服务体系目前进入了体系提升阶段，需从广度与深度两个维度着力，一方面要做到服务体系覆盖面广，服务成效好；另一方面要做到资源丰富有保障，业务规范有支撑，特色研究有影响。与此同时，李东来馆长还指出了目前全市图书馆总分馆服务体系建设存在的一些问题，如政府对图书馆的支持和保障力度不足、管理机制不能适应图书馆自身发展需要、人才欠缺等，并针对这些问题，对标"三法"，提出了具体的提升要求。杜燕翔副馆长则从"政策与规划""经费保障""人员队伍建设""馆舍建设"和"业务与服务重点"等方面，讲解了2018年全市图书馆总分馆工作的规划与重点。

我馆对标"三法"，结合工作实际，制定了"东莞市图书馆总分馆服务体系提升方案"，进一步落实图书馆市、镇（街）、村（社区）三级管理责任，实现以市图书馆在机制和政策保障、体系架构、基础设施、管理制度、服务形态等方面的提升。

为确保提升工作更有针对性，我馆还开展了全市图书馆公共服务体系建设调研工作，通过实地和线上相结合的方式，详细了解各分馆每年人、财、物投入情况、年文献外借量及读者活动开展情况等重点指标数据，完成了《东莞市图书馆公共服务体系建设调研报告》和《东莞市公共电子阅览室建设调研报告》，为我馆体系的提升工作提供了充分的数据支持。

开展宣贯"三法"活动

围绕"三法"宣贯，切实保障广大市民的阅读权益和其他文化权益，2018年东莞第十四届读书节策划了"我身边的图书馆——公共图书馆法与新时代公共图书馆建设与服务"主题征文及知识竞赛，并推出"《公共图书馆法》图文展""东莞市图书馆事业迈入法治化规范化轨道——《公共文化服务保障法》《东莞市公共图书馆管理办法》解读展"等在全市各镇（街）进行巡展。

我馆业务部组织全馆10名馆员参加了中国图书馆学会于2018年1月初启动的"依法办馆 创新发展——新时代公共图书馆建设与服务"知识竞赛等主题活动，通过这些活动，引导图书馆从业人员深入学习公共图书馆相关的政策、法规、条例，并结合各馆实际业务开展具体的应用与实践活动，全面提升各级各类图书馆服务能力与水平。

10月23日，我馆参加粤港澳大湾区图书馆科技文献协作会议

加入协作联盟，为大湾区建设赋能

2017年7月，国家发改委发布《深化粤港澳合作 推进大湾区建设框架协议》，2018年全国"两会"《政府工作报告》首次将"粤港澳大湾区"纳入"区域协调发展战略"，粤、港、澳三地，在互联互通的"硬件"和"软件"上均获重大升级，三地融合提速且逐渐深化。2018年也被称为"粤港澳深度融合年"。大湾区不仅是一个经济概念，同时也是一个文化科技概念，经济的紧密合作有赖于文化科技的高度整合。

为助力粤港澳大湾区国家战略规划和广深科技创新走廊战略规划，服务科技创新与制度创新"双轮驱动"，利用高校科技创新优势和图书馆文献资源优势，着力打造大湾区图书情报机构群和科技信息资源港，增强对粤港澳大湾区科技创新和社会服务的支撑作用，我馆加入由华南理工大学图书馆牵头组织，广州地区高校图书馆联盟成员等多家图书馆共同倡议成立的粤港澳大湾区图书馆科技文献协作联盟。

10月23日，粤港澳大湾区科技文献协作会议在华南理工大学五山校区图书馆召开。会议讨论通过了《粤港澳大湾区图书馆科技文献协作会议规则》，推举通过华南理工大学图书馆当选首届会议主持单位，广东省立中山图书馆、东莞图书馆等15家单位当选为副主持单位。

阅读服务，为提升城市品质赋能

2018年1月20日，东莞市政府"一号文"《关于推动美丽东莞建设满足人民日益增长的优美环境需要的若干意见》正式发布，提出了建设美丽东莞，对标国内一流城市，推进城市品质计划。为认真贯彻党的十九大精神，落实市委市政府提升城市品质内涵，建设美丽东莞的战略部署，我馆结合《东莞图书馆"十三五"战略规划》"助推城市发展"战略方向，确定2018年工作主题为"城市服务年"。以强化图书馆公共服务体系深化提升、城市阅读促进、弘扬地方文化等重点工作为抓手，砥砺前行，服务城市发展，推进全民阅读。

技术：人脸识别，信用办证

2017年9月，阿里巴巴在杭州万象城肯德基上线刷脸支付。实现了刷脸支付技术在全球范围内的首次商业应用，将支付时间缩短至10秒以内。2018年1月，新西兰一家网发表名为《中国在互联网时代的"新四大发明"》的文章给出了另一个版本的新四大发明，即微信、Wi-Fi、摩拜单车、支付宝。

无论是哪个版本的"新四大发明"，像当年的"四大发明"一样，它改变了人们的生活方式，推动着我国乃至全球的发展和变革。[2]

4月下旬，东莞图书馆推出"信用办证，扫码借书"体验服务，首次办证的市民可以通过支付宝芝麻信用免押金办证、扫码借书，并在24小时自助图书馆开通人脸识别进行借阅。

在"扫码看书，百城共读"数字阅读推广的基础上，馆微信推出"看世界学英文""为爱朗读""共享阅读"等在线阅读栏目，"QQ阅读""仁仁阅"等资源数据库，增加微阅读的可读性和趣味性，读者体验到高新科技带来的便捷、

---

[2] 郭万盛. 奔腾年代：互联网与中国 1995—2018[M]. 北京：中信出版集团，2018：438.

优质服务。

合作：推进全民阅读

随着社会高速发展，公共图书馆运用"图书馆+"战略来提高自身竞争力和服务质量。我馆最近几年运用"图书馆+咖啡""图书馆+旅游"建立的城市阅读驿站成功试水。跨界合作让原本毫不相干甚至矛盾、对立的元素，相互渗透相互融合，实现资源共享互惠互利。

东莞图书馆与东莞电台联合推出《城市的声音》"共享阅读"专栏

4月17日下午1点，全馆无休，大家或用手机或在网上，收听东莞电台FM104《城市的声音》之"共享阅读"专栏的首期直播节目。我馆莫启仪、杨河源及广东省"十大优秀书香之家"成员秦梅做客东莞电台，与听众朋友分享世界读书日的由来、东莞在世界读书日开展的活动、为什么我们今天仍需要图书馆、如何引导孩子爱上阅读等内容，并与网友展开精彩互动。这一专栏是我馆和电台首次合作开展的阅读推广活动，借助电台的力量让市民了解图书馆，了解阅读推广，让阅读成为百姓生活的常态，让图书馆成为市民的生活中心。

《城市的声音》栏目由东莞电台主播叶纯主持，东莞图书馆作为其合作伙伴，共同策划了"共享阅读"专栏。全年52期节目，每周一期，馆长、馆员、朗读爱好者、故事人、漫画家、老师、记者、公司职员、科研人员、学生、幼儿园小朋友……一个又一个读书人、爱书人走进电台直播间，针对不同的主题展开讨论、交流。话题包括读书节、绘本阅读、城市阅读驿站、东莞阅读联盟、总分馆体系服务、市民学堂公益讲座等，共同营造东莞全民阅读氛围。栏目自开播以来得到诸多市民读者的支持与欢迎，微信、微博关注量不断上升。

为广泛吸纳社会力量开展阅读推广活动，合力推进和谐书香社会建设，2018年我馆启动东莞阅读联盟建设。通过面向社会招募、评审、签署合作协议等程序，东莞启智学校读书会、东莞理工城市学院炼钢读书会、阳光读书会和云上读书会成为首批成员，于3月25日在东莞图书馆423空间站举行了首场读书活动。2018年东莞阅读联盟共举办各类读书会活动45场，其中在东莞图书馆举办18场，少儿分馆举办2场，松山湖分馆举办6场。读书会活动形式多样，受到阅读爱好者的欢迎，提升了城市阅读氛围。

文献研究：提升服务深度

近年来，东莞图书馆发挥专业优势，通过专业化文献内容组织来满足读者的多元化与个性化阅读需求，以提升服务深度。

一是地方文献的挖掘与整理。我馆坚持对东莞地方文献挖掘整理，服务城市文化发展。4月13日上午，在我馆举行《伦明全集》发布会。有关局领导和专家到会，并对《伦明全集》的出版给予了高度评价。市文广新局陆世强局长强调中国近代莞籍著名藏书家、版本目录学家伦明的学术成就和文化贡献，希望能够充分挖掘历史文化名人，传承东莞人文精神，为东莞在更高起点上实现更高水平发展提供强大的精神动力。同时，他也充分肯定东莞图书馆主持编纂出版《伦明全集》，不仅让伦明的文化成就得以彰显，让伦明的精神得以弘扬，而且对东莞文化底蕴的彰显、市民文化自信的提升、东莞国家历史文化名城的创建都具有重要意义。北大信息管理系王余光教授则从伦明及其家族学风的启发意义、伦明毕生矢志续修《四库全书》这种传承中华传统文化的精神、伦明对当代全民阅读的典范意义、本书对伦明学术及其人研究的重要作用四个方面深刻阐述了编纂《伦明全集》的意义和价值，并感谢东莞图书馆付出大量的人力、物力出版了这套图书，不仅在图书馆服务上，而且在著作编撰出版上，在学术的积淀上，都做出了创新的尝试，为中国其他公共图书馆树立了榜样。广东人民出版社肖风华社长则从出版的角度阐述了《伦明全集》对城市文化传承的作用和意义。《伦明全集》共5册，总计230万字，是东莞图书馆组织有关文史专家、文献学者历时8年整理而成，是近代莞籍著名藏书家、版本目录学家伦明存世文献的第一次公开集结发行，同时，还召开《伦明全集》学术研讨会。通过报纸、电视台、网络等媒体大力宣传推介中国近代莞籍著名藏书家伦明的学术成果、思想和文化精神，提升了东莞名人的影响力，彰显了东莞厚重的文化底蕴；并继续收集和整理研究伦明的文章、论文及专著，以及伦氏家族著述等，编辑整理成《伦明研究》；完成"东莞文库精粹"系列之《东莞明伦堂史料选编》的初稿，目前正对初稿进行修改，增补部分史料；完成了《东莞地方文献目录总览》全书6100余条目录的校订工作；

初步完成《东莞书院历史》的资料收集和整理工作。东莞地方文献的挖掘整理初现成果。

二是绘本文献整理与出版。随着人们对绘本价值的认知提高，对儿童启蒙教育的日益重视，自2002年起，我国少儿类图书出版量连续十年保持两位数以上的增长，被业界称为"黄金十年"。目前，全国年出版童书4万多种，在销20多万种，童书已然是中国图书市场的第一门类，其中，绘本约占童书总量的1/10。在大量引进绘本的同时，本土绘本创作和出版也迅速发展，童书出版的"黄金十年"使绘本积累了异常丰厚的文献。东莞图书馆绘本馆项目组于2017年启动绘本文献总览项目，在总结《漫画文献总览》出版经验的基础上，以童书中的绘本为入口，广泛收集和系统整理我国引进及原创绘本文献信息，编辑出版《绘本文献总览》，《绘本文献总览》全6卷共16册，主要收录我国2016年之前（含2016年）的绘本专题中文图书文献约3.3万条，力图较全面地反映国内外绘本专题文献的总体概貌和积累、研究的初步成果，为广大读者和相关行业人员了解和研究绘本提供文献支撑。

《绘本文献总览》

三是灰色文献的收集整理。传统的正式出版的纸质图书、期刊及其数字化后的电子资源的增加、整合和挖掘已远远不能满足服务需求，而包含更多载体、更多形式、更多内容、更多来源，具有更快更新速度的灰色文献资源建设往往被忽视，馆藏资源的同质化和单一化已成为当前公共图书馆服务创新的障碍之一，灰色文献的建设、开发和利用亟需成为图书馆核心业务的增长点。[3] 2017年我馆成立灰色文献项目组，致力于东莞地区的灰色文献收集和整理。2018年在我馆召开"我们，为未来保存现在"为主题的第一届全国灰色文献年会，发布了《第一届全国灰色文献年会关于灰色文献开发利用东

2018年4月13日，《伦明全集》发布会

2018年12月7日，第一届全国灰色文献年会在东莞图书馆召开

---

[3] 李东来. 灰色文献与图书馆核心业务演变 [J]. 图书馆建设，2019（2）：4.

莞宣言》和《关于成立图书馆灰色文献建设与开发利用联盟倡议书》，并举行"碧虚优秀企业文献长期保存示范基地"揭牌仪式，东莞图书馆成为首个示范基地。

馆舍修复：优化阅读环境

我馆馆舍自2005年投入使用至2018年已有14年，大堂挑空钢结构梁面涂饰的防火漆出现大面积爆裂脱落，建筑体出现不规则裂缝，玻璃天面渗漏水等现象，存在安全隐患。为给读者营造舒适、安全的阅读活动环境，2018年11月1日至2019年1月25日我馆实施应急修复工程。馆内成立修复工程应急工作小组，由副馆长李映嫦担任组长，综合服务部的工作人员担任组员。应急小组积极跟进修复工程，配合市城建局和中标工程建设队伍就项目实施的升降机设备、工程实施期间建筑垃圾搬运等工作做好现场安全监管，确保修复工程质量安全；应急工作小组每天对工程的施工情况和工程进度进行一日一报，协调施工方、城建局、物业、图书馆多方关系，保证了修复工程按时按质完成。在工程修复期间，我馆闭馆不休业，将一楼自习室改成临时借还图书服务点，同时由各部门业务骨干组成基层服务小分队，开展了故事会系列、市民学堂、主题展览、图书捐赠、图书交换等"百项活动下基层"活动。12月在我馆举办的广东省图书馆协会年会和全国首届灰色文献年会也如期顺利召开。

学习：实现自我赋能

自2016年"知识付费元年"至今，传统出版机构、新媒体、各大网络平台纷纷涌入知识付费这片红海，据艾瑞咨询发布的《2018年中国在线知识付费市场研究报告》，我国2017年中国知识付费产业规模约49亿元，2020年将达到235亿元，未来内容付费市场潜力巨大。[4]日趋激烈的社会竞争，人们对高质量的知识信息产生大量需求，一场新的学习革命浪潮已然到来。在这一环境下，图书馆要持续发展，永葆活力和竞争力，唯有学习，再学习，以增强组织的整体服务能力。2018年我馆从多个维度出发，创新人员培训机制，开展了内涵丰富的专业培训。

开展"点餐制"培训

针对各镇（街）分馆的业务需求，我馆开启"分馆点餐、总馆配餐——订制

---

[4] 艾瑞咨询研究院.2018年中国在线知识付费市场研究报告[EB/OL].[2019-11-19]. http://www.sohu.com/a/227714438_354988.

服务"新模式，制定了《2018年东莞图书馆总分馆"点餐式"培训工作方案》，以提升整体服务水平。各分馆参照课程表结合自身实际需要自主选择培训课程，面向总馆各部门、各分馆招募了26名具有高、中级职称的业务培训主讲老师组成讲师团，共开设24门课程，全年申报人数总计超过8000人。除了业务系统为必报的课程外，其他热门的课程如《读者活动》《读者活动组织》和《电子阅览室》的申报人次均超过300人。

"2018年东莞市图书馆总分馆'点餐式'培训"工作作为东莞图书馆的重点工作被纳入市文广新局的重点工作之一，市文广新局于2018年4月向全市各镇（街）下发了正式通知文件，由总馆统筹、组织培训讲师团按照培训安排分片分批到各镇（街）开展现场培训，根据报名人数和就近原则，东莞图书馆统筹协调，制定了《东莞市图书馆总分馆业务培训课程表》，于每周一在有条件的镇（街）开展分片培训，一些报名人数不多的课程，培训点将设在东莞图书馆集中开展培训。全年共完成培训87场、5156人参与。各分馆对总分馆的管理、指导、统筹、组织等方面的满意度达到99%。

绘本阅读推广人培训

随着绘本馆项目在全市推进，绘本馆各项业务工作也逐步展开。为提升绘本馆工作人员的综合素质和业务水平，培养一批具有一定理论基础和实践能力的绘本阅读推广人，更好地面向少年儿童开展绘本阅读指导和绘本阅读推广工作，2018年6月，东莞图书馆启动"绘本阅读推广人"种子培训计划。来自全市11家绘本馆共23名工作人员参加了本次培训。开设的理论课程有绘本入门、绘本的解读方法、绘本阅读与儿童成长、绘本的运用及讲读艺术等，实操课程包括绘本的结构、绘本的解读、绘本讲读基本功练习、开展绘本故事的技巧等提高绘本阅读推广人素养的内容。本次培训共8次课程，32学时。老师根据学员作业、实操等表现进行评分，

点餐式培训现场

绘本阅读推广人培训

成绩合格者,颁发东莞图书馆"绘本阅读推广人"证书。

全员学习与培训

我馆借闭馆应急维修之机,组织开展了内容丰富、形式多样的学习和培训活动,提升员工知识素养,开阔眼界,为修复工程结束后以更佳的服务面貌迎接读者做好准备。

一是举办"馆长专场讲座"。11月1日李东来馆长带来了"图书馆阅读推广的思考、设计与行动"专题讲座,拉开整个培训活动的序幕,11月5—7日,冯玲、李映嫦和杜燕翔三位副馆长分别作了"学习·创新·成长""以党建工作促进图书馆事业发展"和"图书馆总分馆及技术支撑"主题讲座,分别从我馆业务建设、党建工作以及总分馆建设和技术方面等不同角度介绍了我馆近年的发展以及取得的成就,并对未来我馆具体工作的开展提出要求和建议。另外,蔡冰副馆长已于9月21日开展了主题为"图书馆读者服务与管理"讲座。馆长们建瓴高屋,从宏观设计到科技创新,从自我学习到服务读者给我们带来全新的视野和实践思考。

二是走进高校开展专业学习。12月10—14日,我馆联合中山大学(珠海校区)在中山大学高等继续教育中心举办图书馆学专业知识培训班。我馆全体员工以及分馆业务骨干共148人参加了本次培训。开设的课程有《文化指标与公共文化服务绩效评估及管理》《公共文化服务社会化案例研究》《全媒体时代的公共危机处理》《新技术环境下图书馆教学服务新发展》《面向全民的信息素养教育理论与实践探索》《公共图书馆空间资源再造》和《深圳地区公共图书馆总分馆制探索与实践》等。同事们都为能参加这样的培训感到由衷的高兴,"课程设计很有心,涉及当下工作的各个方面。老师们谆谆善诱,妙语连珠,详细解读了当今图书馆的发展以及面临的问题和困境,并为今后图书馆的发展做出分析,指明方向。""有很多新的理念、新思考,如公共危机的处理,信息素养的全民教育等,既有时代的视野,关注时代的发展,也有对策,极大地提升我们馆员的未来应对能力。"

三是向同行取经。组织业务骨干,分批外出参观学习,开拓视野。11月19—23日我馆一行12人在杜燕翔副馆长的带领下,参观了湖北省图书馆、武汉大学图书馆、湖南省图书馆、长沙市图书馆、湖南省少年儿童图书馆、长沙市天心区自助图书馆6个国内高水平图书馆,对战略规划、人事管理、《公共图书馆法》实施、阅读推广、专题文献服务等进行了调研学习。12月17—21日,一行

11人在李东来馆长的带领下赴山西、河南两地的图书馆学习、交流。期间，先后参观了山西省晋中市图书馆、太原市图书馆、河南省郑州市图书馆、郑州西亚斯国际学院图书馆、纸的时代书店等场馆。12月17—21日，一行13人在李映嫦副馆长的带领下，到上海图书馆、杨浦区图书馆、陆家嘴图书馆、绍兴图书馆、绍兴历史文献馆、杭州图书馆科技分馆、杭州图书馆、杭州少年儿童图书馆8家馆参观，重点围绕战略规划及执行情况、功能布局、人事考核、体系化建设、全民阅读与阅读推广的亮点、地方文献工作以及新技术应用等方面工作进行调研，收获很多值得我馆借鉴的经验做法。12月17—21日，一行14人在蔡冰副馆长的带领下到首都图书馆、海淀北部文化中心图书馆、沧州图书馆、天津滨海新区图书馆、中新友好图书馆、泰达图书馆等场馆学习交流。借鉴和学习各馆的功能设计、服务模式、特色活动等亮点。12月24—28日，一行12人在冯玲副馆长的带领下参观了成都电子科技大学图书馆、成都市图书馆、四川省图书馆、武侯区图书馆、四川国际标榜职业学校图书馆、重庆图书馆、重庆大学图书馆、四川美术学院图书馆、三峡广场24小时自助图书馆等，围绕人员管理配置、馆藏资源建设、馆舍空间建设、新技术应用、特色读者服务、阅读推广、数字资源推广等方面工作展开调研。

每个小组回来后都将本组所看、所学、所想制作成PPT，给全馆展示。全国兄弟馆的先进的办馆理念、服务模式、馆藏建设和阅读推广活动策划等方面的成功经验，给我们诸多启示，大家也是赋能满满，将所学运用到工作中去，不断创新，以崭新的姿态迎接未来挑战。

员工素质提升行动培训系列之馆长专场讲座

全体员工及分馆业务骨干赴中山大学（珠海校区）学习培训

东莞图书馆员工赴湖南、湖北图书馆调研学习

新程
2019　麦志杰

东莞图书馆坚守专业和核心业务，整理出版系列大型书目文献和地方文献。在建馆90周年之际，东莞图书馆人以这样实实在在的专业沉淀，展示自我守正之心。

2019年注定是值得铭记的一年。

10月1日，庆祝中华人民共和国成立70周年盛典在北京天安门广场隆重举行，以盛大的阅兵仪式、群众游行和联欢活动欢庆新中国70华诞。天安门广场的盛景吸引了全世界的目光，数字显示，10月1日活动直播在电视端的总收视规模达到7.99亿人；广播直播节目中，中国之声累计触达2100万城市核心人群。庆祝大会上，习近平总书记发表的讲话深深地鼓舞了全体中华儿女——"70年来，全国各族人民同心同德、艰苦奋斗，取得了令世界刮目相看的伟大成就。今天，社会主义中国巍然屹立在世界东方，没有任何力量能够撼动我们伟大祖国的地位，没有任何力量能够阻挡中国人民和中华民族的前进步伐。"

这一年，和全国各界人士一样，图书馆人也积极行动起来，通过各式各样的活动献礼祖国70岁生日：展览、朗诵、主题阅读活动……与此同时，中国图书馆学会迎来成立以来的第40个年头，国家图书馆迎来110周年馆庆，东莞图书馆也迎来建馆90周年，各自走到了一个时间节点，也开始了一段新的征程。

回顾历史，我们踌躇满志。展望新程，我们扬帆再起。

守正与创新：东莞图书馆的行动

9月8日，习近平总书记给国家图书馆8位老专家写了一封回信，总书记对图书馆事业给予了充分肯定——"图书馆是国家文化发展水平的重要标志，是滋养民族心灵、培育文化自信的重要场所"，在图书馆业界引起强烈反响，全国图书馆人深受鼓舞、倍感振奋。8月21日，"光荣梦想四十载　守正创新再出发——

中国图书馆学会成立40周年"主题论坛在鄂尔多斯市东胜区隆重召开，来自文化和旅游部、中国图书馆学会、国家图书馆领导、图书馆界专家以及各地图书馆代表齐集一堂，围绕"学会成立以来我国图书馆事业发展回顾""学会与我国图书馆学学科发展研究""学会与我国图书馆学教育发展历程""学会积极推动全民阅读事业发展""新时代图书馆学协会发展新特点和新期待"等主题进行了学术交流和研讨，共同庆祝中国图书馆学会成立40周年。

在这一年，东莞图书馆也迎来了自己建馆90周年。如何让馆庆做出新意，做出特色？如何在东莞图书馆人自我庆祝的同时带动广大读者、普通市民共同感受东莞公共图书馆事业的进步？如何以馆庆为契机进一步提升阅读氛围？东莞图书馆人想了很多，也做了很多。9月，庆祝中华人民共和国成立70周年暨建馆90周年系列活动工作安排正式下发馆内各部门，按照"携手共进：员工篇""美美与共：读者篇""春华秋实：业务篇"三方面进行工作组织，职责到部门，取得了丰硕成果。

馆员：携手共进

2018年全国"两会"期间，习近平总书记在参加广东代表团审议时曾指出"人才是第一资源"。作为图书馆事业的直接建设者、执行人，一支充满活力、昂扬向上的干事队伍，将有力推动业务创新与进步。长期以来，东莞图书馆人秉承"和谐、高效、认真、愉快"的八字方针，取得了一个又一个成绩，在国庆70周年、馆庆90周年来临之际，如何在过好这两个重要节日的基础上进一步凝聚图书馆人心、激发员工为国家、为图书馆事业拼搏奋进的精神，东莞图书馆人有着自己的方式。一方面，以党支部为组织载体，以党员干部为骨干，带动全体员工进行爱国主义、集体主义教育，先后组织党员干部参与"深化文旅融合，促进文旅产业"专题讲座、观看国防教育影片《守边人》及扶贫英模影片《南哥》、

《东莞图书馆纪念建国70周年暨建馆90周年系列活动一览表》

"不忘初心，牢记使命"主题演讲、"奋斗，是青春最亮丽的底色"主题党课、2019年中共东莞市文化广电旅游体育局直属机关委员会"心中有党"竞赛活动、观看法治教育电影《特别追踪》、参观"法治广东主题书法作品展"、观看《"不忘初心，牢记使命"主题教育先进事迹报告会》等。另一方面，以工会为载体，组织开展集体庆祝活动，打造"馆员一家亲"系列集体活动项目，包括员工生日会活动、东莞图书馆2002—2019年馆庆征稿活动、"你好，旧时光——纪念建馆90周年老照片老物件征集"、摄影展活动、员工大合照活动、纪念建馆90周年系列活动之新年联欢会、来自馆员的祝福视频摄制活动等。丰富的集体活动，既融合了集体庆祝的需要，又关注了员工个人身心舒悦，热热闹闹，其乐融融。

读者：美美与共

10月，《东莞图书馆纪念建国70周年暨建馆90周年系列活动一览表》悄然上线。自2018年以来，东莞图书馆在深刻总结以往经验、积极参照同行做法的基础上，实施机构改革，在本次建馆90周年读者活动的组织策划上，重新赋予职能的各个业务部门带着项目上阵，各展所长而又群策群力，形成了"馆员+读者+普通市民"全生态参与群体的规模效应。读者服务中心负责馆内窗口服务同时，统筹重大读者活动项目、特殊群体项目、常规展览、讲座活动等，围绕本次馆庆社会推广需要，先后推出了"悦读·在路上"、2019东莞"动漫之夏"、2019东莞第十五届读书节等大型常规性策划；同时践行经典阅读思路，推出了"读绘经典"全国图像阅读与创作活动、让经典走向大众——《中华传统文化百部经典》推介活动；围绕"关爱特殊人群"主题，举办残疾人事业成果展、邮享阅读——免费送书上门、无障碍电影；依托总馆青少年服务阵地，策划举办了莞芽婴幼故事会、莞芽小书友等面向少儿群体的活动。学习中心推进部作为负责新媒体宣传、数字阅读推广的职能部门，在延续做好"悦读·悦听·悦览，码上同行"活动、"扫码看书，百城共读"活动等大型数字阅读推广项目同时，推出了"青少年数字阅读夏令营"、图书馆服务微视频、"阅美传情@东莞图书馆"祝福语征集、"玩转东莞图书馆新服务"视频推广。业务部在统筹馆庆业务研究、业务成果整理工作的同时，面向读者推出了"我们的足迹——东莞图书馆90年"展览，为读者了解东莞图书馆历史提供了窗口。此外，绘本馆、少年儿童图书馆、分馆发展部、阅读推广委员会秘书处等相关职能部门也从自身工作需要出发，将馆庆带入业务，掀起了一轮活动推广的高潮。

业务工作：春华秋实

9月23日上午，东莞图书馆策划召开了主题为"城市图书馆：守正与创新"的专家研讨会。北京大学信息管理系教授王余光，北京大学信息管理系主任、教授张久珍，南开大学信息管理系教授柯平，中山大学资讯管理学院教授曹树金，原深圳图书馆馆长吴晞，美国俄亥俄州立大学终身教授李国庆，东莞图书馆馆长李东来，原深圳市南山区图书馆馆长程亚男，原《图书与情报》常务副主编王景发，西北师范大学商学院副院长、教授周文杰，清华大学图书馆王媛博士，辽宁大学历史学院青年教师宫平博士，东莞职业技术学院图书馆副馆长俞传正等专家学者齐聚一堂，围绕"守正与创新"展开了深入探讨，在"创新与融合""专业与守正""理论研究与学科建设"等问题上达成共识。21世纪图书馆的发展史就是一部创新史，但创新绝不是对传统的抛弃，唯有守正才能更好地创新。

回顾东莞图书馆的发展，正是在不断的创新中开拓进取。通过推出Interlib集群管理系统、24小时自助图书馆、图书馆ATM、新型公共电子阅览室等，实现技术创新，引领行业技术应用方向；推行总分馆管理的东莞模式、在国内首先成功导入卓越绩效管理模式，从宏观体系构建到管理过程控制，在不断的自我挑战与突破中激发图书馆新的内在管理动力；推出东莞读书节、动漫之夏等活动品牌，依托阅读推广委员会平台推广"扫码看书，百城共读"及其升级版"悦读悦听 悦览，码上同行"活动，不断创新服务方式方法。与此同时，东莞图书馆坚守专业和核心业务，整理出版系列大型书目文献和地方文献，并大力开展灰色文献建设。继《漫画文献总览》《绘本文献总览》之后，2019年，《粤剧文献总览》又正式出版，《阅读之声》《东莞文库概览》《伦明研究》（1~3卷）等一批作品又将陆续面世。在建馆90周年之际，东莞图书馆人以实实在在的专业沉淀，展示自我守正

9月27日"馆员一家亲——趣味运动会"现场

"城市图书馆：守正与创新"专家研讨会

之心。

"书妆上阵，追梦再出发"：新装开馆纪实

2019年，中共中央、国务院印发了《粤港澳大湾区发展规划纲要》，作为指导粤港澳大湾区当前和今后一个时期合作发展的纲领性文件，要求各地区各部门结合实际认真贯彻落实。东莞作为粤港澳大湾区、广深港澳科技创新走廊重要一环，也提出了建设"湾区都市，品质东莞"的目标，并着力实施"六大工程"，其中民生福祉增进工程中提出"要围绕建设高品质文化引领型城市，注重抓好历史文化保护和优秀传统文化传承，大力推进文化空间拓展、文化品牌打造、乡村文化振兴、湾区文化共建、文化产业发展，不断推动文化繁荣兴盛。"

如何在粤港澳大湾区、品质东莞的建设过程中凸显图书馆价值，进而实现东莞图书馆"知识惠东莞"的使命和"知识信息的集散地、市民终身学习的学校、东莞地方文献的宝库、地区图书馆的中枢、高雅的文化休闲场所"的功能定位，东莞图书馆人有着自己的思考和作为，并且迎来了一个契机。2018年11月1日起，东莞图书馆闭馆实施系列应急修复工程，对已运行了10多年的馆舍进行了全面细致的安全检修和改造。闭馆期间，东莞图书馆采取多形式、多渠道的方式确保读者服务工作不断档，除加强24小时自助图书馆服务、设立临时服务点外，组织小分队下基层服务，大力推广数字资源，推出"快递借书"新服务，让读者足不出户就能借书。2019年2月1日，在暂别读者92天后，东莞图书馆迎来了新装开馆的日子，也开启了自我调整转变的过程。为何要调整呢？原因有三个：一是环境使然。当前随着经济社会的发展，各地公共图书馆事业也迎来了前所未有的发展机遇，东莞图书馆某些方面"快人一步"的优势不再明显，甚至一些方面有所不足。二是责任使然。闭馆多时，虽然通过种种措施保持服务不断档，但终归对服务有所影响，市民也在翘首以盼，若仍以"一成不变"姿态重新上阵，对实施卓越绩效的组织而言谈何卓越。三是工作使然。经过多年发展，馆内组织、业务相对稳定，但时代在变，市民服务要求也在提高，部分业务设置已逐渐凸显问题和不足。

为此，东莞图书馆以"书妆上阵，追梦再出发"为主题，调整服务组织架构，完善基础馆藏建设，优化馆舍空间环境，策划系列开馆活动，以更佳的服务面貌迎接读者。一是实施部门"再调整"。闭馆期间，馆内组织相关考察小组赴各地学习取经，在总结相关经验基础上，按照服务整合管理的思路，成立读者服务中心，对现有的业务流程进行全面梳理和优化，将 8 个对外服务部门重新划分前端窗口和后端保障，利用自助借还设备等技术手段，结合线上服务的方式，提高文献信息服务的效率和质量，解放窗口人力，将其投入到阅读推广、体系支撑、业务策划等领域。二是注重环境"再布置"。在当前这个"网红"遍地的时代，"颜值"也成为竞争力的一种体现，一方面天津滨海新区图书馆等"网红案例"珠玉在前；另一方面苏州第二图书馆、上海图书馆东馆等蓄势待发，东莞图书馆也试图进行自我升级。在完成对馆藏文献清点工作的基础上，对各服务窗口进行空间调整、对环境导示标识系统进行统一升级、对大堂吊灯进行更换、加强绿色植物布置等一系列工程改造项目和装饰美化措施，全面优化馆舍空间，为读者打造便捷、温馨、舒适的阅读环境。三是以活动带动读者的"再认识"。借新春开馆之机，以"阅读，链接美好生活"为主题，精心策划 10 余项活动，围绕春节主题开展中华年俗文化展、书香五福、翰墨寄语好读书——春联赠送活动、剪出新年新气象——剪纸赠送活动、"书香莞邑，送福到家"——图书快递活动、"年味"书屋、"书妆上阵，追梦再出发"——新春阅读打卡、新年心愿、笑脸迎春、新年新衣活动等，围绕数字阅读开展 E 读 E 学 E 生活——VR 体验、QQ 阅读、扫码看书活动等。此外，推出系列升级版服务，如总分馆借阅升级，全面提升书刊借阅权限；实施自助服务升级，一楼集中配备、各楼层相应配备自助借还设备，方便读者随借随还；少儿阅读空间升级，集中绘本区、普通少儿图书区和少儿期刊区，提供更为舒适的亲子共读空间；文献资源整合升级，经过全面清点新书上架更快，排架更为严谨。

责任与担当：在图书馆行业学会中的作为

自承担中国图书馆学会阅读推广委员会相关工作以来，在中国图书馆学会的指导与带领下，东莞图书馆始终坚守职

粤港澳大湾区

包括香港特别行政区、澳门特别行政区和广东省广州市、深圳市、珠海市、佛山市、惠州市、东莞市、中山市、江门市、肇庆市，总面积 5.6 万平方千米，是我国开放程度最高、经济活力最强的区域之一，在国家发展大局中具有重要战略地位。

2月1日新装开馆后，东莞图书馆推出"阅读：链接美好生活"系列迎新春活动

责，一方面在全国范围内负责规划、指导、协调、组织阅读推广及相关学术研究活动；另一方面也立足东莞这片图书馆事业蓬勃发展的热土积极探索阅读推广活动，以期为阅读推广委员会、为业界略尽绵薄之力。

开展阅读推广委员会重点工作

依托阅读推广委员会这一全国性平台，组织开展形式多样和丰富多彩的阅读推广活动，发布"2019年度'全民阅读'工作计划单"，举办年度全民阅读称号评选工作，开展第二轮的"中国图书馆学会阅读推广课题"项目申报工作，在山西太原成功举办"第十三届全民阅读论坛"和委员会年度工作会议，编撰完成"阅读推广人系列教材"（第三、四辑）12册教材，推出阅读推广委员会年度报告，策划举办《中华传统文化百部经典》全国推介活动，组织开展全国"图书馆杯全民英语口语风采展示活动"，推动参与第四届"水滴奖"全国科幻作品征集大赛，有效促进了全社会的阅读氛围建设，图书馆的社会影响力也持续扩大。

承接中国图书馆学会有关工作

2019年4月25日，《中国图书馆学会、国家图书馆关于在全国公共图书馆开展"读好书，爱中华"主题读书活动的通知》下发，要求在全国公共图书馆系统广泛开展"读好书，爱中华"主题读书活动，包括"读经典 学新知 链接美好生活"——"4·23"全民阅读活动、"我心中的一本好书""我们一起读经典""我与图书馆的故事""最美图书馆"视觉推广、"成长在春风里"少儿阅读服务六项重点活动，在鼓励各地公共图书馆在参与重点活动的同时，围绕主题、结合实际自主开展各具特色的读书活动。东莞图书馆作为指定的5个联系单位之一，参与承办了其中的两项重点活动：一是积极协助中图学会开展"读经典学新知 链接美好生活"为主题的全民阅读活动，协助起草全民阅读工作倡议书，联络组织专家赴北京参加阅读推广专题研讨会、赴太原参加"'万卷共知'阅读竞赛"活动专家审题会等，积极发动专委会挂靠单位和委员单位参与"同城共读，万卷共知"相关活动。二是承办"阅美@图书馆"视觉推广活动，2019年8月，《中国图书馆学会、国家图书馆关于举办"阅美@图书馆"视觉推广活动的通知》下发，东莞图书馆作为活动承办方，在拟定方案、组织落实、宣传推广方面都进行了认真准备和想方设法的逐步推进，主要负责面向全国同行收集参选资料，并开展相关视频整合剪辑与推广工作，取得了良好的反响。

此外，东莞图书馆还承接了中国图书馆学会阅读推广委员会主办的"读绘经典"全国图像阅读与创作活动,以"读绘经典"为主题,面向全国图书馆开展图像阅读与创作活动,参与馆达到 60 余家,征集作品 900 余件;承办全国首届"图书馆杯全民英语口语风采展示活动"(东莞地区)网络选拔赛,荣获主办方授予"组织之星"称号;组织全国图书馆"典籍杯"优秀文创设计作品征集活动、中华传统文化百部经典推介展览等全国重点活动,承担了宣传发布和读者动员等工作。

拓展数字阅读广度和深度

随着网络信息技术的迅猛发展,人们阅读方式和习惯不断变化,数字阅读已成为全民阅读中一个不容忽视的部分。2016 年,为进一步引领和推动各图书馆和相关单位的数字阅读推广工作,中国图书馆学会下发了《关于开展"阅读推广公益行动——'扫码看书,百城共读'"活动的通知》,具体工作由中国图书馆学会阅读推广委员会承办实施。几年来,东莞图书馆学习中心推进部作为该项目的执行部门,统筹市内、市外推广活动,通过积极策划、稳步推进、主动服务等措施,取得了较好的效果,扫码共读这一活动形式也从东莞推广到全国各地。

随着近年来数字设备迭代更新加快、数字传输资费又不断下降,技术载体的成熟催动着数字传播内容的不断升级,人们也从以往的微博、微信的文字传播时代进入了直播、全媒体传播时代。2019 年,在全国 300 余家图书馆参与"扫码看书,百城共读"活动的基础上,中国图书馆学会阅读推广委员会推出了升级版阅读推广公益行动项目——"悦读 悦听 悦览,码上同行"活动,通过丰富阅读资源类型、增加资源推介频次,数字阅读推广服务的广度和深度得到进一步发掘。活动每月一期,继续采用以扫码为入口,秉承方便更方便、简单再简单的服务和推广理念,持续打造图书馆数字阅读之门,从单一的扫码看书拓展为扫码看书、扫码听书、扫码看期刊多种服务形式,更好地满足群众移动阅读的需求,

李东来馆长在中国图书馆学会成立 40 周年"主题论坛上发言

"悦读 悦听 悦览,码上行动"活动海报

更多方位展示宣传图书馆的数字阅读服务。

在做好阅读推广委员会工作的同时，东莞图书馆也没有忘记建设自己的"一亩三分地"，在当前纸质文献借阅瓶颈效应日益显现的情况下，数字阅读增长量日益成为图书馆提升绩效的重要战场。2019年2月15日，东莞图书馆向全市各镇（街）分馆下发了《关于加大东莞图书馆数字阅读资源、平台推广的通知》，力求改变以往总馆"单打独斗"的境遇，在全市范围内加大数字阅读服务推广力度，扩大东莞图书馆数字阅读资源的影响力，带动分馆共同提升服务效能。在实施过程中，探索性地进行同一资源按接入路径进行统计的方式进行分馆绩效观测，充分调动各基层分馆推广积极性。

助力 2019 年中国图书馆学会年会

8月20—23日，2019年中国图书馆年会在内蒙古自治区鄂尔多斯市东胜区举办。在"光荣梦想四十载　守正创新再出发——中国图书馆学会成立40周年"主题论坛上，阅读推广委员会主任、东莞图书馆馆长李东来就中国图书馆学会阅读推广工作进行汇报，回顾了学会协调、指导全国图书馆界积极推动全民阅读事业发展成就。年会上，阅读推广委员会还组织举办了2个主题论坛，1个分会场，大大丰富了年会的内涵和内容，提升了年会的专业性。包括由阅读推广委员会主办，苏州市图书馆学会、苏州图书馆承办的"书目推荐与分众分类推广"主题论坛，太原市图书馆承办的"图书馆空间建设与阅读推广服务"主题论坛，以及阅读推广委员会牵头承办的"智慧·融合·跨越　智慧图书馆阅读服务创新"分会场均顺利举办，为2019年年会增添了一抹亮色。

阅读通达未来：东莞图书馆事业的新探索

2019年6月6日，工信部正式向中国电信、中国移动、中国联通、中国广电发放5G商用牌照，我国正式进入5G商用元年。5G具有高速度、低时延、高可靠等特点，是新一代信息技术发展方向和数字经济的重要基础，一直以来在世界范围内受到广泛重视。作为5G时代备受关注的重要技术公司，8月，华为在东莞松山湖溪流背坡村举行开发者大会，吸引超过1500个合作伙伴、6000位全球开发者相聚东莞，使东莞顿时成为全球科技界关注的焦点。5G时代，图书馆应何去何从？图书馆人会面临怎样的机遇与挑战？东莞图书馆人有着自己的行动与思考。

举办第二届"公共图书馆在全民阅读中的领读与创新"峰会

2018年8月,首届峰会在广东省立中山图书馆成功举办,在图书馆界、出版界、社会公众引起良好反响。在此基础上,中共广东省委宣传部、省文化和旅游厅、中国图书馆学会继续策划在东莞举办第二届峰会,并将其作为2019南国书香节重点活动之一。

8月19日下午,第二届"公共图书馆在全民阅读中的领读与创新"峰会(以下简称"峰会")暨2019东莞第十五届读书节启动在松山湖图书馆举行,同时松山湖图书馆新装开馆。本届峰会秉承"体现文化自信、体现中国特色、体现广东经验"的主旨,探讨数字阅读的理念与实践创新,进一步发挥公共图书馆在全民阅读中的领读作用,推动广东全民阅读工作向纵深发展。今年峰会的主题是"阅读通达未来",邀请国防大学国家安全学院副院长、教授、少将唐永胜等来自全国阅读界和图书馆界的六位知名专家开讲。与会专家、学者围绕国家安全、5G、人工智能、数字传播等与松山湖园区重点产业相关领域与阅读结合的视角出发进行了研讨,为相关产业、公共文化提供了新的研究和发展视角。

仪式上,松山湖阳光雨党员服务中心、现代牙科、正业科技、广东长盈、中集智谷5个园区基层服务点接受了授牌,成为园区打造群众身边图书馆的样板。来自机关、学校、企业、社区、家庭等园区不同群体的市民代表共同发出了全民阅读倡议书,向各界来宾展示了书香松湖的美丽人文场景。松山湖优美的自然生态,图书馆、博物馆、美术馆等文化设施聚集、人文气息浓郁的会场周边环境也让嘉宾流连忘返。中国文化报、"文旅中国"、"南方+"、广州日报、羊城晚报、东莞日报等媒体对活动进行报道。

委托管理初见成效:松山湖图书馆新装开馆

自签订共建协议以来,东莞图书馆管理团队进驻后,依

5G

第五代移动通信技术的简称,英文为5th generation mobile network或5th generation wireless systems,是最新一代蜂窝移动通信技术,也是继4G(LTE-A、WiMax)、3G(UMTS、LTE)和2G(GSM)系统之后的延伸。5G的性能目标是高数据速率、减少延迟、节省能源、降低成本、提高系统容量和大规模设备连接。

峰会启动仪式

托总馆力量、发挥专业优势，明确了松山湖图书馆按大众服务、专题服务、科研服务设立梯次发展目标、"科技＋人文"的服务定位。自 2018 年 8 月起，松山湖图书馆开始功能区域改造，在 10 个月的封闭施工期间，管理团队一方面通过开放临时服务场所、深入开展基层服务、拓展科技信息服务等措施，确保服务不断档；另一方面通过专人跟进、主动联系提供设计图样、完善后期空间布局等方式，力求达到最好的改造效果。

2019 年 6 月松山湖图书馆试开馆、8 月重新正式开放。改造后的松山湖图书馆主要呈现以下特点：一是拓展服务功能。在保证既有基本借阅区基础上，针对园区儿童数量不断增加的特点，设立"玩具图书馆""绘本图书馆""少儿借阅区"；针对读者获取高时效信息需求，设立"新书·报刊区"；设立户外休闲阅读区，构建阅读与自然和谐共存场景。二是注重挖掘人文深度。在东莞图书馆指导与大力支持下，设立"文字图书馆"，立足于弘扬中华传统汉字文化，推广现代创意设计；设立"科技与人文特藏室"，收集、整理、开发、推广园区地方文献、科技信息；设立"松湖书苑"，倡导经典阅读。三是注重体现园区科技特色。设立"产业专题图书借阅区"，打造园区重点产业文献信息库；设立视听区、数字体验区、电子阅览区、创意活动区，配备瀑布流电子书借阅机、电子听书机、朗读亭等数字设备，满足公众数字体验需求。在全市首个采用 RFID 技术实现通借通还，支持读者证、电子证、支付宝信用、手机扫码、刷脸等多样化借阅。

依托良好的服务阵地，加大阅读推广服务项目建设。在坚持举办儿童故事大王比赛、寒暑假阅读营等品牌活动的同时，定期举行"享阅松湖"人文系列、"飞阅松湖"科普系列阅读推广活动。其中围绕科普阅读推广已取得积极成果，在 2018 年中国科幻大会上，松山湖图书馆荣获第三届水滴奖优秀组织奖（图书馆系统），成为全国五个获奖图书馆之一。2019 年 7 月，"'飞阅松湖'国家级高新区图书馆青少年科普阅读推广"被评为中国图书馆学会"2018 年阅读推广优秀项目"。还为园区科研机构、企事业单位提供科技查新、知识产权、专题服务、信息素养培训等科技信息服务，与多个企业、社区、学校等共建园区图书馆基层服务点。

东莞图书馆人的努力也逐渐为各界所了解、认可。8 月 19 日峰会期间，省文化和旅游厅赵红副厅长、东莞市委杨晓棠常委视察了松山湖图书馆并听取了有关情况介绍，对图书馆的空间形态、服务项目、试开馆期间服务效果等给予了认可，并就下一步开展园区大众服务、科技服务、数字阅读等工作进行了指导。广东省科技图书馆馆长、广东省科技信息与发展战略研究所专家在参观馆内情况、审阅了松山湖图书馆编制的《东莞科技成果产出分析报告》后寄语"松山湖图书馆助力东莞科技创新发展"，广东省立中山图书馆首席研究馆员刘洪辉对书香松湖建设成效也给予了肯定。

2019年粤港澳"共读半小时"松山湖园区活动现场

松山湖图书馆全体工作人员

希望 2020

2020，我们经历了太多不容易，但总有那么一些人，一些事，给我们温暖，让我们充满力量，带我们走出艰难，走向希望。

2020年，对于中国乃至世界来说都注定是不平凡的一年。动荡的国际政治环境一直在持续加剧，国际体系和国际秩序深度调整，不确定、不稳定因素明显增多，我们面对的是百年未有之大变局。与此同时，另一场更大的灾难也在全球肆虐传播——新冠肺炎，截至2021年1月14日20点，已致全球214个国家、9287余万人次感染，198余万人次死亡……

面对严峻挑战和重大困难，我国保持战略定力，准确判断形势，精心谋划部署，果断采取行动，付出艰苦努力，交出了一份人民满意、世界瞩目的答卷。我国成为全球唯一实现正增长的主要经济体，三大攻坚战取得决定性成果，科技创新取得重大进展，改革开放实现新突破，民生得到有力保障，全党全国各族人民向心力、凝聚力进一步增强。

2020年，我们经历了太多不容易，但总有那么一些人、一些事，给我们温暖，让我们充满力量，带我们走出艰难，走向希望。

突如其来的疫情

1月临近春节，本应万家团圆的日子，却因一场突然暴发的新冠肺炎疫情将万千游子阻挡于归家途中。2020年1月23日，武汉封城，在全世界人民的目光中按下了暂停键。然而，国家没有放弃武汉，14亿国人也没有放弃武汉，全国人民都纷纷行动起来，各地医疗队驰援武汉，将无限关爱投入到了这里。"热干面加油"成为2020年最温暖人心的流行词汇之一。在肆虐的病毒面前，中国人迸发出了无穷的力量，开启了一场打赢疫情防控的人民战争总体战、阻击战。

"粤鄂同心，守护相望"。为了给疫情严重的湖北省和武汉市加油，广东图书馆人也紧急行动起来，伸出援手，奉献爱心，用各种方式援助武汉，援助湖北，广东图书馆学会及时发出倡议书，号召全省会员单位及广大会员，贯彻落实习近平总书记关于防控新型冠状病毒感染的肺炎疫情的重要指示精神，做联防联控的积极参与者，做春暖花开的守护人，共同打赢疫情防控阻击战！我馆积极响应号召，在防疫物资紧缺的情况下，携手武汉图书馆共克时艰，共同抗疫，向武汉图书馆同仁捐赠防护口罩1000个、防护手套500双、护目镜40个。

深入一线，全力抗疫。 为全力打赢疫情防控阻击战，东莞市组建市直机关抗疫工作队，火速支援和参与东莞市疫情防控第一线工作。东莞图书馆人充分发挥党员干部的使命担当，自2月3日起至4月3日，分别组建四批抗疫工作队共118人参加市委组织部发动的一线抗疫工作，其中，第一、第二、第三批共93人进驻虎门、桥头抗疫第一线，守好"南大门"（虎门镇）、护好"桥头堡"（桥头镇），第四批25人分别赴虎门、莞城、寮步、大岭山、桥头、沙田、麻涌开展企业复工复产指导服务工作。在这场无硝烟的战场中，东莞图书馆人冲上抗疫一线，召之即来、来之能战、战之必胜，为东莞打赢疫情防控阻击战贡献了自己的力量。

加强线上线下服务。 面对突如其来的疫情，为配合抗疫工作需要，东莞图书馆于1月23日起闭馆，暂停阵地服务。为了保证服务工作不断档，图书馆积极探索工作方式和服务方式，加强线上服务，先后成立了四个专业化服务团队——数字资源服务工作小组、网上图书推介小组、网上读者活动策划与实施小组、网上工作平台技术支持小组，大力加强数字资源推广，引导读者参与网上活动和数字阅读。例如，结合当下疫情热点，发布科学严谨的疫情防控措施和保健信息科普知识，结合春节、元宵节特殊节点推出方言读诗线上音频征集活动、家庭读书&春节大礼包活动及线上灯谜活动，结合馆内各大数据库资源开展图书推荐活动等。在数字资源

新冠肺炎

新型冠状病毒性肺炎的简称，世界卫生组织将其命名为"2019冠状病毒病"，是指2019新型冠状病毒感染导致的肺炎。

东莞图书馆向武汉图书馆捐赠抗疫物资

东莞图书馆第一批支援团队在虎门高速路口协助检查

服务方面，进一步强化我馆网站原有线上推广服务项目的推广频率和资源类型，将电子海报由原来的每2周更新一次增加为每日更新一次，还增加了听书、看书、软件学习视频、语言学习视频、科普咨询等类型的推荐内容；同时针对不同年龄段读者，推荐了科普、文学、科幻、中小学读物、科技、文艺、家庭生活等类型书籍。2020年，我馆数字资源阅读总量达6349万次。

阵地服务有序恢复。随着疫情的逐步稳定，根据国家、省、市相关部署要求，我馆逐步尝试恢复阵地服务，并根据疫情形势，先后多次适当扩大馆内开放区域、开放时长和可预约人数，阅览服务、借还服务、咨询服务等也回归正常状态，整个图书馆逐渐恢复了往日的生气。自2020年3月18日起，我馆有序地恢复一楼南门外自助图书馆，提供图书借还服务，可预约150人；自5月11日起，逐步适度恢复开放1—3层服务区域，可预约1500人；自7月14日起，逐步适度恢复开放1—4层读者服务区域，可预约人数扩大至4000人；自8月5日起，进一步扩大有序开放，可预约人数调整至5000人，开放时间延长至晚上。开放服务期间，为切实保障广大读者的生命健康，我馆严格采取提前预约、限流、健康检查、及时登记、馆舍及图书消毒等防疫措施，多次组建巡视小组对全馆进行全面工作检查，重点对馆内设备运行、空间布置、场馆消毒及人流控制等方面提出要求，组织物业相关负责人员按时完成相应调整。

不期而至的读者留言[1]

2020年的疫情给世界蒙上了一层厚厚的霾，不仅威胁到众人生命健康，对人们的日常生活以及各行各业都产生了重大影响。来东莞打工的吴桂春，也是深受疫情影响的人员之一。端午节期间，东莞图书馆突然成为舆论热点，受到普通市民、政府、媒体及图书馆业界的广泛关注，这一切只因吴桂春在东莞图书馆的131字留言。

事件过程。6月24日，与东莞图书馆结缘十二载的"老"读者吴桂春到总服务台退销读者证，但一直摩挲着读者证不想放手。馆员王艳君看出了这位读者对这张读者证的不舍，便与他攀谈起来。吴桂春吐露了他的故事："我从2008年开始到图书馆看书了，只要不上班都会过来。这里书很多，环境很好。我是真

---

[1] 冯玲，莫启仪."读者留言东莞图书馆"现场回望与思考[J].图书馆论坛，2020(7)：1-3.

舍不得。可是我是个打工的，这半年来都没找到事做，就打算回老家了。"只有小学水平的他，十几年来借助字典在图书馆看了很多文史类图书。此时，一位新办证的读者也加入谈话，吴桂春还现场充当导读员为其推荐了不少书。感动之余，王艳君挽请吴桂春留言纪念与图书馆的缘分，于是便有了这段简单而朴实的真情文字，充满对图书馆与东莞的不舍："我来东莞十七年，其中来图书馆看书有十二年。书能明理，对人百益无一害的唯书也，今年疫情让好多产业倒闭，农民工也无事可做了，选择了回乡。想起这些年的生活，最好的地方就是图书馆了。虽万般不舍，然生活所迫，余生永不忘你，东莞图书馆，愿你越办越兴旺，识惠东莞，识惠外来民工。"

吴桂春读者留言

吴桂春的留言，首先打动了同在服务台值班的另一位馆员卢慧婷，她马上拍照发至内部工作群，引起馆员们的集体共鸣，随之转发扩散了这张图片，大家感动于吴桂春对阅读的热爱、对图书馆的认可，也感动于他对东莞的深情。随后，该留言在豆瓣、新闻媒体等各类互联网平台迅速传播，引起普通市民、政府、媒体及业界间广泛关注，短时间内成为全国焦点事件，中央、省、市媒体持续关注报道。《新闻1+1》连线采访，新华社官方微信发布推文《临别留言，让人动容……》、人民日报发表评论《让书香，成为一座城市最大的眷恋》、东莞市政府新闻办微信公众号"莞香花开"连续发布《对话东莞图书馆留言农民工：余生永不忘东莞书香》等多篇推文。截至7月2日24时，各级新闻媒体有关"湖北农民在东莞图书馆留言"的新闻报道300多篇，网络相关信息近13万多条。有关话题先后多次登上微博热搜，阅读量累计已突破10.8亿次。

应急处理。6月25日，图书馆迅速成立多个专项小组，如综合管理组、媒体接待组、报道信息及舆情数据分析组、服务外联组等，全面跟进处理事件。事件汇报上级主管部门并得到肯定，我们的跟进工作紧张而有序。一是针对城市口径，配合接待中央、省、市和各方媒体，协助提供采访素材。二是针对本馆，收集、整理新闻媒体、微博微信 App 及其他互联网平台对事件的相关转发、报道、评论，及时掌握舆论发展动态；强化做好场馆有序开放和线上服务及活动的正常开展，有序接待慕名而来的参观到访。三是针对社会口径，接收并向人社部门报送各界希望帮助吴大哥找工作的信息，处理爱心人士请图书馆转交书和文具给吴大哥的诉求，以及处理爱心企业捐赠图书与电子资源至图书馆的相关事宜等。四是针对行业口径，用"润物细无声，这是共同的图书馆力量"在本馆宣传平台上回应众多图书馆的共鸣，突出这位纯朴的读者通过东莞图书馆再次让社会重新认识了图书馆的价值和阅读的重要性。

行业思考。业界以此事件为典型案例，从专业化视角理性分析其背后折射出的读者需求，重申图书馆的价值、使命与职业自豪感。6月28日东莞市文广旅体局组织了"让书香，成为一座城市最大的眷恋——一位农民工的读者留言与文化工作者的责任使命"主题党课。6月29日我们召开全体馆员大会，开展"我对'读者留言东莞图书馆'的思考"征文，将读者的认可化成工作的动力，结合深化专业化的业务要求，反思工作、凝聚共识。6月29日起，我馆参与北京大学信息管理系和《图书情报工作》杂志社策划发起的专题讨论；与广东省立中山图书馆和《图书馆论坛》编辑部策划发起专题笔谈；7月9日，广东省立中山图书馆和广东图书馆学会等联合举办"滋养心灵 彰显价值——'读者留言东莞图书馆'一席谈"线上专题报告会，我馆参与其中；7月17日，在中国图书馆学会支持和指导下，阅读推广委员会发起，我馆和广州图书馆共同组织开展了"我的读者，我的图书馆——晒出图书馆读者留言"活动，搭建平台供全国图书馆展示读者留言，深化大众对图书馆的认识，提高图书馆的社会影响力。截至8月底，该活动共有90余家图书馆参与，微博话题晒出读者留言371条，累计阅读27.3万次，讨论191次。

读者留言事件折射反映出公共图书馆整体在新时代的蓬勃发展和服务惠民的追求，平等、公益、开放的基本原则和服务精神，展示了为全民阅读、书香社会所贡献的润物无声的图书馆力量。

有序开展的战略规划编制工作

2020年是"十三五"规划的收官之年。《东莞图书馆"十三五"战略规划》

提出了"提升体系化公共服务能力""全面促进城市阅读""助推东莞社会建设""丰富资源 创新服务""规范管理专业成长"五大战略发展方面，共 20 个目标以及 192 个行动计划。"十三五"期间，东莞图书馆继续以主题年战略推进战略实施与行动落实，将主题设定与"十三五"战略规划的五个战略方向直接契合，通过目标、策略与行动不断深化东莞图书馆的各项工作，从而提升图书馆对城市的整体服务能力。"体系提升年"以提升体系化公共文化服务能力为战略重点；"阅读促进年"将贯彻落实公共文化服务法律法规、完善阅读组织建设、塑造阅读品牌系列、推广新媒体阅读为战略重点；"城市服务年"的战略重点为发挥图书馆职能作用，服务城市发展，满足人民群众对美好生活的需要；"资源整合年"以"资源整合"为抓手，扎实做好各项工作，助推东莞城市品质提升；"规范治理年"则以"规范治理"主题年为抓手，深化总分馆服务体系建设，着力全民阅读推广工作。通过中期检查督导和收官之年的行动攻坚，东莞图书馆"十三五"规划总体实施情况良好，符合时间进度要求。

6月26日，吴桂春重新办理新读者证

2020 年，是"两个一百年"奋斗目标的历史交汇点，"十三五"即将收官，"十四五"正待启航。高质量的规划是促进图书馆良好发展的重要途径，东莞图书馆未雨绸缪，早在 2019 年 12 月就启动了"十四五"战略规划编制工作。此次规划编制，继续与南开大学柯平教授团队合作，成立了战略规划编制小组，共同推进《东莞图书馆"十四五"战略规划》的制定。2020 年年初，双方讨论制定了《东莞图书馆"十四五"战略规划》编制方案，有序推进"十四五"战略规划编制工作，如开展读者问卷调查，建立战略规划的网页，发布编制工作信息，组织开展焦点小组访谈和一对一访谈，定期与南开大学柯平教授团队进行线上研讨，组织馆领导、业务研究委员会、规划编制小组对南开大学提出的战略主题、目标、策略等进行讨论、修改等。历经一年多、数易其稿，

《东莞图书馆"十四五"战略规划》

《东莞图书馆"十四五"战略规划》于 2020 年 12 月底编制完成，并正式对外发布。《东莞图书馆"十四五"战略规划》的目标体系由 5 大战略主题，19 个目标，56 个策略，189 个行动，92 个指标组成。通过主题、目标、策略、行动四个层级，自上而下层层递进，最终将宏观的战略主题化为可操作的具体行动，并以数据化的绩效指标对目标和行动进行量化考核，确保战略规划的有效性。

《东莞图书馆"十四五"战略规划》是在新时代、新阶段、新矛盾、新问题、新目标、新任务一系列新的背景下制定的对全市图书馆事业发展具有指导和引领作用的战略规划，具有新的时代特征和继往开来的里程碑意义。

不断提升的服务体系

文旅融合再出发。在市文广旅体局的指导下，图书馆以"城市阅读驿站"项目建设为抓手，积极调动社会力量开展"城市阅读驿站"和"粤书吧"双品牌建设工作。2020 年，实地走访调研 13 个镇（街）和 22 家申报"粤书吧"的单位，按照建设要求，最终选定了 3 家作为首批建设试点：茶山镇新城公园城市阅读驿站（粤书吧）、塘厦镇城市会客厅（粤书吧）和桥头镇莲湖城市阅读驿站（粤书吧）。三家分别于 9 月 28 日、12 月 30 日和 12 月 22 日正式揭牌成立，对外试开放，继城市阅读驿站之后，我馆再次打造了公共文化服务新亮点。

绘本馆体系进一步发展。自 2017 年 4 月"东莞图书馆绘本馆体系建设"项目启动以来，在持续依托总分馆体系，联合分馆、社区、学校、幼儿园、企业等各界力量，我馆逐步在全市范围内搭建起绘本阅读服务网络，并通过坚持"公平公益、统一规范、服务专业化、内容第一"的建设原则，实行"统筹管理、统一运作、资源共享、上下联动"的运行模式，通过绘本文献整合和服务活动延伸，进一步使服务方式和服务内容精细化、专业化，提升服务质量。作为国内首个绘本馆专题服务体系，截至 2020 年年底，已发展成员 18 家，其中 10 家分馆绘本馆、4 家社区绘本馆、3 家幼儿园绘本馆、1 家小学绘本馆，为儿童构建了良好的市域阅读生态环境。

数字化体系进一步完善。数字阅读推广方面，通过微信继续推出"二十四节气与古诗词"等专题内容，策划开展 App"名师相约 21 天打卡活动"、新语听书争霸赛等活动；数字平台方面，加大移动端数字资源整合力度，通过数字阅读小程序整合包括畅想之星、QQ阅读等资源，提升读者数字阅读便利；完成移动图书馆升级，方便读者多终端一体化学习；数字服务方面，联合总分馆开展"社区网络学堂（在线）"活动，资源推荐频次从原来的每月提升到每周。截至2020年年底，我馆共有电子图书150万种，电子期刊1.4万余种，学术期刊约1万种，论文文献1亿余篇，音视频14万小时，在线试题26万套。去年，数字资源阅读总量达6349万次；策划开展的"扫码看书，百城共读"精选推荐图书519种，全国517家图书馆参与。

东莞茶山镇新城公园城市阅读驿站

总分馆体系进一步提升城市文化品质。截至2020年年底，在市中心馆统筹下，全市形成1个总馆，52个分馆、102个图书流动车服务站、445个村（社区）基层服务点、30个城市阅读驿站和18家绘本馆的总分馆服务体系。在"十三五"规划收官之年，我市图书馆服务体系内涵进一步丰富，体系功能进一步加深，市民文化获得感、幸福感进一步增强。

文献开发与专业研究的深化

文献开发成果丰富。2020年，我馆紧紧围绕东莞地方文献、特色文献、东莞图书馆发展系列文献进行开发，如进行《东莞明伦堂历史发展研究》《莫伯骥全集》、东莞立地级市前国家级及省级大报的东莞报道资料收集整理；推进出版《中国近现代漫画艺术家名录》，丰富我馆的文献资源建设；编撰《追求卓越：东莞图书馆2002—2019》《我们在一起：东莞图书馆2002—2019》等馆史资料。截至年底，累计公开出版成果7种26册，包括《东莞文库概览》8卷、《伦明研究》3卷、《绘本文献总览》（2017—2019）2卷、《漫画文献总览》（2016/2017）10卷、《市民学堂》第15辑、《全民阅读示范基地建设》及《读书会运营与阅读推广》等。

东莞图书馆松山湖绘本馆

内容开发进一步挖掘。为更好地满足广大市民的在线阅读需求，我馆同时在地方文献、学习课件、微阅读专题内容方面进行开发。截至 2020 年年底，《东莞文库》实现 5.5 万余条数据全文、段落、摘录等内容的抓取，建立了 90 余个课件微阅读专题，点击量达到 115.3 万，阅读量达 65.75 万。此外，编辑粤语学习课件 51 集，数字素养课件 10 个。

从馆舍到内容的服务升级

少儿馆灾后服务升级。5 月 22 日凌晨，东莞市防汛防旱防风指挥部（简称"三防部"）发布《关于启动防暴雨应急响应的紧急通知》，仅 5 月 22 日一天时间，应急内容和应急级别就连调了三次。此次"5.22"特大暴雨来势汹汹，造成"科书博"广场水位高达 90 多厘米，东莞少年儿童图书馆（简称"少儿馆"）室内水位高达 40 厘米，地下中心机房全部被水淹没，科书博建筑群的空调、消防、供电等全部处于受损停顿状态。因水浸和停电影响，少儿馆于 5 月 22 日被迫向读者发布紧急闭馆公告。

灾情发生后，图书馆马上组织人员进行抢险自救，搬移图书和设备，力求将损失降到最低。灾情过后，对受灾设备、物资进行清点，做好保险理赔工作，落实资金和场地问题，起草《少儿馆受灾专项资金申请》《少儿馆国有资产使用权证申请》《少儿馆申请临时供电的申请》《关于协商归还少儿馆一楼建筑红线内部分用地使用权的函》，多方奔走沟通，与市财政、文化广电旅游体育局、科学馆、博物馆、电力公司、保险公司等协调沟通，稳步推进少儿馆灾后重建工作。

本次重建工作，从读者最先接触的服务台到内部各类服务设备，从服务空间到服务内容，都进行了全面整修、升级。12 月 29 日，时隔 7 个月，少儿馆重新向市民开放。期间利用少儿馆空间布局上的缺陷，同时结合读者需求，对少儿馆的服务功能进行优化调整，在少儿馆全面启用 RFID 图书馆借还，并对总服务台、自助图书馆、老年人图书馆的功能进行重新布局。自助图书馆得到了进一步扩建，分为了少儿借阅区和成人借阅区，藏书共计约 5 万册，除提供外借图书，还提供阅览报纸约 30 种、杂志约 106 种、阅览座位 67 个，满足不同年龄阶段的阅读需求。此外，少儿馆微信公众号中增设了"手机借书"功能，扫一扫即能"码"上借书，无需再做消磁、检查等操作；还有 17 万册少儿图书全部安装了 RFID 标签，有了此标签，读者可快速借还书，无需再一本一本地打开和扫条形码，也无需担心扫码不正确而导致漏借、漏还，只需把书往机器上一放，立刻就能完成借（还）操作。

阅读推广品牌升级。 2020年，我们着力品牌活动的提炼与升级，推出了"阅读设计在中国"、茶韵书香、东莞动漫之夏等一系列主题展览与活动。

举办"阅读设计在中国"展。文明从文字开始，以文献奠基，以阅读而深入而扩大。12月5日至27日，我馆在一楼大堂策划推出"阅读设计在中国"展，吸引了众多读者竞相前来观展和打卡。展览以"为阅读而设计"为理念，规模宏大，内容丰富，分为"纸与屏""文与图""场与人"三部分，意欲梳理阅读设计的历史脉络、当下成就，为未来推进社会阅读探明方向。其中，"纸与屏"，从广义书籍的载体形态出发，梳理书籍演变的全过程。"文与图"，从读物的图文关系入手，总结在不同历史时段，图文互相配合、增进阅读理解的基本特征。"场与人"，任何阅读都发生在一定空间当中，图书馆就是因阅读而存在的公共空间之一，其使命之一就是促进阅读。与展览相关的配套活动也适时推出。12月13日，举办汉字之美——书体艺术体验活动，邀请青年书法艺术家陈东旭和读者一同感悟篆书、隶书、楷书的汉字之美。12月19日，举办"纸书变身记——手工造纸"活动，邀请刘玮瑛老师为读者讲述书的起源、图书形制演变，以及古法造纸的过程，共同体验造纸乐趣。12月20日，举办"夸张与变形——漫画肖像的艺术魅力"，邀请中国肖像漫画界最前列的现场写生高手落子老师，现场为读者免费写生漫像，展示众生百态。12月26日，举办"纸书变身记——雕版拓印、线状纸书"活动，让读者体验从活字印刷到雕版印刷的发展过程。此外，还举办了"为阅读而设计——走进经贸艺术大讲堂""为阅读而设计——书籍的前世今生"两场主题讲座，受到观众的一致好评。

举办"茶韵书香"活动。茶起源于中国，盛行于世界。

少儿馆灾后整修后开馆

"阅读设计在中国"展览

2019年11月，第74届联合国大会宣布将每年5月21日设为"国际茶日"，以赞美茶叶对经济、社会和文化的价值。图书馆作为社会文献信息服务中心，在收集区域茶文化资料、建立特色馆藏、促进茶文化的宣传推广方面应有所作为。图书馆阅读推广应以文献为基础，加强行业和社会合作，挂靠在我馆的中国图书馆学会阅读推广委员会推出《中国茶文化史料汇编》就是一次很好的尝试。在这个前提背景下，2020年5月，东莞图书馆联合各分馆和社会机构等策划了"茶韵书香"为主题的"图书馆服务宣传周"，开展共9个系列、80余项丰富多彩的线上线下活动，参加的读者约2.5万人次。期间，我馆针对该主题推出的茶韵书香专题资料汇编，以电子版及纸质版两种形式做为东莞市人大、政协两会服务的专题资料；杨河源研究馆员也变身"主播"，在说文解"茶"专题知识小视频中引经据典，为读者讲述"茶"文字起源、读音，带出从中国到全球的茶文化演变历史等；5月21日"国际茶日"当天，陈家欣馆员与昌兴·乐人谷茶文化博物馆奕鸣副馆长，通过东莞图书馆抖音公众号，紧扣东莞本土茶文化，以直播的形式面向广大观众做了一次别开生面的主题活动——"茶文化与东莞故事"。宣传周期间，我馆联合各镇（街）分馆策划组织了专题图书导读、线上品读会、茶文化读书会、"走进茶园"体验活动等丰富多彩的活动，通过宣传活动，让更多的市民朋友们更好地了解与使用图书馆的资源、服务，成为"图书馆之友"。

松山湖图书馆创新服务项目。松山湖图书馆在东莞图书馆管理团队带领下，积极应对新冠疫情，有序恢复开放服务。同时，发挥自身专业优势，编辑《新冠肺炎专题资料汇编》《新冠肺炎专题资料汇编》专题资料，开设"新冠肺炎专题资源"网站数字资源专题版块，助力园区复工复产。按照"线上化、户外化、小型化"思路推出"快递借书""松图直播间""服务到户"等新服务项目，继2019年首次引进中国科学院"科学人生·百年"院士风采展后，继续在本馆举行院士风采展，并与东莞市科协共同策划举办"东莞院士创新成果展"，中国工程院院士李国杰亲临开幕现场并致辞，分享人生与科研感悟，寄语广大青年科技人才。

促进组织成长的赋能

2019年11月2日，十九届四中全会审议通过《中共中央关于坚持和完善中国特色社会主义制度、推进国家治理体系和治理能力现代化若干重大问题的决定》。为深入贯彻落实"全面推进国家治理体系和治理能力现代化"的发展战略，结合《东莞图书馆"十三五"战略规划》"规范管理 专业成长"的战略方向，2020年，我馆将主题年工作定为"规范治理年"，进一步完善制度建设，促进馆内各项工作再上一台阶。

开展规章制度的修订工作。东莞图书馆高度重视管理制度和业务规范的建设，在长期的发展实践中，总结、归纳和提炼了一系列可操作性的制度和规范。早在2004年新馆建设之际，我馆编印了《东莞图书馆规章制度》；2009年，在原有制度和2008年"规范年"的各项规范管理成果的基础上，形成了《东莞图书馆规范管理工作手册》；2015年，又重新进行了修订和调整，删除陈旧过时的制度，增加新的管理办法和工作规范，并对相关制度的编排位置进行调整，形成了《东莞图书馆规范管理工作手册（2015）》。在此基础上，东莞图书馆与国家图书馆出版社合作，将工作手册做通用化整理，于2016年编辑出版了《图书馆规范管理工作手册》，成为行业规范参考文本，受到各图书馆的欢迎。

为更好地应对外部环境变化，促进图书馆业务有效开展，图书馆于2020年6月启动《东莞图书馆规范管理工作手册（2015）》的修订工作。本次修订主要是对2015版工作手册原有规章制度进行修改、删减，并结合当前工作需要及新技术的应用，新增相应的管理制度和业务规范。最终，共收到各部门、管理单元提交的最新制度、规范224条，其中新增46条。此次修订工作兼顾了理论与实战内容的双层结合，有效完善和填补了部分重要制度的空白，如新增了《东莞图书馆荣誉体系实施办法》，对推动荣誉体系建设和进行激励管理将奠定良好基础。

在修订《东莞图书馆规范管理工作手册(2015版)》的同时，也启动《图书馆规范管理工作手册》修订工作，并与国家图书馆出版社达成出版协议，更名为《图书馆规范管理

抖音公众号"茶文化与东莞故事"现场直播

李国杰院士观看"科学人生·百年——院士风采展暨东莞院士创新成果展"

指南》，分上、下册。上册为《规范篇》，主要收录图书馆通用的各类管理制度和业务规范，从结构、内容、要求等方面为图书馆编撰、制订管理制度和业务规范提供可资借鉴的范本。下册为《实战篇》，以东莞图书馆规范管理实践为例，以样例、案例和报告的形式，从战略管理、绩效管理、业务管理、行政管理、科研管理、体系管理等方面揭示图书馆管理制度和业务规范是如何在日常管理工作中得以执行和落实，为各个图书馆开展规范管理提供实战样本。

开展团队建设学习活动。 2020年4月，为提高中层干部的管理、创新能力和文献推介水平，东莞图书馆策划和组织中层干部开展"得到"学习活动，要求每位中层干部一年至少听40本书，并关注"得到"的服务方式、传播内容、传播技巧，学习"得到"的服务方式、内容处理和团队精神。为将学习活动落到实处，把6月设为"得到"集中学习月，馆领导和中层干部自觉主动在"得到"上听书，在此基础上，举办了四场"得到"学习交流会，分享个人学习收获。第一场学习交流会于6月10日上午在五楼会议室召开，李东来馆长就"得到"学习提出三个方面的要求：第一，强调团队学习，构建成熟的、促进个体发展的团队模式；第二，借鉴"得到"的服务模式，分析其对文献资源的拆解方式，总结经验与启示；第三，注重内容分析，促进阅读推广工作从书目形式向内容形式的转变，以适应新环境下信息获取方式的改变趋势。6月29日，在全馆大会上，蔡冰副馆长、学习中心推进部奚惠娟主任、绘本馆负责人熊剑锐向全体员工介绍了"得到"的产品特征、用户群体、运营模式等多个方面，促进全员加深对于新型知识服务的了解，为图书馆丰富服务方式拓展思路。

为深化"得到"学习活动，7月6日，图书馆又向全馆中层干部征集"向得到图书馆学什么"工作建议，将"得到"学习成果和对"得到"的认知转化为工作行动，为下一步工作寻觅新的发展方向。大家依据自身对"得到"的认识和听书的感受，结合当前图书馆发展的现实，纷纷建言献策，包括组织推出听书服务、搭建图书馆免费听书平台、优化资源推荐方式、建立完善图书馆激励机制、跨界融合营销等，共计28条。

规划中的东莞第二图书馆（二期工程）

为优化城市格局，提高城市档次，全面提升东莞的长远竞争力和市民幸福感，中心城区"一心两轴三片区"建设现场指挥部根据市主要领导工作指示于 2020 年启动对东莞第二图书馆（二期工程）建设的调研筹划工作，并已被纳入《中共东莞市委关于制定东莞市国民经济和社会发展第十四个五年规划和二〇三五年远景目标的建议》中的"实施重大文化设施建设提速提质工程"之列。

为配合推进东莞图书馆二期工程的建设工作，我馆成立了新形态图书馆资料收集小组，收集新形态、新技术、户外户内装饰以及智能书库等图书馆二期工程相关资料；自开展新时代新型图书馆研究，将新型图书馆建设与研究纳入 2021 年东莞市公共图书馆服务体系建设研究项目课题指南，并收到 3 份研究项目申请书，且全部通过立项评审；10 月 21 日起，在我馆一楼大堂推出"你好，未来——想象一个新的图书馆"展览，以扩大宣传，营造新馆建设的良好氛围。展览选取了国内外近年来新建的 12 个图书馆，从建筑形态、空间布局、功能分区等方面进行介绍，展现了他们的开放人本、创意智能的设计理念。展览还设置了留言区，请读者留下对东莞图书馆二期工程的期待和想象，读者观展后纷纷留言，表达了他们的期待与希望，并写下很多针对性的意见和建议。此外，邀请国际图联（IFLA）图书馆建筑与设备委员会常务委员张甲先生等业界专家来馆开展有关新型图书馆建设专题讲座，扩大员工关于空间建设的视野和见解，并向全馆员工征集东莞图书馆二期工程的建设建议，以调动员工参与图书馆二期工程的积极性。征集活动于 10 月 30 日启动，11 月 9 日结束，共 87 位员工参与，提交建议 87 份，总建议达 250 余条。

中层干部开展"得到"学习活动

《你好，未来——想象一个新的图书馆》展览

东莞图书馆创新与亮点

国内第一家漫画图书馆

国内第一家漫画图书馆于2004年7月在东莞图书馆试开馆,2005年9月正式开馆。2016年,漫画馆按照"动漫文献信息中心、创意活动场所、产业服务基地、发展研究平台"四个发展定位升级改造后重新开放,面积由600平方米扩建至1200余平方米,拥有欧美、日韩、大陆及港台各类漫画10万余册,漫画报刊70余种,电子漫画书8000余册,是我国动漫馆藏体系最完备的公共动漫文化服务平台。

全国首家粤剧图书馆

2005年9月,全国首家粤剧图书馆在东莞图书馆正式启用。粤剧图书馆是以地方剧目为特色的专题图书馆,为读者提供文献阅读、视频欣赏、展览及研究参考服务,目前共收集粤剧文献资料达1万多种,经典名剧名段1千余段。

全国首个24小时自助图书馆及图书馆ATM

2005年9月28日,全国第一家无人值守24小时开放自助图书馆在东莞图书馆正式启用。2007年12月,全国首个图书馆ATM(图书自助服务站)在东莞图书馆启用。

全国首个获文化部创新奖的地级市公共图书馆

2007年1月,东莞图书馆"区域图书馆集群管理与协同发展模式"项目获第二届文化部创新奖。通过建设市、镇(街)、村三级架构,总馆、分馆、服务站、图书流动车、24小时自助图书馆等五种形态的合理布局,东莞实现了"一馆办证,多馆借书;一馆借书,多馆还书"的时空全覆盖服务模式。

全国第一个荣获美国图书馆协会颁发的"国际创新奖"

2008年6月,东莞图书馆荣获由美国图书馆协会(ALA)主席颁发的首届"国际创新奖",东莞图书馆成为美国境外第一次,也是中国第一个受到ALA表彰和奖励的图书馆。

全国第一个获准国家社会科学基金项目立项的地级市图书馆

2008年6月，东莞图书馆的"区域图书馆整体协同发展模式及路径研究"项目获准2008年度国家社科基金项目立项。东莞图书馆是全国继上海图书馆、首都图书馆、吉林省图书馆后获得立项的第四个公共图书馆，也是全国第一个获准立项的地级市图书馆，同时使东莞国家社科基金项目的立项实现了"零的突破"。

全国第一个拥有博士后创新实践基地的地级市图书馆

2012年12月，经过严格考察筛选，东莞图书馆凭借较好的科研人力基础、资源设备条件及丰富的项目研究经验，被广东省人力资源与社会保障厅授予"广东省博士后创新实践基地"，成为国内首个可自主招收博士后研究人员的地级市图书馆。

中国国家数字图书馆首个分馆

2008年9月27日，东莞市人民政府与国家图书馆正式签约，设立"中国国家数字图书馆东莞分馆"，中国国家数字图书馆首个分馆正式落户东莞。

全国首个"国家公共数字文化体验区"

2012年，东莞图书馆凭借着在公共数字文化建设上较好的设施、人才队伍等基础条件，以及长期以来创新性的服务探索，被全国公共文化发展中心授予"国家公共数字文化体验区"。

全国首个获政府质量奖的公共图书馆

东莞图书馆导入和实施卓越绩效模式，推行卓越绩效管理，获得2012年东莞市政府质量奖，成为东莞市设立"政府质量奖"以来首家获奖公共服务类组织，也是国内第一个获得政府质量奖的公共图书馆。

我国第一部漫画专题类书目汇总——《漫画文献总览》

2014年，在漫画图书馆成立十周年之际，东莞图书馆编辑出版我国第一部漫画专题类书目汇总。全书6卷12册，收录从1949年至2013年的漫画专题中文文献目录3万余条，全书按内容主题分为中国漫画卷、日韩漫画卷、欧美漫画卷、连环画卷、动画卷、综合卷进行编排。续编本《漫画文献总览（2014/2015）》（2册）于2017年正式出版。

我国第一部绘本专题类书目汇总——《绘本文献总览》

2017年，东莞图书馆对我国现有绘本文献进行收集和整理，编辑《绘本文献总览》，并于2018年出版。全书6卷16册，分为中国绘本卷、日韩绘本卷、美国绘本卷、英国绘本卷、法德绘本卷以及其他国家绘本卷，主要收录我国2016年之前（含2016年）中文绘本图书书目约3.3万条，是我国第一部大型绘本专题书目。

构建全国首个绘本专题图书馆服务体系

2018年1月20日，经过半年筹建，东莞图书馆绘本馆体系建设的首批5个绘本馆同时开馆。这是东莞图书馆探索特色文献专题图书馆体系化服务模式的新尝试，是国内首个绘本专题馆服务体系。截止到2020年10月，全市共建18个绘本馆。

我国第一部粤剧专题类书目汇总——《粤剧文献总览》

2018年，东莞图书馆对我国现有粤剧粤曲类文献进行收集和整理，编辑《粤剧文献总览》，并于2019年出版。全书按地域排序，分为两广地区、港澳地区、其他地区等三部分内容，共收录了我国1949—2019年正式出版的粤剧粤曲类图书文献1236条，是我国第一部粤剧专题书目。书目采用图文结合的方式，著录内容除了传统款项外，还增加了图书书影以及著名粤剧表演艺术家、粤剧编剧家生平简介等内容。

主导制定公共图书馆影响力评估标准

2019年，由全国图书馆标准化技术委员会组织制定，东莞图书馆担任主要起草单位的行业标准《信息与文献　公共图书馆影响力评估的方法和流程》（WH/T 84—2019），经文化和旅游部批准公布并施行。标准的出台为公共图书馆影响力评估提供了比较完整、符合国际惯例的标准，使不同级别、不同规模的公共图书馆在开展影响力评估时有了规范和参考。

读者留言东莞图书馆

2020年6月24日，读者吴桂春不舍东莞图书馆的131字留言，在社会公众、政府、媒体及业界间引起广泛关注，成为全国焦点事件，中央、省、市媒体持续关注报道，《新闻1+1》连线采访，新华社官方微信发布推文《临别留言，让人动容……》、人民日报发表评论《让书香，成为一座城市最大的眷恋》等多篇文章。由东莞图书馆折射反映出公共图书馆整体在新时代的蓬勃发展和服务惠民的追求，平等、公益、开放的基本原则和服务精神，展示了为全民阅读、书香社会所贡献的润物无声的图书馆力量。

2001—2020 东莞图书馆主要社会荣誉

进入 21 世纪经过二十年的发展,东莞图书馆从以常规书刊借阅服务为主的普通地市级图书馆,成长为现代化城市中心图书馆,迈入了国内一流图书馆的行列,并在社会上产生了广泛的影响,获得了一系列荣誉。

时间	荣誉名称	颁奖单位
2001.1	2000 年度东莞市文化系统先进单位	东莞市文化局
2001.1	2000 年度卫生先进单位	莞城区人民政府
2001.7	知识拥军 服务官兵	解放军七五二三四部队
2001.7	2000 年度科技进步三等奖(ELIB 图书馆业务管理集成系统)	东莞市人民政府
2001.9	东莞市文明示范单位	东莞市委、市政府
2001.12	2001 年度全国文化工作先进集体	中华人民共和国文化部
2002.1	2001 年度东莞市文化系统先进单位	东莞市文化局
2002.1	2001 年度卫生先进单位	莞城区人民政府
2003.1	2002 年度卫生先进单位	莞城区爱国卫生运动委员会
2003.1	2002 年度文化系统文化工作先进单位	东莞市文化局
2003.10	莞城区第五届群众文化艺术节贡献奖	莞城区第五届群众文化艺术节组委会
2003.7	省一级档案综合管理单位	广东省档案局
2003.12	实践"三个代表"先进单位	中共东莞市委宣传部

2004.1	2003年度莞城爱国卫生工作先进单位	莞城区街道办事处
2004.1	2003年度东莞市文化系统先进单位	东莞市文化局
2004.1	2003年度市直机关党建工作先进单位	中共东莞市直属机关工作委员会
2004.7	东莞市科普工作先进集体	东莞市科普工作领导小组
2004.7	武汉大学信息管理学院实习基地	武汉大学信息管理学院
2004.7	学科圃苑　文化奇葩	武汉大学图书馆学系2001级
2004.12	广东省基层文化工作先进集体	广东省委宣传部，人事厅，文化厅
2004.12	2004年度文化系统先进单位	东莞市文化局
2004.12	2004年度卫生先进单位	莞城区爱国卫生运动委员会
2002.1	2001年度东莞市文化系统先进单位	东莞市文化局
2005.1	2004年度东莞市工会工作先进单位	东莞市总工会
2005.1	一级图书馆	中华人民共和国文化部
2005.3	东莞市青年文明号	东莞市创建青年文明号活动领导小组
2005.12	东莞市巾帼文明岗	东莞市妇女联合会
2006.1	2005年度东莞市五四红旗团（总）支部	共青团东莞市委员会
2006.1	2005年度市直文化广电新闻出版系统先进单位	东莞市文化广电新闻出版局
2006.1	2005年度工会工作先进单位	东莞市总工会
2006.7	2005年全民阅读活动先进单位	中国图书馆学会
2006.8	省特级档案综合管理单位	广东省档案局

2006.10	公共文化设施管理先进单位	中华人民共和国文化部
2007.1	2006年度全市工会工作优秀（先进）单位	东莞市总工会
2007.1	2006年度全市档案工作先进单位	中共东莞市委办公室，东莞市人民政府办公室
2007.1	2006年度局直属先进单位	东莞市文化广电新闻出版局
2007.4	东莞市先进集体	中共东莞市委员会，东莞市人民政府
2007.4	东莞市青年文明号	共青团东莞市委员会，东莞市文明办
2007.11	第二届文化部创新奖	中华人民共和国文化部
2008.1	东莞市2007年度安全生产工作先进单位	东莞市人民政府
2008.2	2007年度宣传思想工作创新奖	东莞市委宣传部
2008.3	2007年度市文化广电新闻出版局先进直属单位	东莞市文化广电新闻出版局
2008.6	国际创新奖	美国图书馆协会
2008.6	2007年度全民阅读先进单位	中国图书馆学会
2008.10	2008年东莞读书节优秀组织奖	东莞第四届读书节工作协调小组
2008.10	东莞市首届哲学社会科学优秀成果三等奖	东莞市人民政府
2008.12	东莞市志愿服务铜奖（图书流动车志愿服务队）	东莞市精神文明建设委员会
2009.1	2008年度市级预算管理工作先进单位	东莞市财政局

2009.1	2008年度东莞市政府采购工作先进单位	东莞市财政局
2009.1	市直机关示范党支部	中共东莞市直属机关工作委员会
2009.2	2008年度局先进直属单位	东莞市文化广电新闻出版局
2009.7	"志愿者行动——基层图书馆馆长培训"贡献奖	中国图书馆学会
2009.8	"康宝莱杯"少儿阅读讲故事大赛优秀组织奖	中国图书馆学会全民阅读活动办公室
2009.8	2009东莞市科学技术进步奖三等奖（图书馆集群网络管理平台开发与研究）	东莞市人民政府
2009.10	2009东莞第五届读书节优秀组织奖	东莞第五届读书节工作协调小组
2009.11	全民阅读基地	中国图书馆学会
2009.11	助残展能 热心公益	东莞残疾人职业技能竞赛组委会
2009.12	2008年度东莞市部门决算工作先进单位	东莞市财政局
2009.12	文明标兵单位	中共东莞市委员会，东莞市人民政府
2009.12	广东省文明单位	中共广东省委，广东省人民政府
2009.12	广东省"创建新型组织，争做知识型职工"活动优秀组织单位	广东省创争活动领导小组
2010.1	一级图书馆	中华人民共和国文化部

2010.3	"书香岭南"全民阅读活动优秀项目	广东省委宣传部，广东省新闻出版局，广东省文明办
2010.4	"全国少年儿童阅读年"活动成果摄影作品展金、银奖	中国图书馆学会
2010.4	"全国少年儿童阅读年"阅读推广奖	中国图书馆学会
2010.8	东莞市文化新城建设标兵单位	中共东莞市委员会，东莞市人民政府
2010.10	2010东莞第六届读书节优秀组织奖	东莞第六届读书节工作协调小组
2010.11	第二届图书馆团体艺术表演赛二等奖	广东图书馆学会
2010.12	2009年度东莞市部门决算工作先进单位	东莞市财政局
2011.4	2010年度东莞市工伤预防工作优秀单位	东莞市社会保障局
2011.5	全国图书馆联合编目中心2010年度数据质量监督奖	国家图书馆，全国图书馆联合编目中心
2011.6	先进党支部	中共东莞市文化广电新闻出版局直属机关委员会
2011.7	先进基层党组织	中共东莞市直属机关工作委员会
2011.8	"青少年阅读活动案例征集暨阅读推广点子大赛"优秀组织奖	中国图书馆学会阅读推广委员会，中国图书馆学会青少年阅读委员会
2011.8	广东省图书馆暨书房博览会创意创新优秀奖	广东省图书馆暨书房博览会组委会

2011.9	"社区乡镇阅读推广活动优秀案例征集"最佳案例	中国图书馆学会
2011.12	全国文明单位	中央文明委
2011.12	2010年度东莞市部门决算工作先进单位	东莞市财政局
2011.12	广东省首届图书情报创新服务奖（无人值守"永不关闭的图书馆"）	广东省中心图书馆委员会
2011.12	广东省首届图书情报创新服务奖（图书馆公共服务体系的演化与完善——东莞市图书馆服务到户工程）	广东省中心图书馆委员会
2011.12	东莞市2011年度安全生产工作先进单位	东莞市人民政府
2012.4	广东省五四红旗团支部	共青团广东省委员会
2012.4	2011年度东莞市工伤预防工作优秀单位	东莞市社会保障局
2012.11	2012年度东莞市政府质量奖	东莞市人民政府
2012.11	事业展位特装创意设计三等奖	2012年中国图书馆展览会组委会
2012.11	全国少年儿童童谣绘画创作征集大赛优秀组织奖	中国图书馆学会
2012.11	北京大学东莞图书馆博士后创新实践基地	广东省人力资源和社会保障厅
2012.12	公共数字文化体验区	全国文化信息资源共享工程
2012.12	2011年度部门决算报表先进单位	东莞市财政局
2013.1	2012年度档案工作先进单位	东莞市档案局

2013.2	东莞市十大学习品牌（市民学堂）	中共东莞市委宣传部
2013.4	2012年广东省文献资源共建共享服务贡献奖三等奖	广东省中心图书馆委员会
2013.4	2012年度东莞市级预算管理工作先进单位	东莞市人民政府
2013.4	2011年度部门决算报表先进单位	东莞市财政局
2013.6	2012年度东莞市行政事业单位物业出租管理工作先进单位	东莞市财政局
2013.6	东莞市先进集体	中共东莞市委员会，东莞市人民政府
2013.9	"2013年社区乡镇阅读推广活动优秀案例征集"优秀组织奖	中国图书馆学会
2013.10	一级图书馆	中华人民共和国文化部
2013.10	全国图书馆联合编目中心2012—2013年度数据质量监督奖	国家图书馆，全国图书馆联合编目中心
2013.11	全国少年儿童"爱阅读 爱科学"主题摄影大赛优秀组织奖	中国图书馆学会
2013.11	广东十大最美图书馆建筑奖	广东图书馆学会
2014.1	市直机关创建"红旗服务型党组织"优秀单位	中共东莞市直属机关工作委员会
2014.4	首届伯鸿书香组织奖提名奖	光明日报社，桐乡市人民政府，中华书局，中国阅读学研究会
2014.4	2014年中国图书馆阅读推广类十佳内刊内报（《易读》）	中国图书馆学会
2014.5	2013年度广东省文献资源共建共享服务贡献奖三等奖	广东省中心图书馆委员会

2014.8	2014年图书馆"书友会"优秀案例征集三等奖（悦读书友会）	中国图书馆学会
2014.8	2014年图书馆"书友会"优秀案例征集优秀组织奖	中国图书馆学会
2014.9	全国少年儿童故事达人大赛优秀组织奖	中国图书馆学会，国家图书馆，河南省少年儿童图书馆
2014.10	2014年全国亲子绘本阅读推广月活动优秀案例二等奖	中国图书馆学会
2014.10	2014年全国亲子绘本阅读推广月活动优秀组织奖	中国图书馆学会
2014.10	全国少年儿童中华经典读物诵读视频大赛最佳组织奖	中国图书馆学会
2014.11	全国少年儿童经典绘本剧视频大赛优秀组织奖	中国图书馆学会
2014.12	广东省第二届图书情报创新服务奖（2012年中国图书馆年会的业务策划与组织）	广东省中心图书馆委员会
2014.12	广东省第二届图书情报创新服务奖（漫画图书馆的建设与服务提升）	广东省中心图书馆委员会
2014.12	2014年度文化志愿服务示范项目（市民学问系列公益讲座）	广东省文化厅
2014.12	全国文化系统先进集体	中华人民共和国人力资源和社会保障局，国家文化部
2014.12	机关服务型党组织示范点创建先进单位	中共东莞市直属机关工作委员会
2014.12	标准化良好行为企业AAAA级	广东省质量技术监督局

2015.2	全国文明单位复查合格	中央精神文明建设指导委员会办公室
2015.5	2014—2015年度广东省五四红旗团支部标兵	共青团广东省委员会
2015.5	第五届图书馆杯广东全民英语口说大赛优秀组织奖	广东图书馆学会
2015.8	2015"书香岭南"全民阅读活动示范单位	中共广东省委宣传部，广东省新闻出版广电局
2015.8	2015年第五届"书香岭南·悦读生活"摄影及视频创作大赛优秀组织奖	广东省文化厅
2015.9	2015年出版界图书馆界全民阅读年会阅读案例三等奖（易读书友会）	中国图书馆学会，中国出版集团公司，中国新华书店协会
2015.10	全国图书馆联合编目中心2014—2015年度数据质量监督奖	国家图书馆，全国图书馆联合编目中心
2015.11	2015年度东莞市全民阅读优秀读书品牌（儿童故事大王比赛）	东莞市精神文明建设委员会
2016.5	广东省第六届盲人诗歌散文朗诵暨第二届盲人散文小说创作大赛优秀组织奖	广东省残疾人联合会
2016.8	阅读推广人培育项目实践基地	中国图书馆学会
2016.9	2016"阅读刊物的阅读推广实例"一等奖（《易读》阅读推广实例）	中国图书馆学会
2016.9	2016出版界图书馆界全民阅读年会全民阅读案例一等奖（声光色影读经典）	中国图书馆学会，中国出版集团
2016.9	2016年出版界图书馆界全民阅读年会全民阅读案例二等奖（数字阅读进社区）	中国图书馆学会，中国出版集团

时间	奖项	颁发单位
2016.9	东莞市社科普及先进单位	东莞市社会科学界联合会
2016.10	全国图书馆联合编目中心2015—2016年度数据监督阵地	国家图书馆，全国图书馆联合编目中心
2016.11	2015年度东莞市全民阅读优秀读书品牌（市民学堂）	东莞市精神文明委员会
2016.12	第一届广东全民信息检索大赛最佳组织奖	广东图书馆学会，同方知网（北京）技术有限公司广东分公司
2016.12	首届全省图书馆阅读推广案例大赛优秀组织奖	广东图书馆学会
2016.12	首届全省图书馆阅读推广大赛优胜奖（莞芽故事人团队聚集及管理）	广东图书馆学会
2016.12	首届全省图书馆阅读推广案例大赛优胜奖（幸福阅读 知识共享——4·23晒书、换书、捐书系列活动）	广东图书馆学会
2017.4	2017年世界阅读日粤港澳创作比赛优秀组织奖	广东省文化厅，广东省立中山图书馆
2017.4	文津图书奖联合评审单位	国家图书馆
2017.5	广东省第七届盲人诗歌散文朗诵暨第三届盲人散文创作大赛优秀组织奖	广东省文化厅，广东省残疾人联合会
2017.9	全国图书馆联合编目中心2016—2017年度数据监督阵地	国家图书馆，全国图书馆联合编目中心
2017.10	2016年阅读推广优秀项目（悦读在路上系列活动）	中国图书馆学会

2017.10	2016年阅读推广优秀项目（扫码看书 全城共读）	中国图书馆学会
2017.10	全国少年儿童诵读大赛优秀组织奖	中国图书馆学会
2017.10	2017年"我最喜爱的童书"评选"第一推荐人提名奖"	"我最喜爱的童书"评选活动组委会
2017.10	2017年"我最喜爱的童书"评选"阅读推广贡献奖"	"我最喜爱的童书"评选活动组委会
2017.11	2017年度爱心共建单位（东莞少年儿童图书馆志愿服务分队）	东莞市志愿者拓展服务总队
2017.11	全国文明单位复查合格	中央精神文明建设指导委员会
2017.11	2017年"童声读经典"全国少儿诵读经典绘本音频大赛优秀组织奖	中国图书馆学会
2017.12	2017年度热心公益先进单位	东莞市爱心志愿者协会，东莞市志愿者拓展服务总队
2017.12	2017动画中国——经典动漫同读共赏活动优秀案例奖（2017东莞动漫之夏）	中国图书馆学会
2018.4	"我的图书馆——2018年世界阅读日粤港澳创作比赛"优秀组织奖	广东省文化厅，广东省立中山图书馆
2018.5	2017年中国图书馆最美故事系列风采展示活动之创新案例（悦读在路上系列活动）	中国图书馆学会
2018.5	广东省第八届盲人诗歌散文朗诵暨第四届盲人散文创作大赛优秀组织奖	广东省文化厅，广东省残疾人联合会

时间	奖项	颁发单位
2018.5	第八届图书馆杯广东全民英语口语大赛优秀组织奖	广东图书馆学会，广东省立中山图书馆
2018.7	中共东莞市文广新局直属机关党委庆"七一"主题活动团体三等奖	东莞市文化广电新闻出版局
2018.8	一级图书馆	中华人民共和国文化和旅游部
2018.8	第三届广东省图书情报创新服务奖（悦读在路上系列活动）	广东省中心图书馆委员会
2018.8	第三届广东省图书情报创新服务奖（扫码看书，百城共读）	广东省中心图书馆委员会
2018.9	全国图书馆联合编目中心2017-2018年度数据监督阵地	国家图书馆，全国图书馆联合编目中心
2018.10	2018"我最喜爱的童书"阅读推广贡献奖	"我最喜爱的童书"阅读推广活动组委会
2018.11	全国首届图书馆杯主题海报创意设计大赛优秀组织奖	中国图书馆学会
2018.11	2018广东省第七届英语电影配音大赛优秀组织奖	广东省立中山图书馆
2018.11	2018"礼行天下"全国少年儿童礼仪故事大赛优秀组织奖	中国图书馆学会
2018.12	2018年"粤读粤精彩"全民阅读系列活动之"百馆荐书，全城共读"优秀组织奖	广东图书馆学会
2018.12	2018年度爱心单位（东莞少年儿童图书馆）	东莞市爱心志愿者协会，东莞市志愿者拓展服务总队
2018.12	2018年市直机关共产党员先锋岗示范岗	中共东莞市直属机关工作委员会

2019.1	全国图书馆文化创意产品开发联盟成员馆	全国图书馆文化创意产品开发联盟
2019.4	2019年世界阅读日粤港澳创作比赛优秀组织奖	广东省文化和旅游厅，广东省立中山图书馆
2019.4	2019首届全国图书馆创新案例大赛一等奖（东莞图书馆卓越绩效管理探索与实践）	武汉大学信息管理学院
2019.4	文津图书奖联合评审单位	国家图书馆
2019.5	广东省第九届盲人诗歌散文朗诵暨第五届盲人散文创作大赛优秀组织奖	广东省文化和旅游厅，广东省残疾人联合会
2019.6	2019年"心中有党"庆"七一"主题竞赛活动组织奖	中共东莞市文化广电旅游体育局直属机关委员会
2019.6	2019年"心中有党"庆"七一"主题竞赛活动优胜奖	中共东莞市文化广电旅游体育局直属机关委员会
2019.6	2019年"心中有党"庆"七一"主题竞赛活动最佳才艺奖	中共东莞市文化广电旅游体育局直属机关委员会
2019.6	2019年"心中有党"庆"七一"主题竞赛活动最佳口号奖	中共东莞市文化广电旅游体育局直属机关委员会
2019.8	图书馆杯全民英语口语风采展示活动组织之星	中国图书馆学会
2019.8	2018年阅读推广优秀项目（声光色影读经典）	中国图书馆学会
2019.9	广东省"颂时代华章 献礼新中国70华诞"朗诵大赛优秀组织奖	广东图书馆学会
2019.9	广东省少年儿童"中华经典国学英文在线诵读"活动优秀组织奖	广东图书馆学会

时间	奖项	颁奖单位
2019.9	全国图书馆联合编目中心2018—2019年度优秀数据上传机构	国家图书馆，全国图书馆联合编目中心
2019.9	全国图书馆联合编目中心2018-2019年度优秀数据监督机构	国家图书馆，全国图书馆联合编目中心
2019.9	2019"我最喜爱的童书"阅读推广贡献单位	"我最喜爱的童书"阅读推广活动组委会
2019.11	第四届水滴奖全国科幻作品征集大赛图书馆系统优秀组织奖	中国科普作家协会，中国图书馆学会阅读推广委员会，腾讯公司，阅文集团
2019.11	2019广东省第八届英语电影配音大赛优秀组织奖	广东省立中山图书馆，广东图书馆学会
2019.11	2019广东公共文化研讨会优秀案例（东莞图书馆绘本馆体系建设）	广东省文化和旅游厅
2020.5	广东省第十届盲人诗歌散文朗诵暨第五届盲人散文创作大赛优秀组织奖	广东省文化和旅游厅，广东省残疾人联合会
2020.6	书香万卷浩然气　文化拥军鱼水情	中国人民解放三一六二九部队政治工作部
2020.8	东莞图书馆是2020年"候鸟归家"公益夏令营支持单位	东莞报业传媒集团
2020.9	无私奉献　真诚相助	贵州省纳雍县新房彝族苗族乡新联小学
2020.9	文津图书奖联合评审单位	国家图书馆
2020.9	氤氲书香递真情　军民同览更相亲	武警广东省总队执勤第一支队执勤五大队

2020.11	全国图书馆联合编目中心 2019—2020 年度优秀数据上传机构	国家图书馆，全国图书馆联合编目中心
2020.11	全国图书馆联合编目中心 2019—2020 年度优秀数据监督机构	国家图书馆，全国图书馆联合编目中心
2020.11	全国文明单位复查合格	中央精神文明建设指导委员会
2020.11	2020 广东省第九届英语电影配音大赛优秀组织奖	广东省立中山图书馆，广东图书馆学会
2020.12	2019—2020 年度"阅天下.邂逅图书馆之美"活动"游学基地"	中国图书馆学会阅读推广委员会
2020.12	"品读湾区"9+2 城市阅读之旅活动优秀组织奖	中山市文化广电旅游局，粤港澳大湾区公共图书馆联盟
2020.12	2020 "我最喜爱的童书"阅读推广活动"阅读推广贡献单位奖"	"我最喜爱的童书"阅读推广活动组委会

东莞图书馆年历

主题年

2002

9月12日，东莞图书馆新馆破土动工。新馆建筑面积44654平方米，建筑规模在全国地级市位列第一。

11月，《东莞市图书馆新馆建设与发展规划纲要（2002—2010）》出台。新馆定位为以数字图书馆为基础、体现知识交互理念、融合传统图书馆功能的现代城市中心图书馆。

12月，东莞图书馆组织文化八字方针"和谐、高效、认真、愉快"落地实施。

培训年 2003

1月，实施主题年战略，主题年为"培训年"。从2003年起，东莞图书馆每年设定一个主题，围绕主题部署全馆工作。

2月，启动馆藏清点整顿工程。

5月15日，新馆土建工程顺利封顶。

主题年

5月，开始进行区域集群图书馆管理系统的研制，从技术上为总分馆模式实施作准备。

7月，在全市文化系统率先成为"省一级档案目标管理单位"。

9月24日，东莞数字图书馆正式开通，实现数字资源的从无到有。

基础建设年

新增藏书约40万册，相当于重建了一个东莞图书馆！

新建了拥有20万种电子图书的数字图书馆。

推出图书流动车、两会服务、漫画图书馆等服务。

业务系统平稳转换升级，全面应用Interlib图书馆集群管理平台。

自办中国历代藏书家图文展、"莞邑书香"东莞地方文献展等展览。

设立总服务台，统筹对外服务。

图书馆服务体系建设

2004

3月，《东莞市图书馆新馆运作方案》获市委常委、副市长联席会议审议通过，方案明晰了新馆的定位、目标和运作方式，提出东莞市图书馆事业发展推行总分馆制。

3月14日，由旧面包车改装的图书流动车启动。

5月，市政府下发《关于印发东莞地区图书馆总分馆制实施方案的通知》（东府办〔2004〕56号），明确在东莞全市推行总分馆制。

7月，东莞市图书馆总分馆体系首个试点分馆常平分馆试开馆，第二个试点分馆石碣分馆也于9月顺利试开馆。

东莞图书馆年历

主题年

图书馆服务体系建设

9月，全市创新发展能力工作会议召开，正式提出建设图书馆之城的目标。

服务年 2005

2005年9月28日，东莞图书馆新馆开馆。

同时，2005东莞首届读书节开幕，此后东莞读书节一年一届。

"'历史的聚焦'廖冰兄漫画作品展"、动漫周边产品联展、"话说粤剧"图片展、首届东莞图书展四大展览同时开展，吸引了众多观众。

以"市委中心组学习报告会"和系列知识讲座为主的"东莞学习论坛"系列讲座启动。

1月12日，新的图书流动车启用，建立图书馆之城动态服务网络。

2月，东莞中学初中部分馆成为首个加入东莞市图书馆总分馆体系的学校图书馆。

5月14日，东莞图书馆与广州图创计算机软件开发有限公司合作开发的"图书馆集群网络管理平台开发与研究"通过国家文化部组织的技术鉴定，总分馆使用统一的业务平台。

7月，《关于印发〈东莞市建设图书馆之城实施方案〉的通知》（东府办〔2005〕46号）印发。

8月，三星电机有限公司图书馆成为首个加入东莞市图书馆总分馆体系的企业图书馆；虎门大宁村图书馆成为首个加入东莞市图书馆总分馆体系的村级图书馆。

9月28日，东莞图书馆新馆开馆暨2005东莞首届读书节开幕，常平、石碣、塘厦、清溪、东城、石龙、道滘和虎门共八个镇（街）分馆也同时开馆。

10月，《关于贯彻落实〈东莞市建设图书馆之城实施方案〉的意见》（东府办〔2005〕81号）印发。

10月25日，东莞市图书馆之城建设工作暨2005东莞首届读书节总结表彰大会在东莞图书馆举行。

主题年

活动年

依托全国首家漫画图书馆，举办2006东莞首届动漫节，吸引6万余读者参加。

举办2006东莞第二届读书节，4月23日召开全市性动员大会和开展系列活动，9月28日举办开幕仪式暨"城市阅读论坛"开坛仪式。

承办两次全国性大型会议——中国图书馆学会科普与阅读指导委员会成立大会和区域图书馆协同发展交流会，扩大行业影响力。

与北京大学信息管理系合办北京大学图书馆第一届"图书馆学高层开放论坛"，拓宽与高校间的交流合作体制。

管理年

与中国图书馆学专业核心期刊《图书馆建设》编辑部联手推出"城市图书馆"专栏，建立城市图书馆研究的交流平台。

邀请9位图书馆界资深专家到馆调研咨询，为东莞图书馆事业的发展和提升献计献策。

图书馆服务体系建设

2006

5月，理想0769图书馆成为首个加入全市图书馆总分馆体系的社区分馆。

6月，广东省文化厅向全省地级以上市下发了《关于印发〈2006东莞第二届读书节工作方案〉的通知》，推广东莞读书节做法。

7月，东莞被列为全国文化信息资源共享工程试点市。

9月，东莞作为四个发言单位之一，在全国文化信息资源共享工程试点工作会议上作经验介绍。

2006年，厚街、大朗及寮步图书馆相继加入东莞市图书馆总分馆体系，虎门路东村图书馆、常平桥梓村图书馆分别加入东莞市图书馆总分馆体系。

2007

1月6日，图书流动车开进麻涌文化广场，至此，图书流动车服务覆盖全市32个镇（街）。

1月15日，"区域图书馆集群管理与协同发展模式"项目荣获第二届文化部创新奖。

3月，厚街医院图书馆成为首个加入全市图书馆总分馆体系的医院分馆。

东莞图书馆年历

主题年

合办北京大学图书馆学高层开放论坛（2007）。

美国、中国香港、中国澳门、中国台湾等地图书馆同行前来参观交流。

举办2007东莞第三届读书节，推出书香卡服务项目，向全市免费发放8万张亲子书香卡和新莞人书香卡。

强化业务培训，提升员工业务素质和水平。

加强员工考核，出台首问责任制。

进行体制改革，实行中层竞聘上岗。

图书馆服务体系建设

8月，我市在28—29日召开的全省文化信息资源共享工程交流会暨全省古籍保护工作会议上作经验发言。

11月，东莞图书馆启用国内第一家图书馆ATM（图书自助服务站），成为图书馆之城建设的有益补充。

2007年，东坑、长安、南城、高埗、樟木头、桥头、大岭山、横沥、望牛墩、黄江、茶山、凤岗和沙田等13个镇（街）图书馆陆续加入东莞市图书馆总分馆体系；长安咸西分馆、长安沙头分馆、虎门镇口分馆、虎门南栅分馆、新科磁电厂分馆、市委党校分馆正式开馆。

规范年 2008

成功组织承办2008年全国图书馆企业信息服务年会、2008全民阅读论坛暨"阅读促进发展"研讨会、广东省公共图书馆馆长培训班三次行业会议。

3月，首次设立了"图书馆之城建设服务奖"，全市各级各类图书馆共报送74个项目，通过省内专家评比，年底共有35个项目、8位个人获得了"图书馆之城建设服务奖"。

主题年

由市政协提案委员会提议并与东莞图书馆合作、专门为全体政协委员打造的"政协委员学习网"于2008年1月9日市政协十一届二次会议开幕式当天正式开通。

从3月开始逐步展开大规模藏书清点工作。

4月，设立"东莞典籍保护中心"，并面向全社会广泛征集古籍和地方文献。

6月，通过"业务知识能手"竞赛评选出3名员工成为首批"业务能手"，为员工岗位成才开辟一条公平、公开、公正的竞争渠道。

活动举办有流程，工作管理有规章，《东莞图书馆规范管理工作手册》基本成形。

图书馆服务体系建设

9月27日，东莞市人民政府与国家图书馆在东莞签约设立"中国国家数字图书馆东莞分馆"，东莞图书馆正式成为中国国家数字图书馆的首家分馆。

10月，长安镇荣获首个"图书馆之镇"称号，在全市率先实现社区图书馆全覆盖。

2008年，麻涌分馆、莞城分馆、南城石鼓社区分馆、常平中学分馆陆续正式开馆。

研究年 2009

作为全国第一个地级市图书馆承担国家社科基金项目"区域图书馆整体协同发展模式及路径研究"。

承担的两个项目"家庭藏书网络管理与信息共享"和"互联网环境下的市民学习平台研发与项目实施"通过国家文化部验收。

4月，为进一步促进各分馆工作的提升，首次在总分馆启动图书馆之城建设研究项目，共有7个分馆的8个项目获得立项。

5月，图书馆服务到户工程在全市启动，至年底共建立了198个图书馆服务到户示范家庭，推送图书馆服务到家庭。

东莞图书馆年历

主题年

24小时自助图书馆被列为"国家文化创新工程"首批扶持项目。

参与国家文化部公共图书馆立法支撑研究课题"读者权益与图书馆服务"。

全年共计出版专业学术著作1部、公开发表专业学术论文61篇、会议交流论文3篇、研究报告30篇以及未公开发表论文54篇。

图书馆服务体系建设

10月13—14日,省公共图书馆评估检查验收第一组对我市参评的虎门、长安、常平、麻涌四馆进行了实地验收。

11月20日,中共中央政治局常委李长春在中共中央政治局委员、广东省委书记汪洋等省领导的陪同下,现场考察了图书馆ATM(图书自助服务站),称赞这种形式方便了群众,是公共文化服务体系建设的一大创新亮点。

2009年,塘厦分馆新馆开馆,建筑面积达7800平方米,馆舍面积居所有镇(街)分馆第二位。万江分馆、洪梅分馆和虎门沙角分馆、大朗长塘分馆、大朗碧水天源分馆也相继正式开馆。

微笑年 2010

4月15日,新版数字图书馆网站正式启用(www.dglib.cn)。

4月18日,具体承担援建的"兆秀图书室"在汶川县映秀镇老街村落成。

5月23日,东莞图书馆迎来自新馆开馆以来的第1000万名读者。

4月8日,国家文化部副部长杨志今一行莅莞视察东莞市公共文化服务体系建设情况。

4月11—17日,东莞市基层图书馆馆长研修班在武汉大学举办,40多名分馆馆长和业务骨干参加了本次研修班。

主题年

10月，推出e读卡，实现"一卡在手，图书馆随e行，图书借阅一卡通，数字资源随e读"。

"微笑年"首场集体生日活动3月启动，每月一次，策划活动多样。推出东莞图书馆新馆五周年纪念套装《城市书香》，记录新馆五年历程。11月举办五周年联欢会。

"微笑迎读者，书香伴君行"——2010年度借阅部提升服务质量和推动馆藏利用率系列活动，"新书抢先读，好书同分享"——采编部新书绿色通道项目，全馆"微笑服务之星"评选活动，"快乐学习、微笑工作"全馆集体学习交流活动，"微笑八月·图书馆知多少"有奖问答活动，"让学习微笑起来"——网络部电子服务区主题活动六个项目获得微笑年优秀工作项目。

图书馆服务体系建设

2010年，中堂分馆、大朗求富路分馆陆续正式开馆。

故事年

4月，编辑推出图书馆阅读推广内部读物——《易读》。

6月14日，联合超星数字图书馆举办"图书馆促进学习型社会建设研讨会暨东莞学习中心平台启动仪式"，正式推出东莞学习中心。

2011

5月，东莞市获批成为首批国家公共文化服务体系示范区创建城市。

10月25日，在2011东莞第七届读书节总结表彰大会上，由东莞图书馆旧馆改造而来的东莞少年儿童图书馆试开馆，为东莞图书馆直属分馆。

东莞图书馆年历

主题年

8月19—25日,"亲子故事体验区"参加首届广东省图书馆暨书房博览会并获奖。

10月,在贵阳召开的2011年中国图书馆年会暨中国图书馆学会年会上,东莞市被确定为年会引入城市承办制以来的第一个承办城市。

2011年,从中层开始学习《卓越绩效评价准则》和进行相关部署,正式导入卓越绩效模式。围绕"故事年"的主题要求,广大员工积极撰写故事,抒发心声,感怀事业。共撰写各类故事207篇,其中,有5篇故事在各类刊物上发表。

图书馆服务体系建设

11月12日,中央政治局常委李长春在中共中央政治局委员、广东省委书记汪洋等领导的陪同下,视察了东莞南城白马社区"五个有"工程建设和南城分馆白马服务点,寄望东莞以城市图书馆为龙头、以社区阅览室为依托,推进连锁服务、互借互通,为促进公共文化服务均等化创造经验。

12月,《人民日报》、新华社、中央电视台等中央主流媒体聚焦东莞市图书馆公共服务实践,进行大篇幅专题报道。

年底,东莞实现了全市镇(街)24小时自助图书借阅全覆盖。

2011年,谢岗分馆、石排分馆、企石分馆相继开馆。至此,全市镇(街)图书馆均加入图书馆总分馆体系。

交流年 2012

1月,东莞图书馆三部古籍入选"第一批广东省珍贵古籍名录(1098部)"。

4月,空间调整工程实施,整合服务功能、完善书库布局。

2月,市委办、市府办印发《东莞市建设全国公共文化服务名城实施意见(2011—2020年)》。

主题年

4月23日,"东莞市捐赠换书中心"正式启用,成为广东省首个成立捐赠换书中心的地级市图书馆。

1月和5月先后邀请美国弗吉尼亚州劳顿县公共图书馆、多伦多公共图书馆专家来馆举办讲座,开展业务交流。

6月,"新加坡国家图书馆卓越绩效管理学习交流会"在馆举行,新加坡国家图书馆管理局专家介绍和交流卓越绩效管理的宝贵经验。

6月,申报东莞第三届市政府质量奖、迎接现场评审。11月,"东莞市政府质量奖"揭晓,东莞图书馆为3家获奖企业(组织)之一,成为我国图书馆界第一个获得政府质量奖的公共图书馆。

先后召开东莞图书馆中层会、年轻馆员头脑风暴会,北大信息管理系博士、青年教师座谈会,省内外专家咨询会、讨论会等,为年会、展览会工作群策群力、集思广益。

图书馆服务体系建设

5月,实施全市公共电子阅览室全覆盖工程。

7月,承担的文化部科技创新项目"区域图书馆管理标准体系研究"通过验收。

9月,东莞图书馆组织举办2012东莞地区图书馆业务技能竞赛活动。

11月,在2012中国图书馆年会推出"图书馆服务体系实践样本"展,编印了《国际化 体系化 现代化——图书馆服务体系实践样本》一书。

11月,被全国文化信息资源建设管理中心授予"国家公共数字文化体验区"。

11月,国家图书馆研究院主编的《公共图书馆服务体系的探索与实践——东莞调研报告》正式出版,全面总结东莞地区在公共图书馆服务体系建设方面的经验。

11月,配有图书自助借还机、自助图书查询电脑、LED宣传屏视窗式电视机等设备的新图书流动车在2012年中国图书馆年会期间正式亮相启用。

东莞图书馆年历

主题年

2月，正式组建东莞图书馆年会筹备小组，下设年会宣传组、招商组、综合协调组。

8月28日，启动"迎年会，战百日"百日冲刺行动。

11月22—24日，2012年中国图书馆年会——中国图书馆学会年会·中国图书馆展览会在东莞举行，为国内规模最大的行业盛会。东莞图书馆承办2个展览、3个学术会议。

图书馆服务体系建设

效益年 2013

3月，开始建立部门月度绩效分析会制度，首次编印主题年工作手册。从资源设施利用与服务、效率效能、影响与发展四个方面，构建完善绩效管理指标体系库，深化推进卓越绩效管理模式。

5月，启动第五次全国公共图书馆评估定级迎评工作，蝉联国家"一级图书馆"称号。

5月，东莞图书馆承担的"公共电子阅览室建设与服务"课题通过评审，并获得首批31个创建国家公共文化服务体系示范区制度设计研究课题第一名。

7月6—8日，虎门、塘厦、莞城、常平、长安、东城等镇街分馆接受了广东省文化厅评估定级专家组的实地检查验收。12月，首次获颁"广东省乡镇公共图书馆一级图书馆"称号。

主题年

8月，举办"博士后创新实践基地"揭牌仪式和博士后进站暨开题报告会，第一个博士后顺利进站。

8月，第五届中国国际影视动漫版权保护和贸易博览会在东莞举行，东莞图书馆首次成为三个分会场之一。

2013年，以获东莞市政府质量奖为契机，加强组织系列学习培训活动。4月，邀请美国华人图书馆专家李国庆教授到馆开办图书馆专业英语脱产培训班；9月10月分别举办了两期"武汉大学东莞图书馆业务人员培训班"；11月举办全员卓越绩效管理知识竞赛；选派四名专业人员赴北京大学脱产学习，两名专业人员分赴上海图书馆、国家图书馆跟班学习；开展年度业务能手选拔赛等。

图书馆服务体系建设

11月，东莞图书馆与虎门分馆分别荣获"广东十大最美图书馆建筑"。

2013年11月，东莞市成功创建成为全国首批、广东省第一个国家公共文化服务体系示范区，在认定的"二十大亮点"中，与图书馆事业成就相关的有8个。

推广年 2014

1月，全国质量强市示范城市东莞图书馆示范点通过验收；11月，顺利通过ISO9001质量认证；12月，通过"标准化良好行为企业"评审，达到AAAA级。

2月，总分馆活动推广小册子《连线》（月刊）正式推出。

7月，东莞图书馆首家图书中转站在虎门沙角部队成立。

东莞图书馆年历

主题年

4月，荣获中华书局等发起的首届"伯鸿书香组织提名奖"。举办"悦生活，从图书馆出发"——首届骑行文化系列活动。改造升级启用"423空间站"，成立易读书友会。

8月，举办东莞漫画图书馆十周年系列活动，漫画图书馆吉祥物同步正式亮相；国内首部漫画专题文献目录《漫画文献总览》正式出版。

10月，承办2014年中国图书馆年会第12分会场"图书馆读书会与阅读推广"；召开东莞图书馆理事会成立大会暨第一届理事会第一次会议。

2014年，围绕"推广年"主题，自办了"中国当代漫画大展""读书主题雕塑图片展"等近40项内容丰富、形式多样的展览。

图书馆服务体系建设

9月，东莞市政府出台《东莞市构建现代公共文化服务体系实施意见》，与《东莞市公共文化服务体系绩效评估办法》《东莞市公共文化服务社会化发展促进办法》《东莞市加强村（社区）公共文化服务实施办法》《东莞市进一步引导企业加强文化建设实施办法》等文件，称之为"1+4"政策文件。

年底，东莞市入选全国首批10个公共文化服务标准化试点城市。

读者年 2015

2月，24小时自助图书馆改造扩建后重新向市民开放。

5月，依托学习中心演播室，首次推出"书·影"沙龙，开展读者全媒体导读活动。

5月20日，东莞图书馆樟木头赤山部队图书中转站在中国人民解放军75270部队设立。

主题年

9月，面向青少年儿童正式推出"悦读积分卡"。

12月，承办2015年中国图书馆年会学术会议会前会"信息技术助推图书馆社会化"。

12月，与南开大学柯平教授团队合作的《东莞图书馆"十三五"战略规划》编印出版。

围绕"读者年"主题和"新馆开馆十周年"，组织策划了市民学堂"拾光之约"、东莞图书馆总分馆读者证展览、新馆开馆十周年主题展览、"寻找阅读的印迹，分享成长的快乐"读者分享会、编辑出版《易读》特刊——《十年》等活动。

图书馆服务体系建设

9月30日，东莞市公共文化服务标准专家评审会在东莞图书馆召开，国家公共文化服务体系建设专家委员会专家对公共文化服务标准研制工作把脉支招、建言献策。

10月30日，国家文化科技提升计划项目"公共电子阅览室的新形态实现研究"通过评审验收。

体系提升年 2016

中国图书馆学会第九届理事会阅读推广委员会挂靠东莞图书馆，3月召开筹备会议。4月举行阅读推广委员会换届成立大会暨第十届"全民阅读论坛"。9月举办首届"阅读推广青年论坛"暨"富媒体环境下的阅读推广创新"研讨会。首次设立中国图书馆学会阅读推广课题项目。

3月，松山湖图书馆加入东莞市图书馆总分馆体系，分馆总数增加到52个，全市镇街（园区）实现全覆盖。

3—12月，24小时自助图书馆和图书馆ATM服务提升行动在全市展开。

东莞图书馆年历

主题年

图书馆服务体系建设

大陆第一家漫画图书馆空间升级改造后崭新开馆，面积拓展至1200平方米。8月20日，举办开馆仪式，召开"动漫资源建设专家讨论会"，与广州美术学院版画系共建"图像阅读与创作实验室"。

11月，首次启动东莞市"阅读推广人"培育行动——儿童阅读点灯人公益培训。

12月30日，《东莞市公共图书馆管理办法》由东莞市人民政府公布，是《中华人民共和国公共文化服务保障法》颁布后首个出台的地方性图书馆政府规章。

阅读促进年 2017

3月，《东莞市公共图书馆管理办法》正式实施，为促进城市阅读提供了坚实的制度保障。

4月，启动全市性智慧型调剂书库调研工作，形成可行性研究报告《东莞图书馆调剂书库——东莞市图书智能流转中心项目建议书》。

12月，历时八年编辑的《伦明全集》（5册）正式出版。

2月27日，东莞市文化广电新闻出版局在我馆四楼报告厅召开了《中华人民共和国公共文化服务保障法》和《东莞市公共图书馆管理办法》宣贯工作会暨图书馆评估定级工作部署会。

2—8月，首次开展全市镇街公共图书馆评估定级工作。

主题年

2017年，以阅读推广委员会为平台，以开展理论、组织、项目、产品四大建设为重点，联合全国各级各类图书馆推进全民阅读工作。"阅读推广公益行动——'扫码看书，百城共读'"从东莞推向全国。文化行业标准化研究项目《图书馆阅读推广标准调研及标准体系框架研究》获准立项。中国图书馆学会"阅读推广人"系列教材（第三至七辑）列入计划。

图书馆服务体系建设

3月底，东莞图书馆启动绘本馆体系建设项目，依托总分馆模式在全国率先探索绘本专题图书馆服务体系。7月22日，体系首家绘本馆在万江分馆试开馆。

探索与茶室、咖啡馆等社会力量合作开展新形态服务模式，建设"城市阅读驿站"，丰富图书馆公共服务体系服务形态。12月，首家城市阅读驿站在东莞市规划展览馆建成试开放。

城市服务年 2018

1月，启动"东莞阅读联盟"建设。

2月，和松山湖管委会签订共建协议，正式接受委托独立运营管理松山湖图书馆。与广东省科技图书馆在3月签署全面战略合作框架协议，开展科技信息服务新探索。

4月，与东莞广播电台联合推出《城市的声音》"共享阅读"专栏正式开播，历时一年，共播出52期，在此基础上编辑出版《阅读之声》。

1月20日，绘本专题图书馆服务体系首批成员馆——万江绘本馆、石龙绘本馆、大朗长塘绘本馆、南城中心幼儿园绘本馆正式对外开放。

4月，首次开展东莞市图书馆总分馆"点餐式"培训，开启"分馆点餐、总馆配餐——订制服务"新模式。

6月，启动"绘本阅读推广人"种子培训计划，来自全市11家绘本馆的馆员参加。

东莞图书馆年历

主题年

8月9日，受广东省委宣传部委托策划、承办首届"公共图书馆在全民阅读中的领读与创新"峰会，并在广东省立中山图书馆顺利召开。

8月，文化和旅游部公布第六次全国县级以上公共图书馆评估定级上等级图书馆名单，继续蝉联"一级图书馆"。

12月，承办2018年广东图书馆学会学术年会及第一届全国灰色文献年会，发布《第一届全国灰色文献年会关于灰色文献开发利用东莞宣言》。

图书馆服务体系建设

9月，广东省文化厅公布了广东省乡镇公共图书馆评估定级名单，塘厦、虎门、石龙、长安、常平、麻涌和莞城图书馆被评为广东省乡镇公共图书馆一级图书馆，东城图书馆被评为广东省乡镇公共图书馆二级图书馆。

11月，东莞图书馆在闭馆应急修复工程期间，启动"百项活动下基层"活动。

12月10—14日，总分馆共148人参加在中山大学（珠海校区）举办的图书馆学专业知识培训班。

资源整合年 2019

1月，梳理和优化业务流程，整合原有开放窗口部门成立读者服务中心，统筹全馆借阅服务和读者活动。

2月，整合活动资源，策划庆祝建国70周年、纪念建馆90周年等系列活动。

2月起，在整合总分馆地方文献的基础上，加大力度建设多媒体、全文检索模式的"东莞文库"数字化服务平台。

4月23日，首个住宅小区城市阅读驿站落户万科金域华府。

4月23日，大岭山分馆24小时自助图书馆正式对外开放。

8月19日，松山湖分馆重装正式开放。

主题年

3月，东莞图书馆主要承担的行业标准《信息与文献 公共图书馆影响力评估的方法和流程》（WH/T 84—2019），经文化和旅游部批准发布。

9月23日，策划、举办主题为"城市图书馆：守正与创新"的专家研讨会。

11月，与杭州国际城市学研究中心合作建设的"东莞书房"在"'中国城市学年会·2019'开幕式暨高层论坛"会议上举行揭牌仪式。

图书馆服务体系建设

8月，启动开展公共文化服务保障法和图书馆法落实执行情况第三方评估工作。

10月28日，大岭山分馆新馆正式开馆。

规范治理年

2020

1月23日，受新冠肺炎疫情影响，实施闭馆。期间成立多个专项小组开展图书推介、数字资源服务等活动，引导读者参与网上活动和数字阅读。2月，积极响应号召参与东莞镇（街）一线抗疫。自3月18日起，逐步有序恢复对外开放。

4月，策划和组织中层干部开展"得到"学习活动，举办四场学习交流会。

1月23日，全市总分馆联合开展"数字阅读来抗毒"等数字资源服务活动。

4月8日，绘本馆专题图书馆服务体系举办第一届儿童绘本创作大赛。

5月21日，在联合国确定的首个"国际茶日"，全市总分馆和社会机构联动策划启动了"茶韵书香"为主题的"图书馆服务宣传周"活动。

东莞图书馆年历

主题年

6月24日，读者吴桂春不舍东莞图书馆的131字留言，在社会公众、政府、媒体及业界引起广泛热议，中央、省、市媒体持续关注报道，行业展开专题讨论，折射反映出公共图书馆整体在新时代的蓬勃发展和服务惠民的精神。

8月，东莞图书馆二期工程纳入东莞市中心城区"一心两轴三片区"建设规划。

12月，《东莞图书馆"十四五"战略规划》完成编制。

12月13日，第94期"一席"在广州正佳大剧院举行，李东来馆长受邀发表题为"再发现图书馆"的演讲。

2020年，按照"规范治理年"要求，对《东莞图书馆规范管理工作手册(2015版)》进行全面修订和完善，共修订、新增各类管理制度和业务规范232条。

图书馆服务体系建设

12月，石碣分馆升级改造后正式开放。

年初，开始"粤书吧"和"城市阅读驿站"双品牌建设工作。9月28日，茶山分馆新城公园城市阅读驿站（粤书吧）作为广东省首批、东莞市首家"粤书吧"试点正式开放。塘厦分馆城市会客厅城市阅读驿站（粤书吧）和桥头分馆莲湖风景区城市阅读驿站（粤书吧）也陆续开放。

截至2020年12月底，东莞图书馆通过总馆、分馆、服务站、图书流动车、24小时自助图书馆、城市阅读驿站、绘本馆等二级网络、多种形态的合理布局，在全市范围内建立起1个总馆、52个分馆、102个图书流动车服务站、445个村（社区）基层服务点、30个城市阅读驿站、18家绘本馆，实现全市33个镇（街、园区）24小时自助借阅服务全覆盖的服务体系，并实现了"一馆办证，多馆借书；一馆借书，多馆还书"的服务模式，形成了新时期公共图书馆全面创新服务的新形态。

后记

2019年，是中华人民共和国成立70周年，也是东莞图书馆建馆90周年。为此，东莞图书馆策划和组织举办了一系列庆祝活动，撰写馆史就是其中之一。

雨果说："历史是什么：过去传到将来的回声，是将来对过去的反映。"馆史就是一种如何将图书馆过去的声音传到未来的记录。在90年的岁月里，东莞图书馆从创建到起步，到遭遇动荡，再到发展腾飞，一波三折，曲折蜿蜒，每一步都留下了或深或浅的印记，是弥足珍贵的记忆。如果后人不加以保存和记述，那么这些印记会湮没于历史的滚滚红尘，声音会消散于历史的无垠苍穹。东莞图书馆早期的馆史整理工作较为欠缺，没有留下足资可观的史料。第一次较为系统梳理自身历史，是在2005年新馆开馆前夕，并最终形成《继往开来：东莞图书馆七十五年》一书，记录了从1929年东莞第一个具有近代公共图书馆意义的东莞博物图书馆建立到2004年东莞图书馆新馆落成这一时期的历史，由花城出版社出版，成为东莞图书馆馆史的奠基之作。

"人生的道路是很漫长的，但要紧处常常只有几步。"东莞图书馆的跨越式发展起始于2002年新馆的建设与发展，在东莞图书馆90年历史上写下了浓墨重彩的一笔。记录这一段历史的华彩乐章，是当下东莞图书馆人不可推卸的责任。于是，撰写东莞图书馆2005年以后的馆史，以接续《继往开来：东莞图书馆七十五年》，就成为2019年的一项重大事件，并列入东莞图书馆的重要工作日程。

对本次馆史撰写李东来馆长力主创新，要求在编辑体例、叙述方式上都有所改变和突破，提出并确定了编年体例，以及历史背景和具体事实相互观照的编写样式，希望馆史撰写过程成为管理团队集体学习、凝聚思想的过程。在体例上，本次馆史编撰按年纪事，一年一述，并根据图书馆的历史进程及当年的工作重点设置主题，围绕主题收集和整理史料，记录21世纪新馆建设以来每年发生的重要事件；在叙述方式上，不只是对史实详简罗列，还适当对事件的发生与发展展开评述与议论，并将东莞图书馆的历史事件置于当年国家、城市和行业的发展背景之下，从而为东莞图书馆的发展找到历史的参照；在文字表达不充分或论证不够有力的地方，则辅助以注释和图片，增强史料的真实性。经过先后4次讨论、修订，历时数月，终成此稿，以《追求卓越：东莞图书馆2002—2019》名之，作为《继往开来：东莞图书馆七十五年》的续篇，并于2020年8月以内部资料的形式编印成册。

驹光如驶，忽焉又至庚子牛年。2021年，东莞图书馆的主题年为"知识生产年"。回头看《追求卓越：东莞图书馆2002—2019》的编撰工作，其资料的完整与丰富、体例的安排和创新、编写的用心与质量，均体现一定的水准；而东莞图书馆的样本意义和个案的代表性，可以一窥21世纪以来我国图书馆事业发展的历程和路径，公开出版具备较好基础和独特价值。因此，在海洋出版社支持下，本书与同期编辑的《我们在一起》一起纳入2021年度出版计划，并定名为《追求卓越：东莞图书馆2001—2020》。

这一次的正式出版，在后，增补了2020年的内容。过去的

2020年,是一段不平凡的岁月,突如其来的新冠肺炎疫情给社会经济和人们的生活带来了极大的影响,全国上下同心抗疫,各行各业共度时艰。对历史来说,这是值得铭记的一年;对东莞图书馆来说,也是值得书写的一年。端午期间读者吴桂春给东莞图书馆的留言,感动无数人,成为疫情阴霾下的温暖亮色,并引发社会和行业对图书馆价值的重新认识和讨论。往前,溯源到2001年。《继往开来:东莞图书馆七十五年》一书已写到2004年,接续的馆史撰写本应从新馆开馆的2005年开始。考虑到新馆开馆与21世纪初新馆建设及其为新馆开馆所做的准备工作密不可分,续写决定从2001年起步,2002年开始单独成篇。尽管与《继往开来:东莞图书馆七十五年》在时间和事件上有些交叉和重叠,但由于二者体例不同,视角不一样,必要的衔接和互补也保证了馆史的连贯性。

本书的编写与出版,是东莞图书馆集体智慧的结晶。馆领导和中层干部共计32人参与了学习和编撰工作,大家挑选自己最熟悉的年份自行收集和组织材料,单独撰写,提交了34篇年度馆史稿。李晓辉按照李东来馆长的编撰要求,以2003年为例,先对本次馆史写作的形式和内容进行尝试,提供样本供大家参考和学习。冯玲、李正祥对书稿进行了统筹和编审,确定章节标题,提出章节修改意见,李正祥还承担了馆史编撰的具体组织与审订、编印工作。最终呈现在书中的是19篇年度馆史稿,再现了历史大背景下东莞图书馆前行的丰富细节,那创业的激情、耕耘的汗水和成长的足迹。在此,对参与本次馆史编撰工作的所有人及其所付出的辛勤劳动表示感谢。

进入21世纪以来，东莞图书馆的发展日新月异，每年工作丰富多样，在资料的选取上，有作者个人的视角局限，如有遗漏，请东莞图书馆同仁和图书馆同行谅解。本次馆史撰写，资料收集较多依赖历年的《东莞图书馆工作》所载各种报道，但时过境迁，如何将过去的工作报道转化为一种历史的叙述，在这一点上，有些章节的处理也可能有所欠缺。本书是十多人共同写作的成果，由于各自写作风格的差异，加之编者水平有限，在编辑过程中，难免会有失误甚至错误的地方，敬请一并批评指正。

编者